길 위의 뇌

길 위의 뇌

뇌를 치료하는 의사 러너가
20년 동안 달리면서 알게 된 것들

건강한 뇌 만들기

정세희 지음

한스미디어

전공의 2년차던 2003년 4월 5일 첫 달리기 대회에 나갔다. 주룩주룩 비가 왔다. 첫 대회로는 불리한 날씨였다. 티셔츠와 반바지는 축축하게 젖었다. 하지만 완주의 뿌듯함은 기대 이상이었다. 무려 5킬로미터를 쉬지 않고 달려 결승선을 밟았다는 사실을 아무나 붙잡고 자랑하고 싶을 정도였다.

달리기를 시작하면서 달리기가 언젠가 내가 하는 일과 닿게 되리라고는 전혀 생각하지 않았다. 사실 이 둘은 멀리 떨어진 발원지에서 시작된 서로 다른 물줄기였다. 그 후로 20여 년 동안 뇌를 치료하고 연구했다. 그리고 그 20여 년은 달린 시간이기도 하다. 나의 일은 나를 만들었다. 그런데 달리기도 나를 만들었다. 언제부턴가 두 물줄기는 만나 하나로 흐르고 있었다. 그리고 물은 가를 수 없다.

재활의학은 삶을 고민하는 학문이다. 재활의학과 의사는 병에 걸리거나 다친 사람이 어떻게 하면 일상으로 복귀할 수 있을지 모든 측면에서 방법을 찾는다. 그것은 그들의 삶에서 찾아야 한다. 자연스레 환자의 삶을 들여다볼 수밖에 없다. 재활의학 중에서도 특히 뇌질환과 소아질환이 전공인 나는, 갓 태어난 아기부터 죽음을 앞둔 이까지 인생 스펙트럼 위 서로 다른 지점의 환자들을 만난다. 일은 나에게 삶을 조망할 기회를 주었다. 환자를 치료한 것은 나였지만, 삶이란 게 무엇인지 환자에게서 수시로 배웠다. 일을 했을 뿐인데 정작 인생을 배웠다. 아직 닥치지 않은 미래의 삶도 미리 겪을 수 있었다. 일은 이렇게 살아야 한다는 것을, 혹은 이렇게 살면 안 된다는 것을 매일 가르쳐 주었다.

일을 하면 할수록, 달리면 달릴수록, 이것을 나만 알고 있어서는 안되겠다는 생각이 커진 것도 그런 맥락에서였다. 특히 병에 스스로 무릎을 꿇는 환자들을 볼 때 그랬다. 이 대목에서 누군가는 '아니 왜, 병에 무릎을 꿇지? 나라면 절대 병에 항복하지 않을 거야'라며 자신 있어 할지도 모르겠다. 병에 항복하지 않는다는 것은 반드시 병을 이겨내리라 굳게 결심하는 것을 말하지 않는다. 병에 항복하지 않는 것은, 병을 이겨내기 위해 무엇이든 스스로 실천하는 것이다.

그런데 실제로 내가 만난 수많은 환자들이 병에 항복했다. 그것도 아무 저항없이 순순히. 나는 그들이 왜 그렇게 무기력하게 포기하는지 궁금했다. 답은 그들의 아프기 전 삶에 있었다. 이들은 병에 걸리기 훨씬 전부터 이미 항복한 사람들이었다. 현재의 안락과 편리에 항복했고, 현재의 풍요와 나태에 항복했다. 수고로움의 가치를 얕보았고 불편을 거부했다. 병에 걸리지 않았을 때부터 이미 그런 삶을 산 사람들은, 병에 걸리면 더욱 속수무책이 된다. 만약 병에 걸려 나를 만난다면 분명 열심히 치료해 주겠지만, 그것보다 더 중요한 것은 병에 걸리기 전부터 스스로 항복하지 않을 사람이 되는 것이다. 배수 공사는 장마가 오기 전에 하는 게 상식 아니던가.

뇌는 머리를 쓴다고 좋아지지 않는다. 뇌는 오히려 몸을 써야 건강해진다. 몸이 건강해지면 뇌도 함께 좋아진다. 이 사실을 잘 알기에 나는 시간이 날 때면, 아니 시간이 없어도 달렸다. 그리고 달릴 여건이 되는 환자에게는 달리도록, 그렇지 않은 환자들에게는 달리기를 대신할 운동을 알려주었다. 하지만 달린다고 하면 사람들은 "시간이 많은가 봐."라 말했다. 한 번 달려 보라고 권하면 "에이, 내 나이에 어떻게."라 말했다. 시간과 나이, 사람들이 드는 이유는 거의 이 두 가지였다. 하지만 세상에는 없는 시간을 쪼개어 달리는 사람도, 앙상한 다리로 터덜터덜 함에도 매일 달리는 노인도 많다.

뇌에 문제가 생겼을 때, 당사자와 주변 사람의 삶에 얼마나 큰 영향을 끼치는지 나는 매일 가까이에서 본다. 뇌는 어떤 장기보다도 삶의 의미, 인간의 존엄성과 직결된다. 뇌에 병이 나고 다치는 일은 결국 내 삶의 의미와 나의 존엄성을 심각하게 해치는 일이다. 나에게는 몸의 건강만큼, 아니 어쩌면 그것보다 더 중요한 것이 바로 뇌의 건강이다. 수많은 연구 결과가 과거와 오늘의 운동이, 미래의 나를 건강하게 만들어 준다는 사실을 알려준다. 그리고 그 건강은 몸의 건강이자 뇌의 건강이다.

이 책의 제목 『길 위의 뇌』에는 여러 뜻이 있다. 먼저 지금 길

위에서 내딛는 한 발 한 발이 뇌를 더욱 건강하게 만든다는 평소 생각을 담았다. 뇌는 길 위에 올라 움직일 때 좋아진다. 또한 아기, 청년, 노인 할 것 없이 회복을 위해 애쓰고 있는 수많은 내 환자와 그 가족을 위해서 쓴 책이기도 하다. 이들은 모두 다 저마다의 길 위에서 애쓰고 있다. 어떤 인생길을 걸었느냐에 따라 뇌는 달라진다. 대부분의 뇌질환은 내 삶의 궤적이 이끈 결과이고 회복과 치유 역시 스스로 걸어가야 할 길이다.

이 책은 한 사람이라도 더 '운동 저축'을 시작했으면 하는 마음으로 썼다. 마치 돈을 모으는 것처럼 운동 역시 까먹기도 쉽고 꾸준히 해야 한다. 한두 해 정도로는 그다지 표도 안 난다. 이게 뭔가 싶다. 하지만 그렇다고 안 하면 안 되는 것이기도 하다. 그렇게 오래 해야 비로소 힘을 발휘할 수 있기 때문이다.

달리기는 내 진료와 연구에 모티브가 되었고, 내 임상 경험은 평생 달리기의 모티브가 되었다. 그러다 보니 이 두 가지를 20년 넘게 같이 하고 있다. '덕업일치'를 이룬 즐거움이 나에게만 국한되지 않기를 바란다. 내가 치료하는 환자뿐 아니라, 하마터면 내 환자가 될 뻔한 사람들이 덕업일치의 덕을 보았으면 하는 바람이다. 이 책을 읽는 사람들이 부디 달려보니 좋더라, 고 말할 수 있기를 바란다.

목차

1장 뇌를 보는 의사가 말하고 싶은 것들

4장 달리기의 쓸모

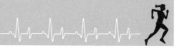

5장 운동 저축

1장

뇌를 보는 의사가
말하고 싶은 것들

믿을 구석은 뇌가소성,
그러나 너만 믿기엔

그러니 우리가 이렇게 몸 가지고 있을 때를 놓치지 말고

부지런히 공부해서 깨쳐야지,

어느 한순간에 이 몸을 여의고 나면,

인간으로 다시 나기가 쉽지 않은 까닭에,

이 가능성의 시간을 소중히 아껴야 한다는 것입니다.

— 최명희,『혼불』

뇌는 바뀐다. 이는 분명한 사실이다. 하지만 가만히 있는 뇌가 아무 이유 없이 바뀌지는 않는다. 환경이나 자극에 의해서 바뀌기도 하고, 스스로 무언가를 열심히 해내는 동안 바뀌기도 한다. 축삭돌기axon나 시냅스synapse, 투사projection, 신경전달물질neurotransmitter 등 아예 뇌의 구조가 바뀌기도 한다. 이렇게 뇌가 바뀌는 것을 '뇌가소성brain plasticity'이라 부른다.

그래서 뇌는 스케치북 위에 수시로 새로 그리는 지도와도 같다. 어제까지만 해도 도로와 철도가 없던 동네에, 오늘은 새로

도로와 철도가 나 있다. 어제까지는 주소가 '오른손구 약지동' 이었는데, 오늘은 '오른손구 검지동'으로 바뀌기도 한다. 그러니 뇌라는 세계에서는 어제의 지도를 들고 찾아가면 "그런 사람 여기 안 사는데요."라는 말을 듣기 딱 좋다.

이런 뇌가소성은 무언가를 새로 배우는 것, 즉 '학습'과 밀접하게 연관되어 있다. 옹알이 밖에 못 하던 아기가 말문이 트이거나 자전거를 타지 못하던 사람이 능숙하게 자전거를 타게 되고, 뚱땅거리던 피아노 소리가 연습을 거듭할수록 정확한 터치와 화려한 기교와 섬세한 감정 표현까지 갖춘 연주로 점점 변모하는 것도 모두 뇌가소성 덕분이다.

연수 때문에 마흔이 넘어 처음으로 미국에서 살게 되었을 때, 영어에 익숙해지도록 한 것도 뇌가소성이었다. 나의 뇌는 영어 듣기와 말하기에 적합한 구조로 대대적인 리모델링 공사에 돌입했다. 그 결과 한국어를 담당하던 땅은 영어라는 새 주인에게 내어 주었다. 하지만 정확히 1년의 연수를 마치고 한국에 돌아오자, 그렇게 붙잡고 싶던 회화 실력은 하루가 다르게 퇴화되었다. 한국에 돌아오자마자 즉시 땅의 원주인이 나타나 원상복구된 것이다.

평생에 걸쳐 변하는 다이나믹한 뇌. 언제든 필요에 따라 원하는 대로 바꿀 수 있다니 얼마나 매력적이고 흥미로운 기관인가. 우리는 뇌가소성에 큰 기대를 걸고 희망을 품는다. 하지만 뇌가소성이 평생 활발한 것은 아니다. 어린 아이들이나 청소년처럼 한참 성장 중인 뇌는 가소성이 무척 높다. 무엇이든 스폰지처럼 흡수하고 쉽게 쉽게 배우는 것을 보고 '우리 애는 천재인가 봐'라는 생각 한 번 해 보지 않은 부모는 없을 것이다. 이게 다 뇌 가소성 덕분이다.

하지만 나이가 들면 들수록 뇌를 바꾸기란 여간 어려운 일이 아니다. 몇십 년간 피운 담배를 끊기가 무척 어려운 것도, 사람 쉽게 안 바뀐다는 속설도 다 이 때문이다. 성인의 뇌에서도 신경세포가 새로 생기지만, 성인기 뇌의 신경 재생 능력에는 분명한 한계가 있다. 성인의 뇌에서 새로운 신경세포가 마구 싹트고 새로운 축삭돌기가 쑥쑥 자라나는 광경을 기대하면 안 된다. 대신 이미 가지고 있는 뇌 조직의 구조와 작동 시스템을 이렇게 저렇게 바꾸고 고쳐 쓰는 일이 벌어진다.

TV를 예로 들어 보자. 험하게 쓰면 TV 수명은 단축된다. 만약

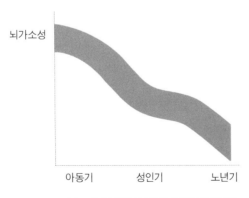

뇌가소성은 나이가 듦에 따라 점차 줄어든다.

오래되기까지 하여 회로와 부품을 조달할 수 없다면, 소리 없이 화면만 보거나 채널을 바꿀 수 없는 이상 증상을 감수할 수밖에 없다. 아무리 뛰어난 전문가가 와도, 70년 가까이 된 TV를 어제 산 것처럼 만들 수는 없는 일이다. 뇌도 마찬가지다. 알뜰한 주인이 곱게 사용하고 청소도 자주 해 주면 TV를 오래도록 잘 쓸 수 있듯, 좋은 주인을 만나 건강하게 관리된 뇌는 뇌가소성이 잘 발휘된다. 설사 고장이 나더라도 회로와 부품이 건강하니 고치기도 쉽다. 하지만 뇌가소성이 아무리 놀랍고 고마운 능력이라 해도, 일단 병에 걸리거나 다치면 뇌는 그 전으로는 완벽하게 복구될 수 없다.

뇌가소성의 중요한 특징은 또 있다. 노력을 할 때만 변한다는 것이다activity-dependent plasticity. 그것도 아주 오랜 시간을 들여야 조금씩 변한다. 게다가 나이를 먹을수록 같은 정도의 변화를 위해서 더 힘든 노력이 필요하다. 미국 땅을 밟고 MBTI까지 바꾸면서 열심히 영어를 해댔어도 영어가 편해지기까지 6개월 이상 걸렸다. 만약 어린 아이였다면 한 달도 채 걸리지 않았을 것이다. 애초에 '노력'이 필수 조건이기 때문에, 아무 노력도 하지 않으면 뇌는 변하지 않는다. 세상에 공짜는 없다는 것은 인생에서는 물론 뇌에 대해서도 참 진리다.

이런 뇌가소성이 단 한 톨까지 아쉬울 때가 있다. 바로 뇌졸중, 뇌손상처럼 뇌가 병에 걸리거나 다쳤을 때이다. 병이나 손상과 같은 위기 상황에 빠진 성인의 뇌에서는 어떤 일들이 일어날

까? 꺼질 듯 말 듯한 신경망을 다시 소생시켜 보고, 그동안 거의 사용하지 않던 신경망은 필요한 곳에 가져다 써본다. 원래 있었지만 서로 소원하던 뇌세포들끼리는 "이젠 연락도 자주 하고 좀 친하게 지내."하며 손을 끌어다가 슬쩍 쥐어준다. 전선을 가져다가 더 멀리까지 연결해 보기도 한다. 더 이상 제 역할을 하지 못하는 부위가 있으면 바로 옆 부위나, 좀 멀어도 연락은 되는 부위를 교체 선수로 기용한다. 이렇게 뇌는 위기 상황에 처하면 뇌가소성을 평소보다 훨씬 높여 어떤 수를 써서라도 잃어버린 기능을 되찾으려 한다. 그리고 이를 최대한 활용하도록 고안된 치료가 바로 재활치료다.

40대 중반의 동규씨는 왼쪽 마비 증상을 느끼자마자 병원에 왔다. 응급실에서 뇌 MRI를 찍어보니 혈전으로 혈관이 막혀 생긴 뇌경색이었다. 고등학교 이후 줄곧 피워온 담배가 문제였다. 다행히 병원에 빨리 온 덕분에 바로 혈전 제거술을 받을 수 있었다. 하지만 동규씨의 왼쪽 몸에는 마비가 남았고 본인의 눈으로 보는 데도 뇌가 알아보지 못하는 무시증후군^{Hemineglect syndrome}도 생겼다. 왼쪽을 인지하지 못하니, 본인 핸드폰의 패턴을 자꾸 틀려서 핸드폰이 잠기기 일쑤였다. 왼손잡이였던 그는 오른쪽 뇌경색에서 잘 생기지 않는 언어 구사 능력에 문제가 생겨 실어증^{aphasia}과 실독증^{alexia}도 얻었다.

그럼에도 동규씨는 재활치료에 매우 열심이었다. 열심인 것은 그를 간병하는 아내도 마찬가지였다. 동규씨는 아내를 걱정했고, 아내는 동규씨를 더 걱정했다. 한창 일할 젊은 환자이기도 하고 열심히 노력하는 모습에 유난히 더 마음이 쓰였다. 입원했을 때도, 퇴원 후 통원 치료를 하던 중에도 나는 어느 환자보다 더 열심히 치료하고 재활치료도 열심히 시켰다. 뇌가소성을 최대로 이용하는 전략이었다.

그리고 그의 노력에 따라 회복은 일어나기 시작했다. 처음에는 완전마비로 왼쪽 팔다리를 전혀 들지 못하던 그는, 지팡이를 짚고 혼자 무난히 걸을 수 있을 정도가 되었다. 대화도 문제 없어졌고 무시증후군도 없어졌다. 하지만 동규씨 부부는 그 정도의 회복으로 만족하지 못했다. 대부분의 환자들처럼 그들도 뇌졸중 이전으로 완전히 회복하리라 기대했던 것이다. 나는 예전으로 완벽히 돌아갈 것이란 부부의 바람은 이루어질 수 없다는 것을 분명히 알았지만, 희망을 버리지 못하는 부부에게 차마 그말을 하지 못했다.

"저, 선생님 블로그를 우연히 보았어요. 너무 반가웠어요. 글을 다 읽었는데, 뇌졸중 환자들이 어떻게 하라는 글은 많지 않더라고요."

어느 날 외래 진료실을 찾은 동규씨 아내가 내게 말했다. 나도 알고 있다. 내 블로그에는 뇌졸중 환자의 재활에 대한 내용보다 아직 뇌에 병이 생기지 않은 사람들에게 운동하라는 글이 더 많다는 사실을. 왜 뇌신경 분야 재활의학 전문의인 나는, 재활에 대한 내용보다 평소 운동하라는 글을 더 많이 썼을까?

그 이유는 뇌가 병들고 다친 후에 뇌를 원상으로 돌리는 것보다 쉬운 것이 문제가 생기기 전에 병을 막는 일이기 때문이다. 뇌가 병들거나 다치지 않게 하는 것이 훨씬 경제적이고 효과적이다. 뇌의 병을 어떻게 막느냐고? 뭐 대단한 것이 아니다. 내 몸이 건강해야 뇌도 건강하다. 그래서 몸을 건강하게 관리하는 노력이면 된다. 그리고 이 노력은 몸과 뇌가 병들기 전, 노쇠해지기 전부터 일찌감치 시작해야 한다.

동규씨 부부를 바라볼 때마다 안타까운 이유가 그래서다. 나는 뇌가소성의 가능성 못지 않게 한계도 잘 안다. 그리고 그 한계는 냉정하다. 게다가 이미 건강하지 않은 상태의 몸과 뇌는 한계가 더욱 분명하다. 그러니 문제가 생긴 다음 회복할 가능성이 낮은 것이다. 아무리 열심히 노력해도, 아무리 뇌가소성을 최대로 활용해 보아도, 원하는 만큼의 회복에 닿지 못하는 뇌질환자를 볼 때마다 느끼는 안타까움. 내 마음을 읽기라도 한 듯, 동규씨 부인은 이렇게 말한다.

"재활이 이렇게 어려운 것인 줄 몰랐어요. 간단한 동작 하나 하기까지 이렇게 오래 걸리고 노력을 많이 해야 하는지도 몰랐고요. 이렇게 되기 전에 그 백분의 일이라도 노력할 걸…."

누구나 자신은 늘 젊을 것이고 늘 건강할 것이고 늘 병과 죽음과는 거리가 먼 평온한 생활을 영위할 듯이 산다. 병에 걸리기 전까지는 모른다. 언제든 건강을 잃는 순간 삶이 어떻게 바뀌고 어떤 고생을 하게 되는지, 게다가 고생한 보람이 없을 수도 있다는 사실조차.

우리가 믿고 있는 뇌가소성. 병에서 회복하기 위한, 혹은 더 나은 사람이 되기 위한 뇌가소성은 나이가 들수록 떨어지고 분명한 한계가 있으며 병이 있거나 나이 든 뇌는 그만큼 뇌가소성도 떨어진다. 그리고 무엇보다도 중요한 것이 시간을 들여 노력하는 것이다. 뇌가소성은 절대 그냥, 공짜로 발휘되는 것이 아니기 때문이다.

부디 건강하고 힘이 있을 때, 운동할 수 있을 때 해 두자. 참으로 소중하고 고마운 뇌가소성. 믿을 구석은 너밖에 없지만, 그렇다고 우리는 너만 믿고 있을 순 없다.

◦ 최명희, 「혼불 9권」, 매안, 2009년

좋은 음식, 좋은 영양제, 좋은 베개를 찾는 당신에게

> 가벼운 사랑만으로는 아무 것도 할 수 없어.
> 자신이 직접 하지 않으면 아무 소용이 없어.
> ─ 단테 알리기에리, 『신곡』*

내 외래 환자들에게 1시간쯤 진료 대기는 흔한 일이다. 왜 이렇게 오래 기다리느냔 성난 목소리가 진료실 안에서도 들릴 정도다. 말이 느리기는커녕, 나는 빠른 말을 고치는 게 평생 숙제인 사람. 그런데 진료 대기는 왜 자꾸 길어질까? 대개 다음 경우 중 하나다. 상담이 오래 걸리거나(대개는 환자가 초진일 때), 검진을 오래 하거나(말 못하는 아기들의 신경학적 검진이나 발달 검진을 할 때), 아니면 운동 가르치는 중이다.

운동도 마치 약 처방하듯 '○○ 운동' 하고 EMR Electrical Medical Record, 전자의무기록시스템에서 간단하게 처방을 내릴 수 있다면 좋겠다. 그럼 내 외래도 착착 돌아가고, 기다리느라 화내는 환자들도 없을 것이고, 중간에서 난처해진 간호사가 진을 빼는 일도 없을 테니 말이다. 하지만 운동은 절대로 그리 간단히 '처방'할 수 있는 것이 아니다.

운동의 이름부터 동작을 올바르게 수행하는 법, 준비물과 주의 사항까지 빠짐없이 알려드려야 한다. 가르칠 운동도 하나가 아니다. 운동마다 이런 설명을 다 해야 한다. 그뿐인가? 직접 운동 시연도 해 보인다. 이게 올바른 동작, 이건 틀린 동작, 해가면서. 시연 후에는 환자에게 직접 해 보도록 하고, 잘못된 동작이 있으면 교정한다. 귀도 어둡고 이해도 어려운 어르신 환자들은 시간이 더 걸린다. 설명만으로 끝나지 않는다. 알려드린 운동 리스트를 적어 숙제로 내드리고, 다음 외래까지 운동 일지를 기록해 오도록 한다. 어느 날은 이렇게 하는 데 시간이 얼마나 걸리는지 재 봤더니 무려 40분이나 지나 있었다.

진료비도 책정되지 않는 운동 강의가 끝나고 환자 명단을 '새로 고침'하면 대기 시간 초과인 환자가 자그마치 10명도 넘게 뜬다. 다음 환자들의 불만이 가득한 목소리와 시선의 압박과 대기 환자가 많아 비상이라는 EMR의 경고, 진료비 0원의 현실 자각까지 더해지면 운동 가르치는 행위를 그만 두어야 하는 것이 아닌가 심각하게 고민하게 된다. 하지만 결국 다음날도 또 그 다음날도 나는 또 외래에서 운동을 가르치고 있다.

하지만 그런 의욕이 꺾일 때도 있다. 노동의 가치를 인정받지 못할 때도, 기다리는 환자들이 눈총을 줄 때도 아니다. 다음 외래에서 숙제 검사를 하는 시간. 내게 운동을 배운 적이나 있었냐는 표정으로, 빈 손으로 온 환자들을 만날 때다.

"지난 번에 알려드린 운동 해오셨어요?"

"운동요? 아유, 그걸 어떻게 해. 못 해요, 못해. 시간 없었어."

안 했다고는 아무도 안 한다, 못 했다고 하지. 그리고 운동을 못한 데에는 정말 백만 가지의 사정과 이유가 있다. 그들은 숙제 대신 내게 이런 질문을 건넨다.

"거, 음식은 뭘 먹으면 좋아요?"

"어떤 베개가 좋아요?"

"○○○란 영양제가 좋다던데 이 병에도 좋아요?"

"나는 허리에 힘이 없으니까 복대를 차야겠지요?"

몸에 좋은 음식, 몸에 좋은 베개, 몸에 좋은 영양제, 몸에 좋은 복대, 몸에 좋은….

이런 질문에는 스스로의 노력 없이 그냥 쉽게 건강해질 방법을 찾으려는 얄팍한 기대가 공통적으로 담겨 있다. 불로초를 찾아 헤맨 진시황과 별반 다르지 않다. 그런데 사람의 몸은 적당히 쓰고 굴리고 다듬어야 제 기능과 건강을 유지한다. 뇌도 그렇고, 몸도 마찬가지다. 아무 것도 안 하고 편안히 앉아서만 지내면 자리에서 일어나려 할 때 '끙' 하는 신음소리부터 나오는 순간이 금세 찾아온다. 심장에게 일을 시키지 않으면, 조금만 몸을 움직여도 숨이 가쁘고 심장은 마구 나대기 시작한다. 쓰지 않고 아끼면 점점 약해지는 것은 자연의 이치다.

환자들로부터 내가 듣고 싶은 질문은 따로 있다.

"어떻게 생활해야 내가 더 건강해질 수 있나요?"

"나는 무슨 운동을 하면 좋은가요?"

"요즘 나는 이렇게 하고 있는데, 잘 하고 있는 거 맞아요?"

우리는 손쉽고 편한 것만 찾는다. 스마트폰 터치 몇 번으로 웬만한 것이 해결되는 세상이다. 기업들은 소비자의 지갑을 일사천리로 열게 만드는 방법을 탐색하고 또 탐색한다. 현대인들은 기업들이 만들어 둔 편리함의 덫과 편리한 것이 가장 혁신적이라는 세뇌에 빠져 있다는 사실을 인식하지 못한다. 그런 일사천리 서비스의 맛을 본 현대인들은 편하지 않고 오래 걸리는 일을 점점 더 못 견딘다.

이미 수십 년을 지내온 방식을 바꾸는 것은 쉽지 않다. 많은 사람들이 힘들기만 하고 좋아지는 것도 모르겠으니 며칠 해 보고는 금방 접어버린다. 그리고는 또 다시 손쉬운 방법은 없는지 찾기 시작한다. 하지만 자신의 노력 없이 다른 수단만으로는 절대 건강해질 수 없다. 내가 내 몸을 사용하는 잘못된 패턴, 나쁜 습관을 바꾸지 않으면 아픈 몸은 다시 건강해질 수 없다. 건강하려면 노력이 필수다.

"그런 것 없습니다."

불로초를 찾는 사람들에게, 나는 "그런 것 없습니다." 딱 잘라 말한다. "공연히 돈 버리지 말고, 제가 가르쳐 드리는 것을 잘 해 오세요."라는 대답에 그들의 얼굴에는 실망감이 역력하다.

"나 좀 고쳐 놓으쇼."

나는 아픈 환자인데, 병은 의사인 당신이 고쳐야지, 환자인 내가 왜 힘들여 운동 같은 걸 해야 하나? 한다. 또 병원에 왔으니 당장 안 아프게 해 줄 '기똥찬' 주사 한 방을 달라는 이도 있다. 당장 필요한 약이나 치료를 제공하는 것은 당연히 의사의 몫이다. 그러나 몸의 주인은 환자 자신이다. 의사가 아무리 좋은 치료를 한다 해도, 나머지 시간은 온전히 환자의 몫이다. 많은 이들이 치료로 아픈 증상이 없어지면, 나았다 여기고 예전 방식 그대로 지낸다. 스스로 바뀌지 않으면, 그 병은 떠나지 않는다. 공부나 다이어트처럼 건강도 오랜 시간 공들이고 노력해야 다시 찾을 수 있다.

자기 몸에 주인의식을 가지고 능동적 실천가가 되어 몸을 가꾸는 사람이 많아졌으면 좋겠다. 몸에 좋은 무언가를 찾기 전에, 나는 무엇을 어떻게 바꾸어야 할지를 찾으면 좋겠다. 그래서 내 외래에서 '좋은 음식'을 묻는 이보다 '좋은 운동'을 묻는 이가 더 많아지면 좋겠다.

• 단테 알리기에리, 『단테의 신곡』, 황금부엉이, 2016년

검은 비닐봉지를
준비하라

> 그대는 그대를 위해 마련된 위대한 길을 걷는다.
>
> 이 길은 그대를 제외하곤 누구도 걸을 수 없다.
>
> 그대의 발걸음이 그대가 걸어온 자취를 지우기 때문이다.
>
> —프리드리히 니체[*]

　문규씨는 사법고시를 준비했지만 결국 합격하지 못했다. 그는 이후 인터넷 강의 등을 통해 법무사 시험을 준비하고 있었다. 그가 구입한 평생 수강권은 자격 유지 조건이 있었으니, 그것은 매년 법무사 시험 응시였다. 낮에는 일하고 밤에는 공부하느라 매일 앉아서만 지내던 그에게 어느 날 뇌졸중이 찾아왔다. 소뇌cerebellum와 연수medulla로 가는 혈관이 막힌 뇌경색이었다. 법무사 시험을 딱 한 달 남긴 때였다. 응급실에 실려 온 그가 의사를 보자마자 처음 한 말은 "저 시험 봐야 하는데요."였다.

　30년 넘게 흡연자였던 그는 검사해 보니 공복혈당 492, 당화혈색소 11.2%(정상은 6% 미만)의 심한 당뇨병 환자였다. 하지만 정작 본인은 자신이 당뇨란 것도 모르고 있었다. 당뇨는 증상이 없기 때문에 검사를 해 보기 전에는 대부분의 사람들이 자신의 병을 모르고 지낸다.

문규씨의 뇌졸중 재활은 그렇게 시작되었다. 소뇌와 연수는 균형을 담당한다. 이들 부위가 망가지면 균형을 잡지 못한다. 서 있을 수도, 걸을 수도 없다. 눈꺼풀을 뜨는 일과 눈동자를 움직이는 일도 이 부위가 담당한다. 문규씨는 눈의 초점을 맞출 수 없었고 한쪽 눈도 잘 뜨지 못했다. 소변도 나오지 않았다. 알아듣기 어려울 정도로 발음도 뭉개졌고 음식은 물론 침도 삼킬 수 없었다. 식사는 콧줄로 했고 입에 고이는 침은 5~10분마다 계속 뱉어냈다.

소뇌와 연수 부위의 뇌졸중은 심한 어지럼증과 구역감도 유발한다. 게다가 문규씨는 당뇨 합병증으로 기립성 저혈압도 있어서 일어설 때 더 어지러워했다. 본인도 모르는 사이에 이미 눈, 말초신경, 신장에는 당뇨 합병증이 진행된 상태였다. 그래서 문규씨는 재활치료를 내려올 때마다 스트레처카에 누운 채 실려 왔다. 휠체어에 앉으면 바로 구토를 했다. 구역질은 스트레처카에서도 생겼지만, 휠체어보다는 나았다.

키도 큰 그를 스트레처카에서 일으켜 세우는 것부터 일이었다. 일으켜 세울 때도 최대한 조심스러워야 했다. 조금이라도 갑자기 일어서면 와락 구토를 했기 때문이다. 담당 전공의는 문규씨의 회진 때면 늘 검은색 비닐봉지를 챙겼다. 언제 어떻게 구토를 할지 몰랐기 때문에, 검은 비닐봉지를 들고서 그의 옆을 지켰다. 검은 비닐봉지는 유용하게 쓰였다.

그는 무척 날카로웠다. 피곤하고 힘들어서 치료 못 하겠다고 갑자기 중간에 병실로 올라가버리는 일도 자주 있었다. 신경질도, 화도 자주 냈다. 입덧이 심한 임산부처럼 조금만 움직여도 어지럽고 구역질이 나니 신경이 날카로운 게 당연한 일이었다.

그래도 시간은 흐르고, 문규씨도 휠체어에 앉아 치료실까지 토하지 않고 내려오는 날도 왔다. 곧 휠체어에서 일어서는 연습도 시작했다. 서는 자세를 버틸 수 있을 때 걷는 연습도 시작한다. 보행기로 겨우 설 수만 있던 그가, 양쪽에 지팡이 하나씩 짚고 걷게 되었고, 퇴원 전에는 지팡이 한 개만 짚고도 걸을 수 있게 되었다. 우리 병원에서는 이 단계까지 재활을 하고, 다른 병원으로 전원했다. 그리고 집으로 퇴원한 그가 외래 진료를 보러 나를 찾아왔다.

그는 아직도 담배를 피우고 있었다. 요즘에는 운동도 별로 하지 않고 거의 집에만 있다고 했다. 거칠게 말하면, 살 만하니 그런 거였다. 죽을 만큼 힘들었던 과거는 이미 그의 기억 저편으로 사라진 것 같았다. 그러니 담배든 당뇨든, 다 신경 쓰지 않고 되는대로 편히 지내겠다는 거였다. 그가 검은 비닐봉지에 고개를 묻고 게워 내던 장면이 나는 여전히 생생한데, 그렇게 고생스럽게 재활치료를 받았으면서도 담배를 못 끊겠다는 그를 이해할 수 없었다.

문규씨는 입원 당시에도 의료진의 의학적 조언을 따르는 정도인 순응도가 좋은 환자가 아니었다. 그런 그에게 당뇨 관리의 중요성과 금연의 필수성을 말로 설명해 봐야 별 소용이 없을 건 불을 보듯 뻔한 일이었다.

나는 충격요법을 쓰기로 했다. 내가 생각한 충격요법은 과거, 즉 입원 초기 자신의 모습을 마주하는 것이었다. 나는 환자의 모습을 자주 촬영해 둔다. 환자의 경과를 단면적으로 또 종단적으로 평가하는 데 매우 유용하기 때문이다. 여러 시점에 촬영한 환자의 영상 자료는 병의 경과와 치료의 효과를 판단할 때 무척 요긴하게 쓰인다. 문규씨의 재활치료 영상도 거의 매번 촬영해 두었다. 회진 때의 영상도 마찬가지였다. 이런 목적으로 찍은 건 아니었지만, 지금은 이렇게 쓸 때다.

'충격 요법아 들어라, 문규씨가 바뀌게.'

속으로 그렇게 생각하며 문규씨의 동영상을 틀어 보여 주었다.

"선생님, 이거 저한테 보내주시면 안 돼요?"

동영상을 보자마자 문규씨가 이렇게 말했다. 나는 속으로 회심의 미소를 지었다.

'역시 아플 때 모습을 보여주니 효과가 있었어. 드디어 운동도 하고 담배를 끊겠다고 하겠군.'

그가 말을 이었다.

"저희 장모님이 운동을 하나도 안 하세요. 제가 아무리 잔소리를 해도 말씀을 안 들으세요. 이 영상을 보여주고, 뇌졸중에

걸린 나도 이렇게 열심히 했는데 장모님도 좀 하시라고 해야겠
어요. 그럼 좀 들으시지 않겠어요?"

뭐라고? 지금 운동할 사람이 누군데, 기가 막혔다. 뇌졸중 걸
린 사람이 담배 피우는 게 훨씬 더 심각한 문젠데, 팔순이 넘은
장모님 운동 걱정할 때란 말인가.

'지금 누가 누구에게 잔소리를 하는 거지? 예전 영상을 보면
서 도대체 느껴지는 게 없나?'

뭔가 계획이 크게 어긋난 불길한 예감이 들었지만, 나는 그에
게 자신의 모습이 담긴 영상을 보내주기로 했다. 일단은 장모님
설득용으로 쓰겠지만 영상 속 자신의 과거를 보다 보면 본인도
깨닫는 게 있지 않을까, 싶어서였다.

뇌졸중은 뇌 안의 혈관이 막히거나 터지는 병이다. 뇌졸중은
절대 그냥 생기지 않는다. 문제는 이미 오랜 시간에 걸쳐서 서
서히 진행되고 있었을 것이다. 그런 일이 생길 만한 사람에게,
생길 만한 곳에 생긴다. 그 결과가 뇌졸중인 것이다.

문규씨의 삶에도 뇌졸중이 생길만한 여러 원인이 있었다. 그
는 일과 시험 준비를 병행했을 정도로 매우 성실한 생활인이었
지만, 건강에 대해서는 심각하게 불성실했다. 일단 오랜 흡연과
운동 부족 그리고 당뇨까지 갖고 있었는데, 본인이 당뇨라는 사
실을 모를 정도로 건강에 대해 무관심했다. 뇌졸중이 생겼으면
그 다음에는 훨씬 적극적으로 문제를 고쳐야 한다. 그래도 모자
랄 판에, 예전 방식으로 계속 지내는 것은 뇌졸중이 이번 한 번

으로 끝나지 않기를 간절히 바라는 것과 다를 바 하나 없다.

병식씨는 지금으로부터 8년 전에 첫 뇌경색에 걸렸다. 당시 나이는 60대였는데 이미 그 때부터 당뇨, 고혈압, 고지혈증이 있었다. 하지만 무척 다행인 것은 뇌졸중 증상이 거의 없었다. 당연히 후유증도 없었다. 병식씨는 발병 후 4년 정도는 병원을 잘 다녔다. 하지만 코로나가 유행하자 예약된 진료를 오지 않았다. 병원을 오지 않았으니, 반드시 복용해야 했던 당뇨약, 고혈압약, 고지혈증약도 자연스레 중단되었다.

그렇게 지내기를 6개월 정도, 첫 뇌경색으로부터 5년 뒤에 뇌출혈이 발생했다. 두 번째 뇌졸중 후 그는 짧은 거리는 걸을 수 있었지만, 왼쪽 편마비를 이유로 평소에는 전동휠체어를 타고 다녔다. 걸을 수 있었는데도 편의와 안전을 위해서 걷지 않는 것을 선택한 것이다. 그렇게 최소한의 신체활동마저 없어졌다.

그렇게 지내기를 2년, 첫 뇌경색으로부터 7년 후, 또 다시 뇌경색이 발생했다. 세 번째 뇌졸중이다. 그는 아무것도 할 수 없는 사람이 되었다. 아픈 자극을 줄 때나 몸을 움찔할 뿐, 의료진의 지시에 손 하나 들지 못했다. 아무 말도 하지 못했고 질문도 알아듣지 못했다. 목만 가눌 뿐 스스로 앉아 있을 수도 없었다. 1년이 넘은 지금도 그의 상태는 그대로다.

뇌졸중은 나이 든 이의 이야기만은 아니다. 30대, 40대 뇌졸중 환자들도 드물지 않다. 그중 하나인 석종씨는 38세 남성이다. 키 170센티미터, 몸무게 80킬로그램. 환자복을 입어서 그렇지, 만약 평상복을 입고 병원 밖에서 만났다면 딱 보기 좋게 건장한 남성으로 보였을 것이다. 일하던 중에 오른쪽 팔다리에 힘이 빠져 응급실로 왔고, 뇌 MRI를 촬영하니 왼쪽 전대뇌동맥 뇌경색ACA infarction이었다.

10년 전인 28세 때 당뇨와 고혈압을 진단받았지만 약을 먹지 않았다. 14세 때부터 담배를 하루 반 갑씩 피워왔고, 매일 소주 한 병 반씩 마셨다. 이번 뇌경색 전까지는 아무런 증상이 없었고, 스스로도 가족들도 건강하다고만 생각하고 지냈다. 그의 MRI에는 이미 오래 전에 지나간 허혈성 병변도 있었다. 작은 혈관이 막혀 피가 지나지 않아 생긴 것으로 뇌경색의 전 단계였다. 그뿐이 아니었다. 뇌에서 자잘하게 피가 난 미세출혈 소견도 보였다. 70세가 넘은 사람의 뇌에서나 볼 법한 고혈압성 미세혈관병증hypertensive microangiopathy이었다. 오랜 시간 지속된 고혈압 때문에 뇌의 곳곳에서 혈관 틈으로 피가 새어 나오고 있었지만, 증상은 하나도 나타나지 않은 것이다.

증상이 없으면 사람들은 자신의 건강을 과신한다. 실제로는 전혀 건강하지 않은데도 말이다. 문규씨, 병식씨, 석종씨의 이야기는 남의 이야기가 아니다. 우리 중 누구라도 젊음을 과신하고 증상이 없는 걸 건강이라고 착각하면서 스스로에게 지나친 관용을 베풀고 살면 이렇게 될 수 있다.

사람은 뇌 없이는 아무것도 할 수 없다. 움직이는 것도, 감정을 느끼는 것도, 생각하고 판단하는 것도, 말하는 것도, 먹고 마시는 것도, 성격과 예의 범절도 뇌가 담당한다. 뇌졸중은 대부분 크건 작건 후유증과 장애를 남긴다. 어느 부위에 뇌졸중이 생겼느냐에 따라 후유증의 종류가 달라질 뿐이지, 사람이 하는 그어떤 것에도 문제는 다 생길 수 있다. 뇌졸중에 걸리지 않기 위해, 그리고 뇌졸중에 걸렸다면 재발을 막고 계속 건강하게 살아가기 위해 운동은 반드시 필요하다. 하지만 거의 모든 뇌졸중이 신체 마비를 일으키기 때문에, 뇌졸중 환자들은 움직이는 것이 힘들다는 이유로 하던 운동마저 중단한다. 역설적이게도 환자들이 건강한 사람보다 더 많이 운동해야 하는데도 말이다.

외래에 올 때마다 운동하라는 나의 잔소리 덕분에 문규씨는 최근에 스마트워치를 구입했다. 다음 외래에는 얼마나 더 좋아져서 오는지 기대하라는 말과 함께. 검은 비닐봉지 영상이 문규씨의 마음도 조금 움직인 것 같다. 그의 삶도 이미 바뀌기 시작한 듯하다.

● 프리드리히 니체, 『혼자일 수 없다면 나아갈 수 없다』, 포레스트북스, 2024년

혼자 화장실만 가시면
좋겠어요

진정한 깨달음은 정상에 올랐을 때가 아니다.

거의 짐작도 못한 일이지만

깨달음은 같은 걸음을 다시 밟고 내려오는 과정에서 발견된다.

— 제러미 덴크, 『이 레슨이 끝나지 않기를』[*]

  젊은 환자도 없는 건 아니지만, 뇌졸중 환자는 대부분 나이가 많다. 그리고 고령 환자의 보호자는 대개 자녀들이다. 환자를 처음 만나면서 가족에게 환자의 상태는 어떤지, 앞으로 치료 방향은 무엇인지 설명할 때가 있다. 환자를 치료한 지는 이미 오래되었지만 가족은 뒤늦게 만나기도 한다. 이때 가족들, 특히 자녀들이 내게 자주 하는 말이 있다.

  "혼자 화장실만 좀 가시면 좋겠어요."

  이 말을 들을 때마다 나는 순간 그들과 거리가 아득하게 멀어지는 경험을 한다. 그냥 '아득하게' 정도가 아니라 '아-득하게'다. 물론 나만 느끼는 일방적인 거리다.

'혼자' 화장실'만' '좀'에 들어가 있는 뉘앙스. 그렇다. 화장실 가는 게 뭐 대수라고? 화장실은 다들 하루에 여러 번, 늘상 가는 것 아닌가? 기저귀를 뗀 이후 우리는 수십 년 동안 혼자 화장실을 다녔다. 부모님 나이라면 최소 70년 이상 반복한 일이다. 다 큰 성인이 화장실을 못 간다는 건 말도 안 되게 느껴진다. 게다가 혼자 화장실을 못 간다고 생각해 보자. 최소한 한 명의 보호자가 계속 붙어서 매번 부축을 하거나 도와야 한다. 기저귀로 받아내야 할 수도 있다. 아, 못할 짓이다, 싶다.

우리가 당연하게 여기는, 그래서 가족들도 아무렇지 않게 생각하는 '화장실 정도 가는 것'은 사실 아주 대단한 능력이다.

혼자 화장실을 가려면,

① 아무 도움 없이 혼자서 걸을 수 있어야 한다.

② 이는 당연히 혼자 서 있을 수 있다는 의미다.

③ 누워 있다가 혼자서 일어나 앉을 수 있어야 한다.

④ 앉아 있다가도 혼자서 일어설 수 있어야 한다.

⑤ 방과 화장실 사이에 있는 턱을 넘을 수 있어야 한다.

⑥ 화장실 슬리퍼에 발을 제대로 넣고 신을 수 있어야 한다.

⑦ 미끄러운 화장실 바닥에서 넘어지지 않아야 한다.

⑧ 변기에 스스로 앉아야 한다.

⑨ 이 단계까지 소변이나 대변을 참을 수 있어야 한다.

⑩ 옷의 지퍼를 내리거나 단추를 풀 수 있어야 한다.

⑪ 변기에 자리를 잘 잡은 후에 용변을 보아야 한다.

⑫ 일을 보고 나서 뒤처리를 스스로 할 수 있어야 한다.

⑬ 변기에서 스스로 일어설 수 있어야 한다.

⑭ 옷을 입을 수 있어야 한다.

⑮ 다시 문턱과 화장실과 방의 높이 차이를 이기고, 화장실에서 방으로 나올 수 있어야 한다.

이렇게만 적어봐도 벌써 열다섯 단계나 된다.

가족들은 '그저 작은 바람'이라며 겸손하게 한 말이지만 혼자 화장실에 가기까지의 오랜 여정을 아는 내게, 그래서 이 간극은 참으로 아득하기만 하다.

재활의학이라는 학문은 어떤 병이나 사고로 인해 그전에는 다 하던 것들을 못하게 되었을 때, 최대한 원래 상태로 회복하도록 치료하는 학문이다. 만약 나 같은 러너가 부상을 입어 달리지 못하게 되면 다치기 전처럼 다시 달릴 수 있게 치료하는 것이 재활의학이다. 그러니까 화장실 정도 스스로 다녔던 어르신이 그전처럼 화장실을 다시 혼자 다니는 것은 당연히 재활의학의 중요한 목표 중 하나다. 화장실 가는 것이 무슨 대의를 따르는 것도 아니니, 가족 입장에서는 그저 '소박한' 희망이라고 느낄 만도 하다. 공식처럼 나오는 화장실'만' '좀'이란 표현에서 이런 게 소원씩이나 되나, 싶은 가족의 마음이 충분히 읽힌다.

하지만 당연하게 느껴진다고 해서 절대 당연한 것은 아니다.

'화장실만 좀 혼자 가는 것'은 앞에서 쪼개어 설명한 열 단계 넘는 행위를 '모두' '혼자서' '잘' 할 수 있을 때 비로소 가능하다. 자리에서 스스로를 일으켜 세우는 것만 해도, 본인의 체중을 들어올리는 근력이 필요하다. 이것은 평지에서 걷는 것보다 최소 몇 배는 더 힘든 일이다. 혼자 걷는 것도, 아니 서는 것도 어려운 사람에게 자리에서 스스로 일어나 화장실까지 가는 것은 정말이지 꿈 같은 일이다.

잃어 보기 전에는 모른다. 우리가 당연하게 여기는 일들이, 실은 엄청난 능력을 요하는 행위라는 것을. 그래서 당연하다 생각했던 것이 절대 당연하지 않다는 걸 깨닫는 기회가 노화이고 질병이다. 사고일 수도 있다. 그런데 노화, 질병, 사고 등으로 인해 능력을 잃은 후에 많은 이들이 그동안 당연히 하거나 누렸던 사실을 고마워하기 보다는, 이 당연한 것을 하지 못하는 상황을 견디기 힘들어한다. 많은 이들이 도대체 자신이 무슨 죄를 지었길래 이런 처지가 되었을까 억울해 하거나 분통만 터뜨리고, 상황을 벗어날 궁리나 노력은 전혀 하지 않는다.

다행히 우리는 뇌가소성을 지닌 덕분에 뇌질환으로 잃은 기능을 되찾을 수 있다. 그래서 신세 한탄만 하고 있으면 안 된다. 기능을 되찾기 위해서는 새로 배우고 훈련해야 한다. 그것도 최대한 빨리 시작해야 한다. 뇌가소성은 시간이 지나면 급격히 없어지기 때문이다.

뇌가소성은 어렸을 때는 무척 활발하지만 나이가 들면서는

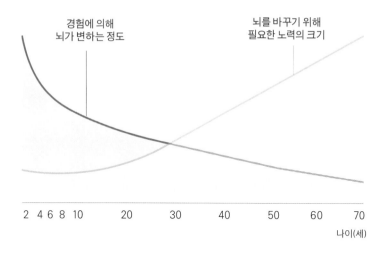

경험에 의해
뇌가 변하는 정도

뇌를 바꾸기 위해
필요한 노력의 크기

2 4 6 8 10   20   30   40   50   60   70

나이(세)

급격히 줄어든다. 어렸을 때는 누구나 뇌가 스폰지 같다. 보고 듣고 배우는 족족 흡수한다. 하지만 성인의 뇌는 아주 많은 노력을 기울였을 때 비로소 아주 작은 변화가 일어날 뿐이다. 성인은 뇌를 바꿔 학습(기억)이라는 산물을 만들어내기까지 엄청난 노력이 추가로 필요하기 때문이다. 그리고 그 노력을 오래 지속하려면? 의지와 체력이 밑받침되어야 한다. 성인기의 의지와 체력은 내가 평소에 길러 두는 것이다.

병에 걸린 사람들은 기적을 바란다. 간절한 마음으로 기도하면, 이 마음이 닿아 기적이 일어날 것이라고 말한다. 그러나 뇌는 자동차보다 수만 배 더 구조가 복잡하다. 즉 뇌가 제 기능을 다 하기 위해서는 자동차 내부의 기계 회로를 복구하는 일보다 수만 배 더 정교한 수리와 복구가 정확하게 일어나야 한다. 충돌로 부서진 자동차를 흔적 하나 없이 새 자동차로 다시 고쳐내는 일보다 더 힘든 게 뇌를 다치기 전 상태로 원상복구시키는 일이다. 충돌로 부서진 자동차를 앞에 두고 마음을 다해 기도하고 있는 사람은 없다. 기도만으로 원래대로 돌아가지 않는다는 것을 다 알기 때문이다. 자동차에 대해서도 그러면서, 우리는 왜 뇌에 대해서는 기적을 바라는가? 할 것은 기도가 아니라 노력뿐이다. 노력 없이는 뇌는 절대 변하지 못한다. 뇌가소성의 선결 조건이 바로 노력과 수고이기 때문이다. 보호자도 마찬가지다. 기도를 할 게 아니라, 환자가 치료 의지를 가지도록 격려하고 한 번이라도 더 연습하도록 도와야 한다.

부모가 혼자 화장실을 가시기를 바라는 자녀들이여, 우리도 곧 나이든 부모가 된다. 우리도 죽을 때까지 최대한 혼자 화장실을 갈 수 있도록 지금부터 노력해야 한다. 몸과 뇌가 낡지 않도록 지금부터 잘 살아 놓아야 한다. 늙고 약해졌을 때 잘 회복할 몸의 힘과 정신적 힘을 지금부터 만들어야 한다. 그리고 우리가 늘 하는, 그래서 아무것도 아닌 것 같은 일들이, 전혀 당연하지 않고 거저 주어지지 않는다는 사실도 잊지 않아야 한다.

• 제러미 덴크, 『이 레슨이 끝나지 않기를』, 에포크, 2024년

운수
좋은 날

오래간만에도 닥친 운수 좋은 날이었다.

— 현진건, 『운수 좋은 날』*

   며칠을 글 한 줄 쓰지 못하고 보냈다. 달리고 있는데 피니시라인이 계속 뒤로 물러나는 것 같았다. 아무 성과 없이 하루를 보냈다는 자괴감은 매일 밤 베갯머리를 찾아 들었고, 그 자괴감에 깼다. 뭐라 하는 이 없어도, 하루를 빚쟁이로 시작하고 매일 부족함을 자각하는 일이 얼마나 불행한 것인지도 알게 되었다.

   우울했던 그 날은 일찍 일어났음에도 달리러 가지 않았다. 그렇게 출근했고 컴퓨터를 켰다. 외래 진료 시작까지 한 시간도 넘게 남아 있었다. 하지만 또 한 줄을 쓰지 못했다. 시무룩한 얼굴로 진료실로 향했다.

   동운씨는 70대 중반이다. 그는 5년 전 뇌경색을 겪었다. 뇌경색 6개월 후에는 위암을 진단받아 위도 제거하고 없다. 그래도 그는 별로 낙심하지 않았다. 천성이 그런 듯했다. 나는 그의 힘찬 목소리와 걸음걸이가 좋았다.

"어떻게 지내셨어요?"

이번에도 그의 대답은 같았다. 그는 일주일에 엿새를 장애인 복지관에 간다. 레그 익스텐션leg extension, 레그 프레스leg press, 체스트 프레스chest press, 시티드 로seated row, 백 익스텐션back extension 등 자신의 루틴대로 근력운동을 한다. 마무리는 트레드밀 걷기이다. 속도는 빠르지 않다. 하지만 이렇게 매일 1시간씩 운동했다. 5년 동안 그는 별로 늙지 않았다.

"이것 좀 봐 주시겠어요?"

그가 종이 두 장을 주섬주섬 꺼냈다. 보건소에서 한 인바디 결과지였다. 하나는 1년 전, 또 하나는 며칠 전이었다. 1년 사이 골격근량은 조금 늘었고, 체지방량은 2킬로그램 가까이 빠져 있었다. 뇌졸중과 위암 훈장을 찬 70대 중반의 인바디 결과를 나는 칭찬했고, 그는 평소처럼 무심하게 내 칭찬을 받았다. 이번에도 나는 그를 믿었다.

복임씨는 80대 후반이다. 내게는 첫 진료였다. 다른 병원에서 찍어 온 뇌 MRI 사진은 뇌교pons의 삼분의 일 정도 차지하는 뇌경색 소견이었다. 두 달 전 일이라 했다. 복임씨를 걸어보게 하였다. 의자에서 혼자 일어나 진료실을 세 바퀴나 걷는 내내 오른다리를 아주 약간 저는 것 말고는 눈에 띄는 문제가 없었다.

오른손으로 젓가락질도 잘 했다. 발음은 조금 어눌했다. 예전에도 지금도 혼자 사는데, 전혀 지장이 없다고 했다. 식사도 집안일도 바깥일도 다 한다. 다만 걸을 때 오른다리가 잘 나가지 않아 힘들고, 내리막길을 걸을 때면 불안하다고 했다. 컴퓨터도 배웠는데, 예전에 140타 정도 타자를 치던 것이 지금은 30타 정도라고 했다. 그래서 재활치료를 받으러 온 것이다. 딸이 동행했지만, 증상과 경과는 복임씨가 모두 직접 설명했다. 말하는 내내 그녀의 자세는 꼿꼿했고 반듯했다.

"제가요, 정말 하루도 빼먹지 않고 아침 저녁으로 앉았다 일어났다—이 말을 하면서 그녀는 하프 스쿼트half squat를 해 보였다—50개씩 하고, 매일 8,000보를 걸었어요. 코로나도 걸리질 않았고, 감기 한 번 걸린 적이 없고요. 그런데 뇌경색이라니, 너무 실망스러워서…."

무척 억울하다는 표정이었다.

나는 빙긋 웃었다.

"자, 의자 당겨 가까이 앉으셔서 이 MRI 사진을 보세요. 예전에 보신 적은 있지요?"

"네. 한 번 본 적 있어요."

"여기를 보세요. 뇌교라고 부르는 이 부위는 큰 뇌(대뇌)의 신경들이 깔때기처럼 밀집되어 내려오는 곳이에요. 그런 곳에 삼분의 일이나 피가 막혔어요. 이 말은, 큰 뇌의 삼분의 일에 해당하는 신경들이 손상된 것과 거의 같다는 얘기입니다. 그런데 지금 보세요. 고작 두 달밖에 지나지 않았는데, 남들 눈에 거의 표도 나지 않을 정도로 회복하셨어요. 오른쪽 팔 다리의 마비나 발음 장애도 아주 가볍게만 남았고요. 아까 환자분께서 들어오실 때 사실 저는 깜짝 놀랐습니다. 미리 본 MRI 소견으로는 그렇게 걸어 들어오실 거라고 생각하지 않았거든요. 이 부위에 이정도 크기의 뇌졸중에 걸린 분 중에는 아직 걷지도 못하고 다른 사람의 수발을 받아야 하는 분들이 훨씬 더 많습니다."

내 설명은 계속 이어졌다.

"그런데 환자분은 그런 분들과 달리, 걷는 것도 문제가 없고 다른 이의 도움 없이도 혼자서 잘 지내십니다. 왜 그렇게 잘 회복하셨을까요? 그 이유는 환자분께 있습니다. 환자분께서는 매일 다리 근력운동과 유산소운동도 하셨고, 일상생활의 모든 것을 스스로 하셨습니다. 이전부터 규칙적으로 운동하고 좋은 습관으로 지내셨던 분들은, 똑같은 뇌졸중이 생겨도 회복이 빠르고 결과도 좋습니다. 아까 운동도, 건강 관리도 열심히 했는데 왜 나에게 이런 일이 생겼는지 모르겠다고 말씀하셨는데, 사실 아무 소용이 없었던 게 아닙니다. 그렇게 지내오신 덕분에 지금 이렇게 회복하신 겁니다. 정말 잘 하셨어요."

신이 난 내 목소리가 커진다. 누가 시키지도 않았는데 스스로 운동을 챙기는 80대 후반 어르신을 만나는 일은 아주 귀하다. 복임씨가 원하던 대로 재활치료도 시작하기로 하였다. 내가 할 일은 오히려 같이 온 따님의 고정관념—침은 안 맞아도 되느냐,

한약을 먹는 게 좋으냐, 운동이 너무 과한 것 아니냐 등— 을 바꾸도록 설득하는 일이었다.

70대 후반의 종배씨는 60대 때 발생한 뇌출혈로 2년 전에 내게 한 번 진료를 온 적이 있다. 당시 그는 재활치료를 받아야 할지, 평소 건강은 어떻게 관리해야 할지 조언을 구했다. 뇌출혈 환자였어도 엄연히 경비로 일하고 있었다. 격일로 근무하는 와중에도 매일 헬스장에서 운동한다고 했다. 이미 잘 하고 계신 터라, 건강 습관과 운동에 대해 몇 가지 조언을 드리고는 다음 외래 진료는 잡지 않았다.

"오랜만에 오셨네요, 그 사이에 무슨 일이 있으셨나요?"

"제가 한 달 반 전에 뇌경색이 왔어요."

그러니까 두 번째 뇌졸중이 온 것이었다. 이번 뇌경색 후에는 경비일을 그만 두었다고 했다. 지금도 스스로 걸을 수는 있지만, 가족이 보기에는 눈에 띄게 느려졌다. 계단은 한 번에 한 개씩 나누어 올라야 했고, 버스를 탈 때면 불안했다. 손을 쓰는 것도 이전보다 어색해졌다. 단어가 금방 떠오르지 않아 말할 때 잠시 뜸을 들였다. 이런 저런 불편한 증상이 있었지만, 헬스장에서 운동은 다시 시작했으며 매일 2시간씩 뒷산을 오른다고 했다.

아직 불편한 증상이 있긴 하지만, 두 번의 뇌졸중을 겪은 것, 게다가 두 번째 발병으로부터 고작 6주 지난 것을 감안하면 그의 경과는 무척 좋았다. 나는 이번 뇌경색으로 새로 생긴 경직에 대해 약을 처방했다. 하지만 그것 말고 더 처방할 것은 없었다. 2년 전처럼 그는 이번에도 이미 잘 살고 있었기 때문이다. 오른쪽 신체의 회복을 위해 스스로 할만한 근력운동과 손 재활 방법을 설명했다. 운동들을 모두 적어 드리고, 하신 것은 꼭 적어 가져오시라 했다. 그분은 그러마 했다. 자신 있는 표정이었다. 종배씨는 분명히 성실하게 숙제를 해 올 것이다.

진석씨는 60대 초반이다. 그는 정확히 10년 전 파킨슨병을 진단받았다. 심장 판막수술도 두 차례 받았다. 내가 그를 만난 지는 2년째다. 진단받은 지 10년 된 파킨슨병 환자치고는 그의 기능은 상당히 좋았다. 파킨슨병의 운동 증상motor symptom도 비운동 증상non-motor symptom도 최근 몇 년간 더 나빠지지 않았다. 오히려 예전에 있던 이상운동증dyskinesia이 없어졌고, 성량과 발음도 여전히 좋았다. 인지기능 척도의 점수도 잘 유지되고 있었다. 나는 그에게 일과가 어떻게 되냐고 물었다.

"새벽 4시에 일어나서 스스로 주방에 가서 아침 차려 먹고요. 월요일, 수요일, 금요일에는 6시 새벽미사에 갑니다. 아, 일요일도요. 새벽미사 다녀오고 나서 다시 집에 갔다가 집에서 지하철역까지 1.5킬로미터 정도 되는데 한 30분 걸어요. 지하철 타고 9시에 보라매병원에 재활치료하러 오지요. 보라매병원 재활치료 끝나면 매일 가는 재활센터에 가서 1시간 반씩 수중 운동합니다."

그는 무척 바쁜 삶을 살고 있었다. 그리고 이미 단단한 루틴을 지키는 중이었다.

"예전에는 병원 다니는 것만으로도 지쳤는데, 매일 하다 보니 적응이 되었어요. 아침에 일어날 때에는 다리 힘이 없지만 물리치료 끝날 때쯤 되면 힘이 생기고 오후까지 죽 괜찮아요."

그가 말을 이었다.

"처음에는 파킨슨병이 나을 거라고 생각했는데, 병이 안 나으니까 실망했어요. 기능 유지를 목표라고 받아들인 다음부터는 실망 안 해요."

그의 일상에 내가 더 조언할 것은 없었다. 그가 궁금해 했던 파킨슨병에 대한 설명 말고는, 지금처럼 잘 해 보자고 격려하는 것이 다였다.

영현씨는 50대 초반이다. 전기설비기사로 일하던 그가 뇌염에 걸린 것은 9개월 전이었다. 치료를 받지 못하면 70%가 사망하는 헤르페스 바이러스HSV 뇌염이었다. 뇌 MRI에는 좌측 측두엽temporal lobe과 섬엽insula에 염증 소견이 뚜렷이 보였다. 2주 후 뇌 MRI에서는 염증 병변이 양쪽 측두엽과 왼쪽 전두엽으로 더 넓게 번져 있었고, 좌측 측두엽 뇌출혈도 동반되었다. HSV 뇌염의 증상은 의식소실과 이상행동, 뇌전증, 섬망, 기억 장애를 포함한 인지기능 장애와 성격 변화 그리고 신체 마비 등이다. 그리고 이런 증상은 많은 경우 후유증으로 남아, 기억상실증 같은 인지기능 장애나 이상 행동은 두고두고 심한 문제를 일으킨다.

발병 3주쯤 후 우리 과로 전과(입원 중 진료과를 바꾸는 것)되었을 때 그는 날짜도 몰랐고, 가족도 알아보지 못했다. 본인이 지금 어디에 있는지도 몰랐다. 무언가 물어보면 한참을 멍한 모습으로 고민하다가 아무 말도 못 들었다는 듯 픽 돌아누워 버렸다. 살던 집 주소도 대지 못했고, 간단한 뺄셈도 못했다.

"여기가 어디죠?"

"그냥… 뭐 만드는 곳인데….

"원래 무슨 일 하셨어요?"

"그냥… 뭐 다 준비했어요."

"사모님 이름은 어떻게 되세요?"

"부인 이름? 말해도 되나? 우리 와이프… 제수씨… 와이프….

우리 과에 입원했던 동안, 재활치료실은 그에게 '뭐 만드는 곳'이었다가 '운동하는 곳'이었다가 '그냥 교육 받았던 곳'이었다가 '활동을 잘하는 지 확인하고 좋게 만드는 곳'이 되었다. 또 그의 직업은 '그냥 뭐 다 준비하는 것'이었다가 '바지 만드는 일'이었다가 '반전…'이었다가 '좋은 일'이 되었다. 그는 자신이 병원에 왔다는 것과 입원해서 치료받고 있다는 사실, 부인과 아이들의 이름, 누구보다도 열심이었던 직업을 모두 모르거나 잊은 채 퇴원했다.

퇴원한 지 한 달 만에 그가 외래에 왔다. 퇴원 후 그는 우리 병원에서 일주일에 세 번 꼬박꼬박 인지재활치료와 언어재활치료를 받고 있었다. 매일 15,000보 정도 걷는다 했다. 병가 기간이 다 되어가서 다시 1년간 질병 휴직을 신청할 계획이라고도 했다. 그로부터 두 달 뒤, 그는 병원에 어찌 왔는지 경로를 정확하게 설명할 수 있었다. 집에서도 웬만한 일은 혼자 한다고 했다. 나는 그에게 복직을 권했고, 그는 바로 복직했다. 발병한 지넉 달 만이었다.

다시 두 달이 지났다. 복직한 영현씨는 예전에 했던 작업의 이름이나 사용했던 공구 이름이 기억나지 않는다고 했다. 무슨 작업을 하는지는 모르지만, 일은 수행할 수 있었다. 동료가 힌트를 주면 그 때부턴 혼자서 했다. 불안하고 눈물이 자꾸 나서 집에 혼자 있는 시간을 견디기 어렵다고 했다. 나는 그에게 달리기와 등산을 권했다. 특히 처음 가보는 길을 달리거나 걸으면서 곳곳의 랜드마크를 기억하고 그 길을 되찾아 오는 연습도 해보라고 알려주었다. 헤르페스 뇌염으로 가장 많이 다치는 부위인 해마hippocampus의 위치 세포place cell —위치 기억과 길찾기를 담당하는 해마에만 있는 세포—에게 자극과 과제를 줄 의도였다. 달리기로 해마의 신경 재생—해마는 기억의 센터이며 달리기가 해마의 신경가소성을 촉진함은 잘 밝혀져 있다—을 촉진하면서 동시에 위치 기억 훈련도 꾀하는 것이다. 여기까지가 지난 외래에서 있었던 일이다.

이날 영현씨는 처음으로 부인 없이 혼자 진료를 보러 왔다. 요즘 그의 일과는 집에서 회사까지 매일 달려 출근하고, 출근해서도 시간이 남으면 회사 뒷산에 다녀온다고 했다. 알려주었던 대로 매번 새로운 길로 오가는 연습을 하고 있었다. 그러면서 핸드폰에 사진들을 보여주었다. 스크롤을 내리는데 사진은 끝날 기미가 안 보였다. 대부분 그가 걷거나 달리면서 찍은 풍경 사진들이었다. 기억을 회복하고 싶은 마음에 뇌염 후 새로 갖게 된 버릇이었다. 회사 후배가 보내 준 옛날 사진들도 보여주었다. 후배는 "형, 이거 어떻게 하는지 아무도 모를 때 가르쳐 준 사람이 형이었잖아. 이거랑 이거랑 다 선배가 알려준 거야."라 했다고 한다. "제가 요즘 우울해하고 있으니까 이런 사진을 보내주면서 챙겨주더라고요." 영현씨가 말했다.

그는 또 말을 이었다. "며칠 전에 선생님이 알려주신 산에 처음 갔는데, 한 번도 안 가 본 산이라 부모님께 같이 가 달라고 말씀드렸어요. 두 분이 힘들어는 하셨지만, 정말 좋아하셨어요. 덕분에 저도 길 잃지 않고 산 잘 다녀왔어요."

입원했을 때, 그리고 이후 외래 진료실에서 영현씨를 만날 때마다 그는 매번 달라져 있었다. 처음에는 초등학생 같았던 그의 말은 내용의 깊이와 표현의 수준, 말투와 억양, 자기 인식의 수준, 기억의 범위와 구체성이 매 진료 때마다 꾸준히 호전되고 있었다.

"제가 환자분께 달리기를 권했던 이유는 뇌 건강을 돕는 확실한 방법이기도 하고 체력 증진, 인지기능 회복의 목적도 있지만, '나 오늘 적어도 이거 하나는 완수했다'는 성취감과 자신감, '오늘 너 좀 괜찮구나'하는 자기 격려처럼 달리기로부터 얻는 긍정적인 심리 효과도 정말 크기 때문이에요. 지금처럼 꾸준히 해

보세요. 기억도, 기분도 계속 좋아질 거에요."

말을 하던 나는 갑자기 무엇 하나가 떠올랐다.

"아, 그리고 가을엔 달리기 대회 한 번 나가보세요. 5킬로미터, 10킬로미터도 있어요. 이 정도 거리는 영현씨가 당장 나가셔도 뛸 수 있습니다. 대회를 목표로 달리면 더 재밌거든요."

마라톤 대회 일정이 나온 사이트 주소도 적어드렸다.

"무조건 하겠습니다. 하면 더 좋아진다는데, 해야죠."

"저랑 대회장에서 만날 수도 있잖아요?"

"맞아요. 오늘도 정말 고마웠습니다. 어떻게든, 무조건, 하겠습니다. 하고서 다음에 올 때 또 얘기해 드릴게요."

긴 대화 후 그는 진료실을 떠났다.

회복은 의사가 처방해 주는 약이 아닌 삶에 있다. 그날 나는 누구보다 우울한 심정으로 진료실에 내려갔다. 하지만 그날은 유난히 삶에서 이미 잘 해온 분들이 많았다. 그날 진료실을 나서는 내 얼굴은 누구보다 밝았을 것이다. 억수로 운이 좋은 날이었다.

• 현진건, 『운수 좋은 날』, 문학과지성사, 2008년

달리기의 맛

나만 하긴
미안하여

누가 시키지도, 권하지도 않았는데 그냥 달리기를 시작한 지 벌써 20년이 넘었다. 그것도 모자라 블로그까지 열어 "달리기 좋아요" "오늘도 달리셨나요?" "같이 달려요"라며 줄곧 부르짖었다. 달리기로 강의도, 관련 연구도 하고 있다. 이 좋은 걸 나만 하기 미안하고, 좋은 줄을 몰라서 아직도 시작하지 않은 사람들이 안타까워서다.

달린 세월이 오래된 만큼 달리기에 대해서는 산전수전 겪을 만큼 겪었고, 그 시간만큼 뇌를 치료하는 일도 했다. 뇌를 다치면 어떤 삶을 살게 되는지 수많은 삶을 보았으며, 건강한 뇌를 지니려면 어떻게 해야 하는지 더 명확히 이해하게 되었다. 뇌를 알면 알수록 달리기는 더 이상 취미가 아니었다. 달리기는 뇌를 위해 '마땅히' 할 일이 되었다. 아침에 일어나면 세수를 하고, 외출 전에는 선크림을 바르고, 식후에는 양치를 하는 것과 같은. 해야 하나 고민할 일이 아니라, 하지 않으면 안 되는 일 말이다.

뇌를 연구하는 사람이라면 운동을 하지 않을 수가 없다. 운동, 특히 유산소운동을 하지 않을 때 뇌가 어떻게 되는지는 수많은 연구와 환자들의 케이스를 보면서 절실히 깨달을 것이기 때문이다. 뇌 전문가인데 운동을 하지 않는 사람이라면 아마 그는 고집이 대단하거나, 심하게 게으르거나 또는 심리 단계 중 부인denial의 상태가 아닐까.

세상에는 다양한 운동이 있다. 모든 운동은 고유의 장점과 특징을 가지고 있다. 마음 같아서는 그 다양한 장점을 다 취하고 싶지만, 밥벌이도 해야 하고 주어진 역할도 해야 하는 현실의 인간에게는 불가능하다. 자신에게 허락된 시간을 감안해서 가장 좋은 운동, 꼭 필요한 운동이 무엇인지 골라야 한다. 그렇게 선택한 것이 나에게는 달리기였다. 나의 운동이 달리기로 수렴한 이유는 피아니스트 조너선 비스Jonathan Biss의 슈만 옹호론으로 대신하려고 한다. 앞선 문장에서 '슈만'을 '달리기'로 바꾸면 정확히 나의 생각과 같기 때문이다.

달리기의 좋은 점을 나열하자면 끝도 없을 것이다. 이 좋은 걸 나만 하기는 미안하고 아쉬운 마음을 담아, 내가 달리기를 좋아하는 이유를 리스트로 적어 보았다.

- 달리고 나면 찌뿌둥함은 사라지고 아주 개운하다.
- 달리면서 이런저런 생각을 하기에 아주 좋다.
- 달리는 중에 질문도, 답도 떠오른다.
- 무념무상으로 달리면 뇌나 마음을 쉬게 할 수 있다.
- 자연의 아름다움, 계절의 아주 작은 변화도 잘 느껴진다.
- 활력이 생긴다.
- 웬만한 일에 피로하지 않다.
- 성취감이 든다.
- 일상에서 일희일비 하는 일이 줄어든다.
- 힘을 썼는데, 하고 나면 힘이 더 생겨 있다.
- 이른 시간에 달리면, 하루를 더 길게 쓸 수 있다.
- 붓기가 빠진다.
- 햇볕을 쬐고 바람을 쐴 시간이 늘어난다.
- 몸은 물론 뇌도 건강해진다.
- 부수적으로 살이 빠지기도 한다.

이렇게 좋은 점이 많은데, 왜 사람들은 달리는 것을 힘들다고 생각할까?

사실 달리는 것이 처음부터 쉽고 재밌는 사람은 없다. 다른 운동을 꽤 오래 했던 사람도 달리기를 처음 시작할 때는 애를 먹는다. 그만큼 성인이 되어 새로 달리기를 시작하는 사람에게 달리기는 고역이다. 심장이 터질 것 같고 목은 타들어 간다. 달리고 나면 무릎과 발바닥이 아프기도 하다.

누구나 한 번은 달릴 수 있다. 또 누구나 달리기를 시작할 수는 있다. 문제는 그 다음에 있다. '달리기, 어떻게 시작하면 될까?'라는 질문을 고쳐 보자면 '달리기, 어떻게 하면 꾸준히 할 수 있을까?'일 것이다. 한 번 달리고 마는 게 아니라 달리기 습관을 들이는 방법이 궁금한 것이다.

답은 '재미'에 있다. 달리기에 재미를 느끼면, 그냥 그것으로 끝이다. 옆에서 뜯어 말려도 결국은 달리게 되어 있다. 시간이 없으면 시간을 만들어서라도 달린다. 재밌다는 것을 느끼게 되면 취미를 더 오래 유지하고 더 깊게 즐긴다는 사실은 이미 여러 연구로 입증된 사실이다.

달리기를 꾸준히 하다 보면 대부분은 달리기가 재미있다는 것을 느끼게 된다. 달리기의 '맛'을 보게 되기 때문이다. 그런데 문제는 그러기까지 시간이 걸린다는 데 있다. 그 사실을 먼저 인정해야 한다. 그리고 이 시간을 견딘 사람만이 달리기를 계속할 수 있다. 그렇다면 어떻게 해야 꾸준히 달릴 수 있을까?

1) 달리기에 익숙해지기

아주 짧은 거리라도, 단 몇 분이라도 일단 달려 보자. 심장이 터져 죽을 것 같고, 몇백 미터 이상은 더 못 달리겠어도 괜찮다.

일단 그냥 하는 거다. 거리가 짧아도 상관 없고, 자주 쉬어도 괜찮다. 자꾸 하다 보면 조금씩 길어지고 덜 쉬게 되어 있다.

달리기 입문용으로 런데이 앱도 추천한다. 앱이란 게 없었던 20년 전에 시작한 나는 써 본 적 없지만, 런데이 앱으로 달리기 입문에 성공한 이들이 많다.

2) 같이 달리거나 달리기 수다 떨 사람 만나기

나는 달리기를 혼자 시작했다. 그리고 내 달리기 인생의 대부분은 혼자 달렸다. 혼자서 잘 할 수 있으면 혼자 해도 된다. 그러나 혼자 잘 달리는 나도 가끔은 달리기 싫어질 때가 있다. 그럴 때 같이 달리자며 누가 나를 불러낸다면, 과속방지턱 넘듯이 부드럽게 달리기 권태기를 지날 수 있다. 그 사람이 달리기 싫어진 날은 내가 넘겨주면 된다. 그러다 보면 꾸준히 달리고 있는 나를 발견하게 된다.

3) 기록하기

달리기를 기록하는 것도 좋다. 기록은 진료실에서 환자들에게 많이 권하는 방법이기도 하다. 개인 다이어리나 앱에 기록해도 되고 블로그나 인스타그램 같이 오픈된 곳에 소문내도 좋다. 나는 기록을 하는 스타일은 아니지만, 한때 인스타그램이나 블로그에 달리기 기록을 올리던 것이 도움이 되었던 기억이 있다. 쌓인 기록은 내가 얼마나 좋아지고 있는지, 또 얼마나 꾸준히 하고 있는지 살펴보는 데도 좋다.

4) 스마트워치 사용하기

기록하는 것과 비슷한데, 스마트워치가 운동에 동기 부여 효과가 있다는 연구 결과도 있다. 스마트워치에 기록되는 운동 이력과 세세한 달리기 분석 등이 쏠쏠한 재미가 된다. 아무것도 모르고 달릴 때보다 데이터를 들여다보면서 달리면 더 재미있다. 나의 몸과 달리기에 대해 알게 된다.

5) 나만의 스타일 찾기

먼저 스스로를 분석해 보자. 만약 내가 경쟁심이 강한 사람이라면 그걸 동기로 삼는 것도 나쁘지 않다. '지금 내 앞에 달리는 사람이 멈추기 전까지는 나도 절대 멈추지 않겠다'하는 식으로 말이다. 만약 내가 소비요정이라면 러닝 용품 사는 재미를 이용해도 된다. 물론 초보 러너에게는 좋은 운동화 하나면 충분하다. 달리기도 전에 장비나 용품부터 '제대로' 갖추는 일은 말리고 싶다. 경험이 쌓여야 무엇이 나에게 맞는지 맞지 않는지를 알수 있기 때문이다. 하지만 사는 재미도 분명 있는 것이니까. 나의 스타일에 맞는 동기 부여 방법을 찾아보자.

6) 달리기 대회에 참가해 보기

내가 즐겨 썼던 방법이기도 하다. 나는 달리기를 시작하고서

한 달쯤이던 2003년 4월 5일 식목일에 생애 첫 대회로 5킬로미터 대회에 나간 것을 시작으로 틈틈이 10킬로미터, 하프마라톤, 풀코스 대회를 나갔다. 대회 참가 신청을 해두면 눈에 보이는 단기 목표가 생겨 달리기를 이어 나가기 쉽다. 대회에서 뛰는 신나는 기분은 달려본 자만이 누릴 수 있고 대회 후에도 그 흥분은 한동안 이어진다. 분명 뛰는 동안에는 내가 왜 이 고생을 사서 하나 후회했으면서도 대회를 마치자마자 다음 대회부터 찾는 아이러니는 러너들에겐 아주 흔한 일이다.

7) 달리기 좋은 계절에 시작하기

나는 매년 3월에 열리는 서울국제마라톤(옛 동아마라톤)을 단 한 번도 뛰지 않았다. 그럴 만한 이유가 있다. 달리기를 좋아하는 나도 겨울은 몹시 힘들기 때문이다. 추위도 잘 타고 햇빛이 중요한 사람이라, 겨울만 되면 위축되고 활동이 줄어든다. 당연 달리기도 잘 못한다. 더구나 겨울은 부상을 입기도 쉽고 눈과 빙판 그리고 추위가 러너들을 괴롭힌다.

하필 너무 추운 겨울이나 너무 더운 여름에 달리기를 시작하면, 달리기의 즐거움을 맛보기도 전에 정이 떨어질 수도 있다. 사실 범인은 추위나 더위인데 괜히 달리기를 오해하기 쉽다. 그에 반해 달리기 가장 쾌적한 가을, 무엇을 해도 다 좋은 봄에 시작하면 달리기의 즐거움을 맛보기가 더욱 쉽다. 그러니 초보라면 이왕이면 가을이나 봄에 시작하면 좋겠다. 만약 지금 당장 달리고 싶은데 어떻게 하냐고? 그렇다면 그런 마음이 드는 바로 지금만큼 좋은 때는 없다. 지금 바로 시작하시라.

어떻게 하면 달리기를 꾸준히 할 수 있을까요?

- 달리기에 재미를 느끼면 됩니다.
- 재미를 느끼기까지 누구나 시간이 걸립니다.
- 그러니 먼저 시간이 걸릴 거라는 것을 인정하세요.
- 재미를 느끼기까지의 시간을 얼마나 수월하고 빠르게 지나느냐가 중요합니다.
- 재미를 찾을 나만의 방법을 찾아보세요.
- 달리기 하기 좋은 계절에 시작하세요.
- 러너와 만나고 서로 도우세요.
- 대회를 잘 이용하세요.

 달리기를 꾸준히 할 수 있는 방법을 소개해 보았다. 하지만 어떤 이에게는 재미가 아니라 달려야 하는 절박한 이유가 있을 수 있다. 질병이나 스트레스, 슬픔, 상실과 같은 것 말이다. 그리고 이런 절박한 이유는 아주 막강한 힘이 되어 준다. 그리고 그렇게 시작한 달리기는 다시 우리에게 힘을 줄 것이다.

● 조녀선 비스, 『하얗고 검은 어둠 속에서』, 풍월당, 2021년

달리기의
사계

> '그러므로' 사랑하라. 그리고 그대가 좋아하는 것을 하라.
>
> '그러므로',
>
> 너무나 많은 여름이,
>
> 너무나 많은 골목길과 너무나 많은 산책과
>
> 너무나 많은 저녁이 우리를 찾아오리라.
>
> 우리는 사랑할 수 있으리라. 우리는 좋아하는 것을 더 좋아할 수 있으리라.
>
> — 김연수, 『너무나 많은 여름이』*

뚜렷한 사계절은 과연 축복일까? 이 땅에서 태어났으면서도 아직도 나는 우리나라의 사계절에 완벽히 적응하지 못한 것 같다. 분명 몇 달 전만 해도 두통을 참아가며 녹아내리기 직전까지 버텼는데, 어느새 꼼꼼히 싸매도 움츠러든 어깨와 주눅든 마음을 어쩔 수 없는 계절이라니.

야외를 달리는 이는 바뀌는 계절을 민감하게 감지할 수밖에 없다. 계절의 변화까지 갈 것도 없다. 하루하루의 변화도 다 느껴진다. 늘 같은 시간, 같은 길에서 두 다리와 팔을 반복하여 내젓는데도 달리기는 절대 질리지 않는다. 그것은 달리기도, 장소와 사람도 같지만 계절이 계속 달라지고 있었기 때문이었다. 달리기가 가지는 즉시성immediacy에, 아직도 적응 안 된 사계절 덕분이다.

달리기는 때에 따라 맛이 전혀 다르다. 무슨 맛부터 이야기를 해 볼까? 세상에는 가장 맛없는 것을 가장 먼저 먹는 사람도, 맛있는 음식부터 먹는 사람도 있다. 나는 가장 맛없는 것을 먼저 먹어 보겠다.

달리기의 겨울

가장 맛없는 음식이 겨울이라니, 이에 고개를 갸웃거리는 사람도 있을 것이다. 하지만 그들도 겨울이 다른 계절에 비해 유난히 힘들다는 사실만큼은 동의하지 않을 수 없을 것이다. 맛은 없을지 몰라도, 겨울 달리기는 멋이 있다. 겨울 달리기에 이름을 붙인다면, 나는 '명징의 달리기'라 하겠다. 영어로는 'Lucidity', 군더더기 없이 쨍하게 맑은 달리기.

겨울 달리기는 몸은 타오르고 머리는 차갑게 만든다. 귀와 두피를 얼릴 듯한 쨍한 공기에 정신이 저절로 번쩍 든다. 숨을 들이쉴 때마다 기도 깊숙이까지 시원하게 파고드는 찬 공기는 일생일대의 고민까지 다 풀어줄 것 같다. 그래서 사위四圍가 다 막힌 듯하고 아무런 해결책도 떠오르지 않을 때 겨울 달리기가 특효약이다.

추위 속을 달리는 이는 촛불 같기도, 거울 같기도 하다. 이파리가 다 떨어진 나무와 얼어버린 물줄기, 무수하게 흔들리는 바싹 마른 갈대, 채도가 잔뜩 낮아진 풍경 사이를 말없이 달리는 사람들의 모습은 날카롭고 외롭다. 그러나 그들은 마치 정수精髓 essence에 다가서는 것처럼 보인다. 같은 길을 달리는 모르는 이들에게서 유난히 짠한 동지애를 많이 느끼는 계절이 겨울이다.

겨울에는 지혜롭게 몸을 사릴 줄도 알아야 한다. 눈과 얼음 그리고 극한의 추위에 무작정 맞서기만 하면 안 된다. 그러다가는 내가 먼저 다치거나 상할 수 있다. 그렇다고 움츠러들어서도 안 된다. 움츠러들면 따스한 불빛이 아른대는 동굴 저 깊숙한 곳으로 들어가 나오지 않기 십상이다.

겨울은 달린 몸을 유난히 살펴 돌봐야 하는 계절이다. 달리기에다 추위까지 견디느라 지친 몸은 살뜰히 챙겨야 하는데, 이때 뜨끈한 순대국이나 진한 라떼가 제격이다. 그뿐인가. 집에 돌아온 후 따뜻한 샤워로 겨울 달리기 의식은 마무리된다. 조금 전의 추위가 아직 가시지 않은 몸은 노곤해져 특별한 행복과 안락함을 즐긴다.

달리기의 봄

현관문을 열고 나오며 나지막히 "봄이다" 읊조리게 되는 때. 계절이 바뀌는 그때 우리는 안도한다, "봄이다".

나처럼 동굴의 인력에 취약한 동면형 인간에게는 겨울이 지나간다는 사실만으로도 살맛이 난다. 심지어 아직 겨울이 채 지나지 않았구나 싶어 불안할 때조차도, 바람에는 이미 부드러운 구석이 있다. 풍경이 무채색에서 유채색으로 바뀌고, 맨살에 닿는 찬바람도 사라지면서 겹겹이 껴입었던 방한 의류와 장비가 이제는 덥고 거추장스러워진다. 달리는 힘듦 따위야 눈으로 들어오는 예쁘고 고운 것들로 잊으면 된다. 아니 그냥 황홀하게 즐기며 달리면 된다. 눈과 온 마음을 사방에 빼앗겨 달리게 될 테니 오히려 조심해야 한다. 눈만 붙잡히면 다행이게, 어느새 발도 붙잡혀 있을지도 모른다.

나는 특히 4월의 신록을 사랑한다. 신록은 단 며칠 동안만 여린 연두빛에 머문다. 그래서 봄 달리기를 며칠만 쉬었다가는, 나무들은 정수리 냄새가 시작된 사춘기 아이들마냥 꽤 진한색으로 이미 바뀌어 있다. 여린 연두빛을 보려면 다시 한 해를 기다려야 한다. 꽃도 마찬가지다. 어제 피었던 꽃은 오늘 이미 졌거나 바람에 날렸고, 어제는 봉오리로도 눈에 띄지 않던 아이들이 오늘은 만개해 있다. 자라는 아이들의 하루하루가 아쉬운 것처럼 봄은 어느 계절보다도 빠르게 바뀐다. 그러니 봄에는 절대 달리기를 빼먹을 수 없다.

봄에 달리기를 빼먹을 수 없는 또 다른 이유는 겨우내 열심히 달렸기 때문이기도 하다. 우리는 왜 겨울에 그토록 불쌍하게 달렸던가. 봄이 되면 줄줄이 열리는 대회에서 겨우내 달린 내게 '고생했다'며 인정과 칭찬의 기회를 줘야 한다. 힘든 계절을 묵묵히 달려낸 이들은 봄이 되면 기쁨을 만끽하고 해냈다는 안도감을 즐긴다. 봄이 되면 이들은 누구나 피하고 싶었던 공평한 추위와 얼음과 눈 따위, 어두컴컴한 새벽과 밤 따위는 아랑곳하지 않고 달렸음을 입증해 낸다. 그래서 봄은 그들에게 보상이다.

산들거리는 바람결과 등에 따사롭게 내리쬐는 햇살은 봄의 축복이다. 봄 햇살은 연두빛 나뭇잎과 갓 피어난 잔꽃잎에서, 그리고 러너의 등에서 반짝인다. 대회 코스든, 동네 길이든, 다시 달리러 나온 많은 이들과 함께 축복을 즐겨 보자. 봄의 달리기는 '축복의 달리기'다.

달리기의 여름

분명 가장 좋아하는 계절은 아니다. 하지만 달리기 계절로서는 가장 좋아한다. 여름은 러너들, 특히 시간 빠듯한 직장인 러너들에게 너그러움을 베푼다. 하프시코드에서 피아노포르테로 넘어오면서 피아노 연주에서 다이내믹한 표현이 가능해졌듯, 봄에서 여름으로 바뀌면 계절은 신새벽부터 늦은 밤까지 다양한 맛의 달리기를 선사하고 러너들은 해가 떠있건 해진 후이건 시간에 구애 받지 않고 달리기를 즐긴다.

열대야 때문에 일찍 깨 버린 여름날이었다. 시계를 보니, 출근까지 4시간 가까이 남아 있었다. 다시 잠을 청하기도 애매한 시간. 그대로 나가 달렸다. 길에는 불면증과 열대야의 피해자 몇

명만 나와 있을 뿐이었다. 그리고 그날 나는 이 시간이야말로 달리기에 최고임을 알았다. 습식 사우나 같은 계절에 숨 돌릴 틈은 이른 새벽이다. 여느 여름의 시간과는 달리 이 시간에는 날카롭고 서늘한 적막과 고요가 있다. 다른 계절인가 싶게 시원하고 상쾌하기도 하고 햇빛도 피할 수 있다. 그렇게 새벽 4시 달리기의 맛을 알아버린 이후, 내게 여름 달리기는 곧 새벽 4시가 되었다.

어느 날 늘 달리던 코스의 반환점을 돌자마자 눈 앞에 펼쳐진 하늘 앞에서 '아' 하는 작은 탄식이 절로 나왔다. 붉은 빛과 푸른 빛이 섞인 하늘에서 구름은 금빛 테를 두르고 있었다. 컴컴하기만 했던 하늘이 푸르스름 밝아지며 땅 위 것들 고유의 색과 윤곽이 드러나는 광경. 동화작가 유리 슐레비츠Uri Shulevitz가 동화책 『새벽』에서 그렸던 바로 그 모습이었다.

여름 새벽 달리기 중 시각 자극만 크레셴도crescendo인 것은 아니다. 땅과 하늘이 밝아지나 싶을 때 귀에는 여름 철새들이 지저귀기 시작한다. 그렇게 나도, 잠들었던 세상도 깨어난다. 세상에 밤새 안부를 물으며 산책하듯 슬렁슬렁 달리는 여름 새벽은 여유롭다. 하지만 마냥 여유를 부려서는 안 된다. 곧 무서운 여름 더위가 시작되기 때문이다. 그전에 빨리 자리를 피해야 한다. 아침 7시면 어김없이 푹푹 찌기 시작하므로 달리기는 그 전에 마치도록 하자. "디카페인 아이스 아메리카노 벤티 사이즈, 얼음 적게, 물 많이요." 러닝을 막 마친 나의 여름철 공식이다.

여름 러너의 특권은 우중주雨中走다. 비야 다른 계절에도 얼마든지 맞으며 달릴 수 있지만 권할 일은 아니다. 귀가하는 길에 심한 감기에 걸릴 수 있어서다. 여름의 우중주는 훌륭한 상담가다. 끈적하고 텁텁하던 습도와 더위는 비와 함께 바로 사라진다. 조금씩 비에 젖기 시작하면, 그때부터는 거리낄 것도, 신경 쓸 것도 없다. 우중주는 러너에게 슬쩍 열쇠를 건넨다. 성인이 되어 스스로 들어가 갇힌 체면치레 감옥의 열쇠. 쏴아 빗소리와 첨벙 첨벙 내 발자국 소리 뿐인 텅 빈 주로를 달리다 보면 비에 씻겨 가는 것은 고민과 걱정, 갈등 그리고 부담감이다. 몸과 마음은 여름비에 가벼워진다.

여름에는 준비물도 가장 단출하다. 그래서 경쾌하며, 움츠러들 일도 없다. 가끔은 명색이 여름인데 바람이 서늘하다, 아니 춥다 싶은 날도 있지만 역시는 역시. 얼마 달리지 않아 싱글렛과 쇼츠는 땀에 홀딱 젖고, 바람에 날려 몸에 척척 휘감긴다. 온몸이 땀에 젖고, 머리카락은 헝크러지고, 얼굴은 땀에 흐른 선크림 자국으로 얼룩지고 날벌레마저 붙어 있다. 여름 러너의 겉모양은 허섭하고 불쌍하기까지하다. 거기에 헉헉 내뱉는 더운 숨까지. 사실 여름달리기는 그리 깔끔하진 못하다. 설사 남들 눈에는 처량해 보일지 몰라도 달린 자만은 안다. 이 얼마나 개운하고 시원한 짓인지를. 달린 후 샤워의 맛도 여름에 특히 좋다.

여름엔 그냥 발이 가는대로 달리면 된다. 날씨에 맞서 싸울 생각일랑은 아예 하지를 말고 말이다. 굼벵이처럼 느려도 괜찮다. 내가 바라는 그 페이스는 선선한 날씨와 함께 절로 올 테니, 일단 묵묵히 달리고 있으면 된다. 나열하자면 끝이 없는 여름러 닝의 빼놓을 수 없는 마지막 매력은 인내심을 기르는 데 최고라 는 점이다. 달리며 버틴 더위와 지열, 습기, 햇살. 그렇게 여름을 버티다 보면 든든한 뒷심이 생긴다. 여름의 달리기는 '뒷심의 달 리기'이다.

달리기의 가을

가을에 결실을 맺는 것은 곡식만이 아니다. 달리기도 가을에 끝난다. 러너들은 지난 여름 길바닥에다 무수히 흘렸던 땀방울 의 결실을 이 계절에 거둔다. 여름 공기 사이를 메우던 습기는 사라지고 바람은 날렵해진다. 더위와 습도에 한없이 늘어지던 러너들의 몸도 페이스와 함께 날렵해진다. 흘린 땀만큼 몸은 더 야위고 햇볕에 그을려 근육의 결은 선명해진다.

나는 매해 가을로 접어드는 때가 되면 신체 적응에 애를 먹는 다. 내 몸은 이상하리만치 환절기에 예민해진다. 따뜻해지는 환 절기는 괜찮다. 하지만 추워지는 환절기, 특히 처서 무렵이 되면 내 몸에서는 에너지가 썰물처럼 빠져나가기 시작한다. 피부도 바스락거린다. 박약해질 햇빛과 엄습할 추위에 대한 불길한 예 지인가. 그래서 매년 가을로 바뀔 때쯤 나는 나의 미래를 예견 하곤 한다. 노쇠해진 미래의 나는 여름에서 가을로 넘어가는 환 절기에 세상을 뜨지 않을까 하는.

가을의 햇빛은 봄보다 우아하다. 과실과 곡물을 마지막까지 영글게 하는 가을 햇살에는 힘과 기품이 있다. 여름 내내 해를 피해서 달리기 바빴다면, 가을에는 농익은 햇살을 즐기며 달려 보자. 한낮의 달리기조차 시원하고 편안하다. 몸은 자연스럽고, 불어오는 바람은 땀을 날리고, 낙엽은 발 아래에서 사각사각 바스러진다. 햇살 속에서 이렇게 달리다 보면 자주 사색에 빠진다.

맞다, 가을은 단풍이었지. 발로도, 또 눈으로도 즐길 수 있다. 붉은 단풍이 두른 의암호의 장관은 10월 말 춘천마라톤대회의 단연 하이라이트다. 다만 단풍으로 붉게 물들었을 가을 산으로, 만추의 산사로 달아가려는 마음만은 잘 붙들어 매야 한다.

달리기는 가을에 끝난다고 했지만, 사실은 시작하기에도 좋다. 여름 혹은 겨울에 달리기를 시작하기란 절대 쉽지 않다. 여름 또는 겨울 자체가 힘든 것인데 자칫 달리기가 힘든 것이라 오해하기 딱 좋다. 그러나 가을에는 달리기의 상쾌함을 경험하기 좋다. 사계절 중 마라톤 대회가 가을에 가장 많이 개최되는 것만 보아도 알 수 있다. 그래서 나는 달리기를 입문하는 이에게는 가급적 가을에 시작하라고 권한다.

사계절의 풍파에 굴복한 나무는 온전한 과실을 맺을 수 없다. 들판에 잘생긴 과일을 달고 우뚝 선 과실 나무처럼 가을 주로에 선 러너는, 지난 일 년간 셀 수 없이 많았던 상황, 방해요인, 핑계, 변명거리에도 불구하고 달려왔음을 입증한다. 그래서 가을의 달리기는 '입증의 달리기'이다.

살기에는 팍팍한 사계절이지만, 좋아하는 일을 하면서 보내면 한결 낫다. 아니 고맙다. 늘 똑같은 달리기도 사계절이 있어서 지겹지 않다. 과연 좋아하는 것을 더 좋아하게 만들어주는 사계절이다.

● 김연수, 『너무나 많은 여름이』, 레제, 2023년

모차르트와
달리기

모차르트는 하나의 언어에요. (⋯)

언어는 일단 쓰면서, 실전 연습으로 익히는 거죠.

— 마르타 아르헤리치•

어렸을 때 피아노를 배운 적이 있다면 모차르트의 소나티네 한 곡쯤은 연주해 보았을 것이다. 피아노 입문자의 필수 레파토리인데다 멜로디마저 밝아서, 모차르트 피아노곡은 종종 입문용 연습곡이라는 오해를 받는다.

하지만 모차르트는 내가 생각하는 가장 연주하기 어려운 작곡가 중 한 명이다. 모차르트의 음악에는 연주자가 숨을 곳이 없기 때문이다. 부족한 연습이나 실력을 기교로 얼버무려 감출 여지가 있는 다른 피아노곡과는 달리 모차르트의 음악은 연주가가 기교 뒤에 숨을 수 없다. '정수'만 남아 있어 너무나 투명하다. 그래서 모차르트의 곡을 제대로 연주하는 사람은 진정한 실력자다. 피아니스트 아르투르 슈나벨 Artur Schnabel은 이렇게 말하기도 했다. "모차르트의 소나타는 아이들에게는 너무 쉽고 연주자들에게는 너무 어렵다."

나는 모차르트의 음악과 달리기가 상당히 닮았다고 생각해왔다. 달리기는 기댈 장비가 없다. 돈을 투자해서 장비를 업그레이드한다고 기록이 단축되는 종목이 아니다. 할 수 있는 거라곤 고작 운동화 바꾸기 정도다. 그래서 러너들은 새로운 러닝화가 출시되면 열광한다. 믿을 구석이 그것밖에 없기 때문이다. 그런데 운동화가 얼마나 기록을 단축해 줄 수 있을까? 2017년에 출시돼 처음으로 카본화 붐을 일으킨 나이키의 베이퍼플라이 Vaporfly라는 모델은 에너지 소비를 4% 줄여준다고 하여 이름에 아예 '4%'가 붙기도 했다. 하지만 에너지 효율을 4% 높여준다는 것이지 기록을 4% 단축해준다는 의미는 절대 아니다. 그리고 이제는 모든 브랜드에서 우수한 카본화를 출시하고 있다. 기록을 단축할 수 있는 대단한 러닝화는 없다는 뜻이다.

그렇다면 부상은 막아줄 수 있을까? 기록 단축뿐 아니라 부상 예방에도 운동화의 한계는 분명하고 영향도 미미하다. 기록은 오랜 기간 성실하게 준비한 자신의 몸으로 직접 달려냈을 때 달성할 수 있다. 부상에 강한 몸은 현명한 훈련과 적절한 휴식을 통해 비로소 얻게 된다.

달리는 모습은 그 사람 자체를 투영한다. 피아니스트 알렉상드르 타로 Alexandre Tharaud가 그의 책 『이제 당신의 손을 보여줘요』

에서 말했듯 모차르트 음악 앞의 피아니스트처럼 러너는 달리는 동안 벌거숭이가 되어 다 들키고 만다. 몸은 어떻게 관리했고 어떻게 얼마나 달려왔는지는 달리는 동안에 다 보인다. 미숙한 연주 실력을 기교나 페달로도 어찌할 수 없듯이, 내 달리기 연습 부족도 감출 방도는 없다.

"아이는 모차르트의 이상적인 연주자다. 아무런 의문을 던지지 않기 때문이다. 어른은 이 잃어버린 참신함을 평생 좇는다. 이 참신함은 마법처럼 종종 무대로 돌아온다. 격식 없이 순박하고 투명한 노래. 모차르트를 연주하는 건 어린 시절의 천진함과 순박함을 되찾는 일이다."

앞서 언급한 타로의 책에서 본 이 구절에서 미처 깨닫지 못했던 달리기와 모차르트 음악의 닮은 점을 하나 더 발견했다. 우리는 어렸을 때 모두 뛰어다녔다. 차분히 걷기만 하는 아이는 없다. 순박하고 투명하게, 격식 차리지 않고. 아무 생각이나 의도 없이, 그냥 원래 아이의 모습 그대로. 달리기에 주법과 호흡법, 자세 그리고 장비보다 중요한 건 천진함과 순박함이다.

누구나 한때는 어린이였다. 어른이 되면서 어린이의 참신함을 잃었을 뿐이다. 각종 테크닉과 데이터에 얽매여 달리는 목적은 무엇일까. 그냥 아이들이 그러듯, 누구나 어렸을 적 그랬던 것처럼 본능적으로 아무 의문도 갖지 않고 그저 자유롭게 달리면 된다. 그럴수록 달리기는 더 편해지고 가벼워진다. 그렇게 달리는 이의 달리기는 더 본질에 가까워질 것이다.

"독주회의 무거운 의식 속에서 그렇게 연주하기란 그리 쉬운 일이 아니다. 모차르트의 작품은 정서적으로 강렬하게 연습된다. 그러니 콘서트 전날과 당일에는 연습하지 않는 편이 좋다. 그렇게 해야 본능적으로 자유롭고 신선하게 연주할 수 있다. 거의 어린아이처럼."

이 대목에서 달리기와의 공통점이 또 하나 나온다. 콘서트 전날이나 당일에 연습하지 않는 것이 좋다니. 과연 어느 음악이 그럴까 싶지만 타로는 모차르트의 음악은 콘서트 전 연습을 쉬기를 권한다. 연주를 잘하고 싶은 마음이 간절할수록 참아야 하는 모차르트 음악. 대회에서 잘 달리고 싶을수록 대회 직전에는 달리기를 참아야 하는데—우리는 이것을 테이퍼링이라 부른다—타로도 이 사실을 알고 있는 걸까? 혹시 그가 달리기를 하는지도 슬쩍 궁금하다.

피아니스트 알프레드 브렌델 Alfred Brendel 은 모차르트는 자신이 하고 싶은 이야기를 군더더기 하나 없이 음악에 담아낸 사람이라 말하기도 했다. 모차르트 음악에 인간 감수성의 모든 영역이 정제된 형태로 들어가 있다는 것이다.

거친 숨을 헉헉거리며 내달릴 때에는 마치 펑펑 울 때와 비슷한 기분이 된다. 후련하기도 개운하기도 하다. 누군가에게 가슴에 담아둔 심정을 토로하지도 않았으며 진짜 눈물을 흘린 것도 아니지만, 내달리면서 마음은 이미 꽤 풀리고 있음을 달리는 사람은 안다. 단순한 몸짓의 반복에서 감정은 정제되고 감수성은 다듬어진다.

피아니스트이자 작곡가 페루초 부조니 Ferruccio Busoni 는 모차르트에 대해 여러 말을 남겼다. "모차르트는 수수께끼와 함께 해답을 준다. 어떤 난관에 부딪히면, 모차르트는 당신에게 해결책을 준다." 또 이렇게도 말하기도 했다. "모차르트의 재료는 거의 무한하지만, 절대 다 쓰는 법이 없다."

달리기도 그렇다. 뛰다 보면 어느 날은 질문이 떠오르고, 어떤 날은 답이 떠오른다. 또한 아무리 달려도 달리기는 결코 지겨워지지도 소진되지도 않는다.

지금 나의 달리기는 어떠한지 또 앞으로의 달리기는 어떨지. 과연 나의 달리기는 모차르트의 음악처럼 해사하고 투명한 모습일지, 아니면 언젠가는 그리 될 수 있을지 궁금하다.

● 마르타 아르헤리치·올리비에 벨라미, 『마르타 아르헤리치의 말』, 마음산책, 2023년

오른발
왼발

20년 넘도록 달리기를 하면서 동호회에는 두세 곳 가입한 게 전부다. 그마저도 온라인 활동이 대부분이었다. 동호회에 가입하려면 닉네임을 만들어야 한다. 재미없게 진지한 나는 닉네임을 지을 때에도 재미없게 진지했다. 달리기를 시작한 2003년, 처음으로 동호회에 가입하던 때 이제 막 달리기를 시작한 초보의 긴장과 고심을 담아 지은 닉네임은 바로 '오른발왼발'. 오른발 왼발을 번갈아 한 발 한 발 나아가면 아무리 긴 거리라도 결국 완주해 낼 것이라는, 누구든 바로 짐작할 수 있는 그것이 작명의 이유였다.

달리기에 성실하고픈 다짐도 담았겠다, 지을 때는 분명 마음에 들었다. 하지만 닉네임을 입 밖으로 낼 때마다 후회가 되기 시작했다. 너무 정직한 뉘앙스가 민망했던 것이다. 다음 닉네임은 진지하지 않은 것으로 지으리라는 굳은 결심과 함께, 그렇게 최초의 러닝 닉네임은 역사의 뒤안길로 영영 사라졌다.

그로부터 20년도 넘은 어느 날. 미국의 한 마라톤 팝업 스토어 이곳 저곳을 어슬렁거리며 구경하던 나의 발걸음이 한 티셔츠 앞에서 딱 멈춰섰다. 그 티셔츠의 가슴팍에는 내가 부끄러워 했던 첫 닉네임, '오른발왼발'이 반복되고 있었다.

오른발, 왼발, 오른발, 왼발 ⋯ 나의 발걸음을 멈추게 한 티셔츠의 문구

나와 똑같은 생각을 한 사람은 누굴까, 반갑기도 하고 궁금하기도 했다. 점원이 알려준 주인공은 다름 아닌 마라토너 토미 리브스Tommy Rivs였다. 본명은 토미 리버스 퓨지Tommy Rivers Puzey. 그

냥 줄여서 토미 리브스라고들 부른다.

그는 마라토너지만 동시에 트레일 러너, 울트라 러너, 그리고 철인이다. 마라톤, 울트라마라톤 대회에서 우승도 여러 번 했고, 유명 선수의 페이스메이커를 한 이력도 있다. 2017년 보스턴마라톤에서는 2시간 18분의 기록으로 16위를 했다. 언어학자이자 인류학자이기도 하고, 5개 국어를 구사하는 그는 무척 독특한 이력의 러너였다.

그러던 그가 35세였던 2020년 7월, 갑작스럽게 몸에 이상을 느낀다. 호흡곤란으로 찾은 병원에서 찍은 사진에는 폐가 하얗게 변해 있었다. 의사는 폐렴을 의심했다. 누구보다도 건강한 그였고 코로나 팬데믹이 한창일 때였으니, 다들 코로나바이러스에 의한 폐렴이겠거니 여긴 것이다. 하지만 반복된 검사 결과는 계속 음성이었다.

그 사이 그의 상태는 급격히 악화되었고, 그는 바로 중환자실로 옮겨져 인공호흡을 받기 시작했다. 폐 조직 생검을 포함한 여러 검사 끝에 나온 진단은 'NK/T 세포 림프종'. 워낙 드문 암인 데다가 폐렴처럼 보였던 발현 양상도 매우 특이해서 진단부터 난항이었다. 하지만 더욱 절망적이었던 것은 그의 치료 과정이었다. 병세가 속수무책으로 악화되었고 이 병의 예후 또한 좋지 않아 그가 살아날 수 있을지부터 미지수였다.

인공호흡을 유지하기 위해 기관절개술—기관에 구멍을 낸 다음 기관튜브를 삽입해서 호흡을 유지하는 시술—도 했고, 위루술—복부 피부를 절개하여 식사를 바로 위로 투여하는 관을 삽입하는 시술, 입으로 음식을 먹지 못할 때 시행한다—도 했다. 에크모—혈액을 몸 밖으로 빼내 산소를 공급하고 이산화탄소는 제거한 뒤 몸 안으로 다시 주입하는 체외막 산소 공급장치—치료도 했다. 고독성의 항암치료도 바로 시작되었다. 웬만한 체력으로는 버티지 못할 항암치료였다. 치료기간 동안 약제를 사용해서 일부러 혼수상태를 만들었다.

그러는 사이에 곰팡이에 의한 폐렴, 패혈증, 급성 간부전, 3단계 욕창, 섬망, 심부정맥 혈전증과 같은 생사를 넘나드는 수많은 고비가 끊이지 않았다. 아슬아슬하게 몇 사이클의 항암치료를 마친 다음에는 골수이식을 받았다. 183센티미터인 그의 체중은 40킬로그램까지 줄었다. 암과의 긴 싸움은 중환자실에서 격리병실로 그리고 일반병실로 옮겨 다니며 계속되었다. 입원한 지거의 1년만에 퇴원했을 때 그의 폐는 20%의 기능만 할 수 있는 상태였다. 퇴원을 하더라도 평생 인공호흡기에 의지해서 살아야 했다. 적어도 산소호흡기는 쓸 거라고 했다. 하지만 그는 인공호흡기도, 산소호흡기도 쓰지 않았다.

그가 퇴원했다는 소식 이후 나는 한동안 그의 소식을 잊고 지냈다. 잘 지내고 있나 보다 했다. 그런데 2021년 11월 우연히 그의 소식을 다시 들었다. 뉴욕마라톤 기사에서였다. 암 치료를 끝내고 몇 달 되지도 않은 그 해 뉴욕마라톤에 출전했다는 것이다. 그리고 그는 9시간 18분 57초의 기록으로 완주했다. 현역

시절 기록의 거의 4배에 달하는 시간이었다. 그가 결승선을 통과했을 때에는 이미 해도 저물고 관중들도 대부분 다 집으로 돌아간 다음이었다.

"눈을 감고 계속 가다보면 결국 결승선에 닿습니다. 도착하면, 이렇게 안도의 한숨을 내쉬지요." 그는 말했다.

이듬해 뉴욕마라톤에서는 6시간 13분 54초, 그 다음해 보스턴마라톤은 4시간 53분 44초에 완주했다.

아무도 그의 기록을 신경 쓰지 않는다. 사람들은 그저 그전처럼 여전히 마라톤 출발선에 서고 달리고 결승선을 밟는 그의 모습에 환호하고 힘을 얻을 뿐이다. 그는 이렇게 말한다.

"이 세상에는 각종 러닝 꿀팁, 이것만 쓰면 무조건 잘 달릴 거라는 신상, 훈련 비법, 고수가 되는 지름길 같은 것들이 넘쳐난다. 이런 걸 해야 하고 훈련은 어떻게 해야 한다는, 뭘 먹어야 좋고 이런 자세로 달려야 한다는, 수도 없이 많은 '설說'들이 있다. 이런 말들은 러너들을 헷갈리게 할 뿐 아니라 결국 러너들을 달리기의 본질에서 점점 멀어지게 한다. 달리기란 결국 단 한 마디 말로 요약할 수 있다. 우리를 끊임없이 앞으로 나아가게 만드는 것은 마음가짐mindset이란 것. 오른발, 왼발."

리브스의 이야기는 아직 끝나지 않았다. 병이 완치된 건 아니기 때문이다. '관해remission'라는 단계일 뿐이다. 여전히 암이 재발할 가능성은 꽤 높다. 그래서 구불구불한 길을 계속 가야 한다. 가다가 낙석을 만날 수도 있다. 하지만 그는 그 길 위에서 오른발 앞에 왼발, 다시 왼발 앞에 오른발을 놓으면서 나아갈 것이다. 그가 발을 계속 내딛는다면 지금까지 보여 주었던 것과 또 다른 모습의 기적이 계속될 것이다. 기적은 결과가 아니라 길을 걷는 과정에 있음을, 그리고 그도, 우리도 기적을 만드는 일은 결국 한 발 한 발 끊임없이 내딛는 오른발과 왼발에서 시작된다는 사실을 기억해야 할 것이다.

● 앙투안 드 생텍쥐페리, 『우리가 사랑해야 하는 이유』, 생각속의집, 2021년

나의 달리기 심장을
두고 온 곳

> 서울이 왜 좋은가 하면 산이 좋아 그런 것 같다. 남산이 약간 막힌 것 같기는
> 하나 저 남산은 아테네의 아크로폴리스로 생각되어서 나는 그것도 좋아한다.
> (…) 역시 서울은 산이 좋아서 좋다. 어디를 향해서 가도 산을 보고 가게 된다.
> ─ 김환기,『어디서 무엇이 되어 다시 만나라』

    운전하는 나의 눈이 바쁘다. 바쁘던 눈은 늘씬한 남산 타워를 발견하고 나서야 비로소 안도한다. 만약 그 길이 남산을 향하는 중이었다면 내 마음은 기쁘고, 다른 곳을 향하는 중이었다면, 반가움은 바로 그리움으로 바뀐다. 매주 한두 번은 남산을 달리면서도 나는 왜 남산을 그리워 할까.

    나의 남산 사랑은 2017년으로 거슬러 올라간다. 당시 경리단길에는 모 브랜드에서 만든 '런베이스 서울'이란 러닝 전문 공간이 있었다. 남산 근처였으니, 이곳에서는 자연히 남산의 지형지물을 이용한 다양한 러닝 코스가 열렸다. 런베이스를 기점으로 한 달리기는 조금 멀리는 동국대까지, 더 멀리는 한강이나

강북의 명소까지도 이어지곤 했다. 남산 북측순환로에서의 파틀렉과 남산 곳곳 계단에서의 업힐 인터벌, 차량용 속도측정계에 찍히는 기록으로 순위 매기기, 피자와 맥주를 앞에 두고 떨던 수다. 항상 혼자서 달리는 나였지만 아이디어와 에너지, 그리고 화이팅이 넘치던 이곳을 나는 꽤 자주 찾았다.

남산이 좋은 것이 꼭 즐거운 추억 때문만은 아니다. 건강한 성인은 몸의 무게를 들어올려 부하를 견뎌야 비로소 심폐기능이든 근력이든 의미 있게 변화시킬 수 있다. 달리기도 그렇다. 평지에서는 심장과 폐 그리고 근육에 부하를 가하는 데 한계가 있다. 다양한 경사도의 오르막과 내리막이 이어지는 남산은 내리막에서는 대퇴사두근을, 오르막에서는 둔근과 햄스트링을 단련하기에 그만인 장소다. 순환기계와 호흡기계 단련 효과야 말할 필요도 없다. 이어지는 오르막과 내리막은 달리기가 지루할 틈도 주지 않는다. 남산을 달리고 들어오는 길, 엉덩이에서 느껴지는 묵직함을 나는 늘 즐긴다.

남산의 대표적인 러닝 코스인 북측순환로는 온전히 보행자와 러너에게만 허용된 공간이다. 자전거를 살피지 않아도 되고, 차량의 매연으로 숨을 참지 않아도 된다. 혼자 달리면 사색과 몰입에 더 없이 좋은 공간이다. 혼자여도 오가며 몇 번씩 마주치는 러너들이 있어 외롭지 않다. 끝이 열린 주로가 아니니, 같은 때 같은 곳에 같은 뜻으로 모여 있다는 시공간적 유대감을 준다. 비슷한 진폭과 주파수의 러너들은 남산 북측순환로에서 공명 현상을 일으킨다. 비록 그것이 심리적인 것일지라도.

매주 같은 시간에 달리는 성실한 러너들은 낯익다. 하필 나는 볼품없이 오르막을 뛰고 있을 때에만 마주쳐—당연히 그는 잽싼 발걸음으로 멋지고 힘차게 내리막을 뛰어오고 있다—나만 아는 별명을 붙인 '미스터 다운힐.' 궂은 날에도 맑은 날에도 끈을 맞잡고 남산을 힘차게 뛰는 시각장애인 러너와 가이드 러너. '파.이.팅.' 분명한 발음으로 응원한 후 눈빛으로 도장까지 콕 찍고 가는 외국인 러너. 매일 새벽 같은 시간에 하루도 빠짐없이 길고양이 먹이를 주러 나오는 분까지. 이름을 물은 적은 없지만 응원과 인사를 나누고, 보이지 않는 날에는 그들의 안부가 궁금하다.

경사도와 거리가 다양한 오르막 내리막이 나를 이렇게도 저렇게도 단련시키니, 남산을 달리면 웬만한 로드 마라톤 코스는 두렵지 않게 된다. 30킬로미터 즈음 연달은 업힐 4개—이 중 마지막은 하트브레이크 힐 Heartbreak Hill —를 달려야 하는 보스턴 마라톤이나, 자잘한 언덕이 많은 춘천마라톤 등을 준비하기에 북측순환로만한 곳은 없다. 남산을 달리면 남들이 공포에 질릴 대회의 오르막 코스에서 여유롭게 달려 올라갈 수 있다.

북측순환로의 오르막 중 하이라이트는 안중근의사기념관에서 국립극장 방향으로 1,600~1,850미터 지점이다. 여기를 뛰었다면 '남산을 뛰었다'고 말해도 된다. 이 오르막을 다 뛰어오를 즈음 북측순환로에서 가장 멋진 풍경을 만난다. 오르막 너머로는 녹음이 다채로운 색심도로 포개져 터널을 이룬다. 오르막을 끝까지 오른 러너는 남산의 품 속으로 달려가 안긴다. 순환로 끝까지 다 뛸 힘이 없을 땐 나는 이 지점까지만이라도 뛴다.

북측순환로에는 거친 오르막과 내리막만 있는 것은 아니다. 여기에도 실크로드가 있으니, 국립극장에서 안중근의사기념관 방향으로 600~850미터 지점이다. 아주 완만한 내리막인 이 곳을 뛰노라면 이대로 24시간이라도 뛸 수 있을 것 같아 득의양양해진다. 턱끝이 슬그머니 들리고 입가에는 너그러운 미소가 번진다. 물론 다음 오르막에 닿자마자 금세 사라지지만.

어느 날은 라디오에서 앙브루아즈 토마Ambroise Thomas의 오페라 아리아 〈그대는 아는가, 오렌지꽃 피는 나라를Connais-tu le pays?〉이 흘러 나왔다. 봄이 온 것 같기도 하고 아닌 것 같기도 한 날이었다. 온화한 그 선율을 들으며 소월로를 따라 굽이굽이 드라이브하다가 남산 타워를 마주하였다. 그렇게 다가가는 남산은, "일어나!" 꽥 지르는 고함소리에 거칠게 깨는 아침이 아니라 다정하게 내민 손길에 부드럽게 현실로 인도되는 아침 같았다. 오늘의 달리기는 어떨까, 기분좋은 기대와 함께 말이다.

언젠가 나는 남산에서 그날 처음 만난 낯선 이에게 털어놓았다. "저는 아무래도 남산에 제 심장을 둔 것 같아요." 진심이었다. 나의 달리기 심장은 남산에 있다.

● 김환기, 『어디서 무엇이 되어 다시 만나랴』, 환기미술관, 2005년

지금껏 가장
행복했던 달리기

> 나는 홈런을 친 주자처럼 결승점을 향해 뛰고 있었고
> 한 걸음 한 걸음이 즐거움으로 가득했다.
> — 조지 쉰, 『달리기와 존재하기』*

    공항은 텅 비어 있었다. 몇 년 만의 공항인지. 텅 빈 새하얀 공항에는 로봇만 간간히 지나갈 뿐이었다. 사람 한 명 없는 체크인 카운터가 무섭기까지 했다. 이곳이 인파로 북적이던 그 인천공항이란 말인가. 비행기도 한산했다. 그래도 마스크는 내내 벗지 않았다. 입에 기내식을 넣기 직전 숨을 들이마신 다음 숨을 참고 마스크를 들췄다. 한산한 것은 미국 공항도 마찬가지였다. 그래도 비행기가 고속버스 같고 공항이 버스터미널 같은 미국은 인천공항보다는 나았다.

    보스턴 국제공항에 도착하자 보스턴마라톤 피니셔 자켓을 입은 사람들이 쉽게 눈에 띈다. 수하물 투입을 알리는 전광판에

'Welcome to Boston. Good luck on race day!' 사인이 들어와 있었다. '러너 특이적runner-specific' 환영 인사에 보는 러너는 기분이 좋아진다.

시내에 도착하니 바람이 매서웠다. 날은 약간 흐렸고 분위기는 차분했다. 대회까지 이틀이 남아 있었지만, 도시는 이미 만반의 준비를 다 마친 듯했다. 가로등마다 대회 상징색인 노란색과 파란색 배너가 붙어 있었다. 이동식 화장실도 길게 도열해 있었다. 트렁크를 끌고 엑스포장으로 향했다. 배번부터 받아야 한다. 긴 줄을 기다려 엑스포장에 들어섰다. 배번 색상별 화살표를 따라 내 번호 창구를 찾아가 줄을 섰다. 보스턴마라톤을 보스턴마라톤답게 만드는 자원봉사자들이 웃는 낯으로 연신 러너를 맞고 있다. 여권을 보이고, 배번을 받았다. 얼마나 기다렸던 배번인가. 1단계 미션 완료다.

코로나 때문에 2020년부터 2021년까지 근 2년간 전 세계 거의 모든 마라톤 대회가 취소됐다. 보스턴마라톤도 예외가 아니었다. 2020년은 버추얼 대회로 열렸고, 2021년에는 10월로 날짜를 바꿔 열었다. 2022년은 보스턴마라톤이 제 날짜를 다시 찾은 첫 해였다. 다행히 2019년 춘천마라톤 기록이 있어 신청 기준은 무난히 넘겼지만, 대회 등록을 하면서도 달리지 못하는 일이 생겨도 어쩔 수 없다고 생각했다.

보스턴마라톤에 나가려면 갖춰야 할 조건이 한둘이 아니었다. 나라나 병원의 지침이 바뀌거나 갑자기 코로나에 걸린다거나 해서 단 하나라도 틀어지면 달릴 수 없는 대회였다. 하지만 끝날 것 같지 않던 코로나도 조금씩 잦아들기 시작했다. 가능성은 조금씩 높아졌다. 백신 접종자임을 증빙하고 코로나 검사도 여러 차례 받아야 했지만, 출입국이 허용된 것만으로도 충분히 다행이었다. 결국 이렇게 보스턴에 왔다.

보스턴마라톤을 달린다는 것은 이미 오랜 소원이기도 했지만, 보스턴이든 어디든 마라톤 대회가 열리기를 기다린 지 2년이 넘었다. '이번에는 열리겠지' 간절한 기다림의 끝은 늘 대회 취소 공지였다. 다른 나라에서는 마라톤 대회가 재개되었다던데, 우리나라는 버추얼 대회만 열릴 뿐이었다. 말이 대회지 일상 달리기와 다를 게 하나 없는 버추얼 대회로는 갈증이 해소될 리 없었다. 그나마 야외에서 달리고 산을 오르며 버텼다. 매일 달렸지만 달릴 때도, 심지어 산에서도 마스크를 써야 했다. 서로가 서로를 감염원으로 경계했다. '뉴 노멀 new normal'이라는데 이런 게 '노멀'이라니, 동의할 수 없었다.

2년 넘게 그렇게 지내다 보니 마라톤 대회란 게 어땠는지 기억도 나지 않았다. 대회를 어떻게 준비했는지, 대회 전에 어떤 페이스로 얼마나 뛰어봐야 하는지, 대회에서는 어떻게 달렸는지, 모두 기억에서 흐릿해졌다. 대회의 재개를 기다리는만큼 걱정도 커졌다.

보스턴마라톤 날이 밝았다. 깨자마자 창밖의 날씨부터 살핀다. 대회 당일 날씨는 이미 한국에서부터 수십 번 검색했지만,

워낙 예측이 어려운 뉴잉글랜드New England 날씨는 마지막까지 마음을 놓을 수 없다. 2018년에는 비바람이 몰아쳐 체감기온 영하의 날씨에 많은 러너들이 레이스를 포기하기도 했다. 어떤 날씨도 가능하고, 하루 중에도 변덕이 심한 게 보스턴의 4월 날씨다. 페이스 차트도 손목에 두른다. 오르막 내리막이 많은 보스턴마라톤은 구간별 레이스 계획 세우는 것이 짐을 싸는 것만큼 어렵다. 어쨌든 목표기록은 3시간 50분이다.

지하철에서부터 만난 나 같은 사람들이 가는 길을 따라 물품보관 버스들이 서 있는 곳으로 간다. 스쿨버스들이 길 양옆으로 끝도 없이 서 있다. 이곳에서는 사람들이 두 패로 나뉜다. 나와 같은 방향으로 걷는 사람들과 반대로 걷는 사람들. 같은 방향은 짐을 맡길 사람, 반대는 이미 짐을 맡긴 사람들이다. 손에 든 짐으로도 구분할 수 있다. 기어 체크gear check용 가방을 들고 있는 이와 자그마한 비닐봉지만 든 이로 말이다.

자원봉사자들이 노란 스쿨버스 창밖으로 아기새처럼 고개를 내밀고 있다가 러너로부터 짐을 받아 올린다. 나는 긴장되는데, 다른 러너들에게서는 긴장한 모습이 보이지 않는다. 내 번호 버스를 찾아 한참을 걸었다. 핸드폰과 함께 짐을 맡겼다. 이제부터 내 손에 남아 있는 것들의 운명은 함께 완주하거나 중간에 버려지거나 둘 중 하나다. 핸드폰이 없으니, 지금부터는 보고 듣고 느끼는 것들을 모조리 기억해야 한다. 집결지인 보스턴 커먼Boston Common으로 다시 걷는다.

한없이 평화롭고 넓은 잔디밭 공원인 보스턴 커먼은 평소에는 보스턴 시민들이 여유롭게 쉬는 곳이지만, 대회 당일엔 러너와 스쿨버스로 빽빽하게 차 버리니 방향 감각을 잃기 쉽다. 러너들은 그저 자원봉사자들의 지시에 따라 기다리고 움직일 뿐이다. 핸드폰을 들고 사진과 동영상으로 추억을 남기는 러너들이 부럽다. 스트레칭과 워밍업을 해도 해도 버스 탑승 시간이 한참 남았다. 드디어 Wave 3 체크인 순서가 되었다. 컴팩트한 투명 비닐 안에 최종 소지품만 쑤셔 넣고 버스 탑승 장소로 들어간다. 줄을 서고 버스에 오른다. 질서가 없는 듯하면서 있다. 러너로 가득 찬 스쿨버스들이 진기한지, 관광객들이 연신 사진을 찍는다.

버스는 9시가 다 되어서야 출발했고, 출발지인 홉킨턴Hopkinton까지는 1시간이 걸렸다. 소재가 장갑차와 같다는 미국 스쿨버스는 좌석 등받이도 정직한 수직이고 안전벨트도 없다. 1시간 앉아 가기에는 좀이 쑤시지만, 전 세계 러너들의 시끌벅적한 수다를 듣다 보면 금방이다.

홉킨턴에 도착했다. 버스에서 내려 맑은 공기부터 들이마신다. 길 안내를 따라 다시 걸으니 참가자 대기장소Athletes' village를 알리는 팻말이 나왔다. 돗자리를 펴고 부지런히 준비에 들어간다. 금세 출발 시간이 되었다. 대기장소에서 스타트라인까지는 다시 1.5킬로미터 정도 걸어야 한다.

홉킨턴 출발선에는 긴장이 고조되는 침묵의 순간 같은 것은 없다. 어영부영 스타트라인에 도착했고, 엉겁결에 레이스가 시작된다. 누군가가 "Are we running?" 물었다. 정말 이대로 달리는 건가 했는데 정말 출발이었다. 얼른 시계의 출발 버튼을 누른다. 내리막이다. 보스턴 레이스 초반 내리막에서 절대 내달려서는 안 된다는 조언을 질리도록 많이 들었다. 여기는 '내가 드디어 보스턴을 달리는구나!' 하는 벅찬 감정에 사로잡힌 러너들이 오버페이스하기 딱 좋은 지점이기 때문이다. 브레이크를 잡아 가며 최대한 천천히 달려 내려간다.

마라톤 코스 바로 앞에 사는 사람들은 몽땅 길에 나와 있는 듯했다. 집 코 앞 길이 막혀 불편할 텐데도 다들 응원에 진심이다. 10킬로미터 지점 프래밍햄Framingham은 왼편으로 호수가 펼쳐지고 그 위로 안개가 드리워 멋진 곳이다. 응원 인파가 적어졌다 많아졌다 한다. 15킬로미터 지나서 네이틱Natick이 나온다. 아이들이 고사리손을 내밀고 많이 서 있다. 오랜 동안 팻말을 들고 서 있는 아이들도 있다. 코스 옆으로는 나란히 기차도 지난다. 늘 같은 시간에 다니는 통근용 기차일 텐데, 달리며 듣는 기차 기적 소리가 무척 낭만적이었다.

날씨가 더없이 좋았다. 달리기에 딱 좋은 쌀쌀한 날이었다. 대회에서는 뒷바람이 유리하고 맞바람은 불리하다. 서에서 동으로 달리는 보스턴마라톤에서 다들 서풍이 불어주기를 바라지만 그날은 동풍 즉, 맞바람이었다. 하지만 맞바람 맞으며 달리는 것을 무척 좋아하는 사람으로서 레이스 내내 맞는 미풍 맞바람은 정말이지 환상이었다. 달리는 내내 얼굴에서는 웃음이 떠나질 않았다. 입이 저절로 헤벌쭉 벌어졌다. 바보 같아 보였겠지만 어쩔 수 없었다. 여기에 왔다는 것, 이곳을 달리고 있다는 것, 다시 마라톤 대회를 즐기고 있다는 것, 그것도 날씨와 기온과 햇볕과 바람까지 완벽한 보스턴인데 뭘 더 바라겠는가.

나는 내 이름을 새긴 싱글렛을 입고 있었다. 함성 사이로 스히, 시히, 사히 같은 소리가 들린다. 처음에는 무슨 소리지? 하면서 그냥 지나쳤다. 그런데 계속 달리다 보니 사람들이 부르고 있는 것은 내 이름이었다. 제대로 부를 때까지, 그래서 내가 쳐다볼 때까지 발음을 바꿔가며 계속 부르고 있었다. 심지어 내 싱글렛에 새긴 작은 태극기만 보고도 "South Korea"라고 외치며 응원하기도 했다. 이전에 만난 적도 없으며, 아마 앞으로도 우리가 다시 만날 일은 없을 텐데도 이 사람들은 내 이름을 열심히 외친다. 그렇게 보스턴의 모든 러너들이 낯선 이들로부터 엄청난 응원을 받는다. 나를 불러주고 있다는 사실을 인지한 때부터, 누가 내 이름을 외쳐줄 때마다 고개를 돌려 "Thank you!"로 답했다. 피곤하기는커녕 신기함, 흥분, 고마움 속에서 기원을 알 수 없는 힘이 계속 솟을 뿐이었다.

코스의 중간쯤 웰즐리 Wellesely가 나온다. 웰즐리 표지가 나오면 러너들은 잔뜩 기대한다. 키스존의 유명세 덕분이지만, 사실 이 구간의 별명은 함성 터널 Scream Tunnel이다. 이곳은 들어가기 전부터 이미 알 수 있다. 저 멀리에서부터 웰즐리의 함성이 들리기 때문이다. 응원 함성은 역시 명성만큼 뜨거웠다. 엄청난 함성 속에서 양쪽으로 난 전나무 숲속 내리막길을 내달리니, 이 구간에서는 누군들 신나지 않을 수 없다. 그러나 다른 구간의 응원도 웰즐리에 뒤지지는 않았다. 특히 뉴턴Newton을 지나자마자 만나는 보스턴 칼리지Boston College에서 웰즐리보다 더 긴 구간, 더 큰 함성을 만날 수 있다. 보스턴 칼리지 학생들이 뻗은 손을 줄줄이 하이파이브하며 달리면 실로 엄청난 에너지가 충전된다.

러너들은 점점 지쳐가고 이제 걷는 사람도 꽤 보인다. 하지만 보스턴에 가까워질수록 응원 인파는 더욱 두터워지고 함성 소리도 점점 커진다. 보스턴마라톤이 좋은 이유를 숱하게 들 수 있지만, 그중 최고는 단연 응원일 것이다. 모두가 열렬히 응원을 하면서도 지나는 동네마다 응원의 분위기나 방식이 조금씩 달라 지루하지 않다.

웰즐리를 지나면서부터 진짜 레이스가 펼쳐진다. 마라톤에서는 내리막이라고 마냥 좋아하면 안 된다. 웰즐리가 끝날 무렵 급한 내리막이 나오는데, 역시 그 다음엔 악명 높은 4개의 언덕이 연달아 나온다. 언덕은 동네의 이름을 따 뉴턴 힐스Newton Hills. 그중 마지막이 바로 하트브레이크 힐이다.

보스턴마라톤 신청이 받아들여지자마자 가장 먼저 시작한 것이 남산 달리기였다. 보스턴마라톤의 관건은 이 4개의 언덕이기 때문이다. 하나를 넘기면 다음 언덕이, 그것을 넘기면 또 다음 언덕이, 그리고 마지막에는 이름도 범상치 않은 하트브레이크 힐이 나온다. 네 언덕이 나오는 시점은 25~26킬로미터 지점부터 32킬로미터 지점까지 이어진다. 지칠대로 지친 러너들에게는 난관이 아닐 수 없다.

보스턴마라톤은 출발지인 내륙의 홉킨턴이 도착지인 바닷가 보스턴보다 높아 전체적으로는 내리막 코스이지만, 그 사이에 뉴턴 힐스를 포함하여 수많은 오르내림이 있어 힘든 코스다. 그중 뉴턴 힐스는 너 나 할 것 없이 가장 힘든 지점으로 꼽았다. 마치 호환마마 같은 존재랄까. 두려움을 이기는 방법은 준비하는 것 말고는 없다. 남산의 오르막은 뉴턴 힐스가 되어 주었다. 남산의 내리막은 보스턴까지의 길에 놓인 수많은 내리막이 되어 주었다. 뉴턴 힐스 전까지는 절대로 페이스 욕심내지 말라는 조언에, 힘이 남았어도 더 천천히 달렸다. 그리고 이제 눈 앞에 그 뉴턴 힐스가 있다.

첫 언덕 직전에 한 아가씨가 바나나를 준다. 두 번째 언덕에서는 한 아주머니가 망고를, 하트브레이크 힐 전에는 포도맛 아이스바를 받아 먹었다. 오렌지도 받았다. 응원 인파가 줄지 않고 응원이 힘차면 아직 언덕이 끝나지 않았다는 뜻이다. 응원단이 지구 중력과 싸우는 러너들을 끌어 올리고 있었다. 달리면서 젤을 계속 먹었는데도 속이 비어서 배가 고팠는데, 진짜 음식을 먹으니 속도 든든하고 힘도 더 났다. 그래서였을까. 언제 지났나 싶게 뉴턴 힐스를 지났다. 이미 나는 사람들을 추월하고 있었다. 마지막 하트브레이크 힐에서조차 힘이 남아서 속도를 더 올렸다. 하트브레이크 힐 정상에 다다르자 '하트브레이크 힐에 다 올랐네, 축하해! Congrats on summiting Heartbreak Hill!'이라 적힌 현수막이 머리 위에 있다. 기분이 좋아져서 두 팔을 번쩍 들었다.

이제부터 남은 10킬로미터는 모조리 다운힐이다. 그리고 나는 다운힐에 강하다. 남산 다운힐에서 단련한 튼튼한 대퇴사두근도 있다. 이제부터는 그동안 아껴두었던 힘을 한 톨도 남기지 않고 다 써야 한다. 브룩클라인 Brookline을 지나고 보스턴에 가까워지면서 응원 인파는 대대적으로 늘었다. 보스턴 칼리지를 시작으로 수많은 시민들이 거리에 나와 러너들을 응원하고 있었다. 시민들로부터 엄청난 에너지를 받은 데다가 힘을 남길 이유가 없는 나는 말 그대로 계속 내달린다. 저 멀리 피니쉬라인이 1마일 남았음을 알리는 CITGO 사인이 보인다.

'Right on Hereford, left on Boylston.' 보스턴마라톤 코스의 마지막 턴이다. 히어포드 스트리트 Hereford st로 오른쪽으로 꺾고 다시 보일스턴 스트리트 Boylston st로 왼편으로 꺾으면 드디어 눈앞에 피니시라인이 나타난다. 이제 사람들의 함성은 혼이 다 빠질 지경이다. 함성은 고층 건물에 반사되어 더욱 증폭된다. 보일스턴 스트리트의 인파는 러너가 다 자기 가족이라도 되는 것처럼 마지막을 달려 들어오는 이들을 향해 목이 터져라 부르짖는다. 나도 모르게 오른팔을 들어올려 크게 원을 그리기 시작했다. 내 손짓을 따라 함성의 물결이 나를 따른다. 보스턴이기에 가능한 일이었다. 환호를 이끌며 마지막을 달려 들어왔다. 힘이 남았다. 무릎도 전혀 아프지 않았다. 오늘처럼 내내 실없이 웃으며 달린 대회는 없었다. 그렇게 결승선을 통과했다.

자원봉사자가 웃으며 메달을 걸어주고, 또 다른 자원봉사자가 보온용 망토를 둘러준다. 그 다음 자원봉사자는 망토가 벗겨지지 않도록 스티커를 붙여 주었다. 물과 간식은 받았지만 게토레이는 쳐다보고 싶지도 않았다. 버스를 찾아 짐을 받았다. 보스턴의 패트리어트 데이 Patriots' Day 는 마라톤 완주자를 위한 날이다. 달리면서는 낯선 이들에게서 과분한 응원을 받았다면 달린 후에는 낯선 이들로부터 넘치는 축하를 받는다.

오랜 기다림은 이렇게 끝이 났다. 그것도 최고의 경험으로. 멈추지 않고 달렸던 지난 2년의 내게 고마웠다. 계속 달리지 않았다면, 희박한 확률에 지레 포기해 버렸다면, 추운 겨울 남산에서 발바닥에 불이 나도록 달리지 않았다면 영영 하지 못했을 경험이다. 하지만 무엇보다 큰 힘이 되었던 건 역시 응원이었다. 그들의 얼굴은 기억나지 않지만, 그들에게 받은 응원만큼은 계속 기억될 것이다. 그리고 그것은 언젠가 꼭 갚아야 할 것이다.

● 조지 쉬언, 『달리기와 존재하기』, 한문화, 2020년

달리다 스치는
이들에게

부족한 것만이 자꾸 눈에 띄고 마네.
— 마스다 미리, 『그런 날도 있다』*

달리면 마음은 늘 평정해지고 명상에 잠길 것 같지만 꼭 그렇지도 않다. 달리면서 짜증스러운 순간도 적지 않다. 좋아하는 달리기를 하면서 짜증을 내고 있는 스스로가 부끄럽기도 한심하기도 하지만, 솔직해지자. 나는 달릴 때 분명 짜증도 부리고, 화도 낸다. 궁시렁대기도 한다.

내 종아리를 향해 맹렬히 달려 드는 강아지를 목줄을 길게 늘어뜨린 채 보고만 있는 견주를 볼 때나 멀리서부터 분명 나를 봤으면서 유유히 왼쪽으로 걸어오는 사람들을 지나칠 때, 자전거가 인도로 넘어와 바로 옆에서 쌩하니 스치고 지나갈 때. 나는 속으로 욕하기도 하고, 아예 입 밖으로 불평을 내뱉기도 한다. 그리고 짜증을 유발하는 사람이 유난히 많은 날에는 '혹시 그날이 오나?' 싶기도 하다.

햇볕이 유난히 쨍한 어느 주말 낮이었다. 그늘을 찾아 발길 닿는 대로 달리다 보니 한강이 나왔다. 뜻하지 않게 한강에 닿아 신이 났다. 얼마만의 한강 러닝인지. 수면에 부서지는 햇살과 저 멀리 보이는 남산타워, 시원한 강바람까지. 정면에서 내리쬐는 뙤약볕만 빼면 달리는 기분을 내기 더없이 좋은 날이었다.

한낮이어서인지 길은 한산했다. 성수대교를 지날 때였다. 이 다리까지만 달리고 돌아갈 참이었다. 직선 코스이던 길이 다리 기둥 때문에 급커브로 말려 있었다. 시야가 막혀 불안하던 찰나, 바닥에 갑자기 사람의 그림자가 나타났다. 길에 아무도 없어 왼편으로 달리고 있던 나는 그림자를 보자마자 급히 오른쪽으로 피했다. 나도 빠른 속도로 달리고 있었지만, 상대편도 질주를 해오고 있었다. 둘 다 급정거를 했지만, 상대방은 두 손으로 내 어깨를 밀치며 멈춰섰다.

"아, 괜찮으세요? 정말 죄송합니다. 정말 죄송합니다."

30대쯤 되어 보이는 청년이 연신 고개를 숙였다. 정말 미안하다는 표정으로 내 얼굴을 살폈다.

"어우, 왜…." 나는 얼굴을 사정없이 찌푸리면서 말도 아니고, 의성어도 아닌 이상한 소리를 냈다. 고작 해봐야 일, 이초 정도의 짧은 순간이었다. 놀랐을 뿐 다친 데도 없어서 나도 그도 바로 다시 각자 가던 길을 달리기 시작했다.

해가 내 앞에 있었으니, 그는 내 그림자를 못 봤을 것이다. 길의 왼편으로 달린 것도 나다. 아까는 당황해서 요상한 반응으로 짜증만 부렸지만 되새기면 새길수록 내 잘못이었다. 단지 그가 더 빨랐고, 그가 내 어깨를 밀쳤다는 것—어쩔 수 없이 부딪힌 것이다—때문에 그가 내게 사과를 했다. 어쩌면 그가 나보다 키가 커서, 나보다 젊어서, 혹은 내가 여자여서 사과했을지도 모른다. 하지만 상황을 다시 떠올릴수록 분명 내 잘못도 있었다. 그런데 그는 일방적으로 사과를 했고, 나는 사과를 받지 않았다. 순발력이 없어도 너무 없다. 사과를 받는 것조차 버벅대다니.

원래 계획대로 조금만 더 달리다가 반환했다. 그가 주황색 티셔츠를 입고 있었던 것 같은데, 오던 길을 돌아가면서 나는 주황색이 보이는지 앞을 살피기 시작했다. 아까는 당황해서 사과조차 받지 않았지만 사실 미안한 건 나였다고, 미안했다고 사과를 하고 싶었다. 하지만 나보다 빨랐던 그는 이미 시야에서 사라지고 없었다. 행여 그가 유턴해서 달려올까 기대해 보았지만 사과할 기회는 결국 없었다. 달리기 자체는 분명 만족스러웠지만, 집에 돌아오는 길을 함께 한 것은 무거운 부채의식이었다.

모르는 사람에게서 받은 기대치 않은 호의는 하루를 기분 좋게 한다. 호의라고 부르기 애매한 격려나 미소만으로도 하루가 기분 좋아진다. 그런 기억은 꽤 자주 있다. 상대방은 아무 대가 없이 격려와 미소를 보내주었고, 나는 상대방에게 분명 많이 고마워했다. 하지만 그것으로 끝이었다. 고마워해주는 것 말고는 해줄 것이 없으니, 살짝 빚을 지는 기분이다. 그러고 보면 나는 빚을 많이 졌다.

 달리다 보면 많은 사람을 스쳐 지나간다. 달리다가 호의를 베풀 일은 별로 없다. 호의를 베풀지는 못할 망정 내가 내뱉은 불평이나 짜증을 지나가던 사람이 듣기라도 한다면? 그 사람은 무슨 죄란 말인가? 하필 그 때 나를 지나친 죄? 의도치 않았다 해도 나는 누군가의 기분을, 또는 하루를 그르쳤을지도 모른다.

 사정없이 찌푸렸던 내 얼굴. 내 표정이 그날 그의 달리기를 망치지는 않았을까 지금도 마음이 쓰인다. 누군가에게 호의는 베풀지 못하더라도 하루를 망치지는 말아야지. 그날 나는 빚을 바로 갚았어야 했는데, 그때 기억이 떠오를 때마다 마음이 무겁다. 주황색 티셔츠의 그를 다시 마주치더라도 나는 그를 알아보지 못할 것이고, 설사 그가 이 글을 읽는다 해도 밀친 상대방이 나라고는 생각 못할 것이다. 하지만 이렇게 해서라도 마음의 빚을 갚는 것이 내가 이 이야기를 굳이 적는 이유다. 나는 여전히 달리기로 수양이 많이 필요한 존재다.

● 마스다 미리, 『그런 날도 있다』, 북포레스트, 2020년

나는 나의 묵묵한
달리기가 좋다

2003년부터 지금까지 주위에 달림을 알리지 않았을 때에도, 소셜미디어는 고사하고 스마트폰도 없던 시절부터 나는 달리고 있었다. 러닝 클럽에 가입한 적도 있었지만 대부분 끝까지 유령 회원으로 남았다. 해 뜨기 전 출근해 자정 무렵 퇴근하느라 도저히 시간을 맞출 수 없었기 때문이다. 주중에는 시간이 나지 않아 운동을 주말에만 몰아서 하는 '위켄드 워리어weekend warrior'로 살았다. 주말도 짬이 날 때 얼른 달리고 들어왔다. 러닝 클럽이나 크루에서 활동을 하지 않으니 달리기 대회도 혼자 나갔다.

그렇게 나의 달리기는 20여 년 동안 대부분 혼자였다.

혼자 달리는 시간은 좋다. 음악도 듣지 않는다. 속도에 따라 거칠어졌다 잠잠해지는 숨소리, 타닥타닥 발소리가 친구다. 새소리는 자유롭고, 사람들의 대화는 가까워졌다 멀어지고, 여름이면 개구리는 꽤 요란하게 울었다. 은근히 다가오지만 끼어들지는 않는 이런 소리가 있어 지루하지 않다. 아, 바람소리를 빼먹을 뻔했다. 거기에 어렸을 적 기억을 소환하는 풀냄새, 나무타는 냄새, 흙냄새까지. 딱 적당하다.

달리기는 운동일까? 달리기가 운동이지 그럼 뭐란 말인가. 무슨 이런 싱거운 질문이 다 있나 싶겠지만, 나에게 달리기는 운동이지만 운동만이 아니다. 집을 나서면서 "달리고 올게."라고 말한다. 가족은 그 말을 "운동하고 올게."라 알아들었을 것이다. 하지만 나에게는 '생각 좀 하고 올게.' 라는 뜻도 된다. 한 시간짜리 달리기는 나에게 생각할 시간 한 시간을 뚝 떼어 주는 것이다. 분명 땀에 흠뻑 젖어 집에 들어오지만 내 몸보다도 내 뇌가 그 시간을 더 누렸다. 웬만한 운동은 다 좋아하지만, 달리기를 내 운동의 축으로 꼽는 이유다. 뇌에 생각할 시간을 선사하는 운동은 달리기 말고는 없었다.

달리기를 갓 시작했을 때 환상 몇 가지가 있었다. 러너스 하이runners'high가 그중 하나다. 달리기 초보이거나 달려본 적 없는 이들은 러너스 하이를 느껴본 적이 있냐고 꽤 자주 물었다. 나도 궁금했다. 몸은 날아갈 것 같고 마음이 터질 것 같은 황홀한 상태라던데, 달리다 그 황홀함을 느끼는 순간은 언제 오는 걸까. 하지만 꽤 오래 달렸어도 지금까지 러너스 하이는커녕 그것과 비슷한 상태라도 경험한 적을 꼽으면 한 손으로 꼽아도 손가락이 남는다. 물론 달리고 나면 무척 개운하고 상쾌한 날은 많지만 그것을 러너스 하이라고 부르기는 어렵다.

국립중앙박물관 '사유의 방'에 있는 반가사유상을 본 적이 있는가? 아무 것도 없는 빈 공간에 내 발자국 소리 외에는 어떤 소리도 들리지 않는, 고요하고 평정한 상태. 달리는 중에 내가 느끼는 기분은 오히려 사유의 방에 놓인 반가사유상에 가깝다. 반가사유상처럼 내 얼굴에도 살짝 미소가 드리웠을까? 그것은 모르겠다. 생각이 퍼뜩 들어서기도 하고 이 생각 저 생각이 꼬리를 물고 이어지기도 한다. 반가사유상과의 차이는 바람과 거기에 실려오는 냄새, 적당한 소음과 함께 거친 숨을 헐떡이고 있다는 점일 것이다.

어떤 때는 내 달리기가 김장김치를 품은 옹기 같다고 생각하기도 한다. 옹기는 뚜껑만 땅 바깥으로 내민 채 사계절을 견딘다. 비가 와도 눈에 덮여도 쨍한 햇살에 뜨겁게 익으면서도 터지거나 깨지지 않고 김치를 품은 채 한결같이 그 자리를 지킨다. 그렇게 몇 번의 사계절을 견디면, 품고 있던 김치는 아주 그럴 듯하게 익는다. 이제 막 담근 김치의 맛과는 전혀 다른 맛으로 말이다. 소금간과 젓갈과 각종 양념과 유익균이 견뎌낸 시간과 계절과 기후의 함수로 잘 익은 김장김치가 되어 있다. 옹기가 백자나 청자처럼 미적으로 빼어나지는 않다. 하지만 투박하여 믿음직스럽게 잘 버틸 듯 보이지 않는가. 나의 달리기도 그냥 투박하게 버티다. 옹기가 버티는 동안 옹기 안 김장김치는 잘 익어간다.

달리기는 내 환자들의 재활 과정과도 상당히 닮았다. 재활의학과에는 생사를 넘나드는 수술처럼 손에 땀을 쥐게 하는 아슬아슬한 장면은 없다. 어제가 오늘 같고, 오늘이 내일 같은 재활치료 장면은 시청률이 곤두박질치게 만들기 딱 좋다. 그러니 흉부외과나 산부인과처럼 의학드라마의 배경은 절대 되지 못할 것이다. 마라톤 장면 역시 영화나 드라마의 결정적 순간이 되기는 어렵다. 이는 마라톤 중계만 봐도 금방 알 수 있다.

러너들은 몇 시간째 심심하게 달리고 있는 것 같지만, 그럼에도 직접 달려보거나 러너 옆에 바짝 붙어 보면 호흡은 얼마나 거칠고 맥박은 얼마나 요동치는지, 얼굴은 어디까지 일그러질 수 있는지 바로 알 수 있다. 달리는 사람은 죽을 것만 같은 순간들을 연달아 넘기고 있다. 재활치료도 멀리서 보면 뭉근하지만, 가까이서 보면 사투다. 갓난아기가 젖을 빨 때 온 몸에 힘을 주듯, 환자들도 온몸이 땀에 젖는다. 재활의학은 오래 기다려야 한다. 재활의학과 의사는 기다림에 익숙해져 있다. 변화는 오랜 시간에 걸쳐, 아주 천천히 나타나기 때문이다. 남들이 보기엔 그리 큰 진전이 아닌 것도 엄청나게 기뻐하고 큰 의미를 부여한다.

달리지 않는 사람은 절대 이해할 수 없는, 달리는 사람만의 성취가 있다. 본인에게만 의미가 있을지라도 분명 매우 크고 중요한 성취다. 달리다 보면 포기하고 싶은 순간이 계속된다. 하지만 그때 포기하지 않고 견뎌야 한다. 그저 버티고 있으면 좀 수월해지고 고비를 넘길 수 있다. 달리기와 마찬가지로 재활 과정에서도 끈기와 인내, 회복탄력성은 무척 중요하다. 끈기 없는 자는 오래 달리지 못한다. 조금만 힘들고 조금만 지쳐도 발걸음을 멈춰 버린다. 끈기 있는 사람이 오래 달릴 수 있고, 또 오래 달리다 보면 더 잘 인내하게 된다. 끈기가 없으면 재활 과정도 참아내지 못한다. 그리고 실제로 더 나아지기를 포기한다. 재활치료를 충실히 받는 사람은 묵묵하게 견디는 사람이다.

달리기는 타인과 경쟁하려 들지 않는다. 달리는 사람은 그저 내 한계를 시험해 볼 뿐이다. 달리기를 하다 보면 고통과 기쁨 사이를 수시로 오간다. 그리고 마침내 완주하면, 인생은 진짜 살아볼 만하게 멋지다는 사실을 느낀다. 재활치료의 과정도 좌절과 기쁨을 오간다. 그런 재활치료의 과정을 제대로 거쳐낸 사람들은, 병을 통해 인생을 새로 보게 되었다는 말을 의사인 내게 자주 들려준다. 이들은 모두 묵묵히 달렸던, 그리고 묵묵히 재활치료를 했던 사람들이다.

나의 오랜 바람대로 운동하는 사람, 특히 달리는 사람이 많이 늘었다. 운동에 진심인 이들이 올리는 '오운완(오늘 운동 완료)'과 러너들이 올리는 '오런완(오늘 러닝 완료)'을 보는 재미도 쏠쏠하다. 러닝 크루마다 사진 촬영을 담당하는 이가 있어 러닝이 끝나자마자 작품 같은 사진을 크루원들과 공유한다. 일상 러닝도 그러한데, 대회는 말할 필요도 없다. 달리기 좀 한다 하는 이들의 소셜미디어는 대회가 끝나기 무섭게 기록증과 멋진 현장 사진들로 채워진다. 그야말로 '인스타그래머블instagrammable'하다. 러닝 사진이라고는 스마트워치를 찬 내 왼손목 사진, 러닝화 신은 두 발 사진, 내 그림자 사진이 전부인 나는 부럽기도 하고 아쉽기도 하다.

달렸던 수천 일은 이제 기억도 잘 나지 않지만, 이런 날도 저런 날도 있었다. 남들에게 털어놓기 힘든 일이 있거나 이야기한다 해도 어디서부터 시작해야 할 지 아득하고 무거운 마음만 전염시킬 것 같아 자포자기하는 심정이 되었을 때, 달리러 나선다. 달리면서 위로를 받는다면 이상하게 들리겠지만 사람보다 달리기에서 위로를 받는 날도 꽤 많았다. 고구마 뿌리처럼 달리기와 얽혀 함께 떠오르는 즐거운 기억들도 많다. 달렸기에 마주쳤던 단 몇 초간의 감동적인 장면도 있었고, 생면부지의 사람에게서 뜻하지 않은 호의를 받은 날도 있었다.

사진이나 기록으로 남지 못한 매일의 달리기가 있었다. 달리던 순간에는 최고의 달리기였던 수많은 달리기가 기억 저편으로 사라진 지 오래다. 하지만 그 묵묵히 달리며 보냈던 시간이, 내가 달리기를 놓지 못하는 이유다. 좋은 꼴 나쁜 꼴 다 보여준 역사가 쌓이면, 정이 들어 버린다. 마치 힘들 때면 전화 걸고 싶어지는 친구가 버릇처럼 떠오르듯, 어느새 달리러 나갈 준비를 하고 있다. 좋으면 좋은대로, 슬프면 슬픈대로 달리기는 거기에 맞는 무언가를 주었다. 이것이 내가, 또 우리가 묵묵한 달리기를 좋아하는 이유이다. 그래서 나는 또 묵묵히 달리러 나간다.

● 라이너 마리아 릴케, 『릴케 시집』, 문예출판사, 2014년

3장

나, 그리고 가족의
뇌를 지키려면

어른 환자,
아이 환자

> 너는 살면서 스스로를 돌보지를 않았고,
> 행복할 때도 마치 다른 사람의 영혼인 듯 취급했다.
> 자기 영혼의 떨림을 따르지 않는 사람은 불행할 수밖에 없다.
>
> — 파스칼 메르시어, 『리스본행 야간열차』

　재활의학 중에서도 나의 세부 전공분야는 뇌질환과 소아질환이다. 즉, 뇌를 다치거나 뇌에 병이 생긴 이들과 재활치료가 필요한 아이를 위해 일한다는 뜻이다. 생의 아주 이른 시기부터—심지어는 아직 엄마 뱃속에 있어야 할 아기들도 온다—생의 막바지를 지나고 있는 이들까지 모두 나의 환자들이다. 의사로서 일을 하면서 인간의 생애 전체를 들여다 볼 기회가 자연스레 생긴 셈이다.

　나는 일주일에 4번 외래 진료를 본다. 그중에 이틀은 성인 진료를, 나머지 이틀은 소아 진료를 본다. 내 외래의 풍경은 요일별로 사뭇 다르다. 가장 흔한 건 뇌졸중이지만 파킨슨병이나 치매, 외상성 뇌손상 같은 진단명을 들고 찾아오기도 한다. 이런 뇌질환은 젊은 사람에게는 드물고 대개 노인들에게 발생한다. 성인 외래 환자들의 평균 연령은 60대에서 70대다.

어르신들이 채우던 진료대기실과 진료실이 동네 소아과나 어린이집을 방불케 하는 날이 있다. 바로 소아 외래를 보는 날이다. 각종 딸랑이와 장난감이 동원되고, 내 목소리도 둥실둥실 떠오른다. 진료실 문이 열리고 아기가 들어오기 직전의 몇 초는 두근거리는 순간이다. 오늘은 어떤 귀여운 아기가 들어오려나.

한편 내 진료실 옆에는 진료실이 하나 더 있다. 두 진료실 사이에는 나무문이 하나 있는데, 문틈을 통해 옆방의 소리가 그대로 들린다. 일주일에 몇 번은 내가 진료를 보는 같은 시간에 옆방에서도 진료가 있다. 어느 날인가, 옆방의 교수가 내게 말했다. "그거 아세요? 교수님 진료실은 요일별로 온도차가 참 큽니다." 그는 부연 설명도 덧붙였다. "아기들 진료 보실 때에는 세상 다정하신데, 어른 환자들에게는 정말 단호하세요." 성인 외래와 소아 외래의 평균 나이만 70년 가까이 차이가 나는데, 온도차도 70도쯤 나나 보다. 매주 일정한 시간만 되면 다정해졌다가 또 특정 시간만 되면 엄격해지니 어쩌면 나는 지킬과 하이드인지도 모른다.

길에서 아기를 만나는 우연이 행운인 세상이 되었다. 심지어 유모차 안에도 아기보다 강아지가 있는 경우가 더 흔하다. 그런 우리나라에서, 나는 일주일에 수십 명의 아기들을 본다. 신경학적 검진이라는 명목으로 보드라운 살갗을 만지고 젖냄새를 맡으며 아기와 논다. 내가 지금 일을 하는 건가, 꽤 자주 헷갈린다. 이렇게 저렇게 검진하느라 진료 시간을 훌쩍 넘길 만큼, 내 사심도 채워졌기 때문이다. 아기가 이렇게 귀한 나라가 될 줄은, 그래서 소아질환을 세부 전공으로 선택해서 이런 특혜를 누리고 살 줄은, 아니 이런 게 특혜가 될 줄은 전혀 생각도 못했다. 소아 진료 시간은 팍팍한 병원 생활에서 없으면 안 될 나의 '힐링 타임'이다.

재활의학과에 오는 아기들은 아무 죄가 없다. 병원에 온 것에 대해 아기들의 책임은 전혀 없다는 뜻이다. 하필 출산 예정일보다 좀 일찍 세상에 나와서, 혹은 유전자 조합 과정에서 병이 생긴 바람에 병원에 온다. 여기서 알아야 할 것이 있다. 유전질환이 없는 사람은 자신의 수정란이 생길 때 병을 피해 유전자가 조합된 덕분이다. 우리가 깨닫지 못해서 그렇지, 무사히 태어난 것만으로 우리는 이미 운이 좋아도 너무 좋았다. 그래서 아픈 아이들에게 책임을 물을 수 없다. 그러니 아이의 병을 찾고 고치는 일은 온전히 어른들의 몫이다.

아무 이유도 없이 치료라는 과정을 겪어야 하는 아이들이 이 과정을 최대한 즐겁고 편안하게 느끼게 하는 것이 소아 치료의 중요한 덕목이다. 공포스럽게 기억되지 않도록, 병원이 재미있고 따뜻한 곳, 아는 이모와 삼촌이 있는 곳으로 기억하도록 해야 한다. 아이들에게 다정해야 하는 이유다.

이번엔 어른 환자들의 이야기를 해 보자. 뇌졸중에 걸린 40대 후반의 민석씨가 있다. 재활을 열심히 했지만, 아직도 왼쪽 몸은 자유롭지 못해서 외출은 꿈도 꾸지 못한다. 하던 일도 그만두고 가족에게 계속 의존해야 하는 처지가 되어 우울해 하고, 억울함을 느낀다. 뇌졸중 이후 그의 얼굴에서 미소는 아예 사라져 버렸다. 마치 웃는 게 무엇인지 모르는 사람처럼. "내가 왜 이런 고생을 해야 하는지 모르겠어요. 도대체 내가 뭘 잘못했다고요." 민석씨의 말에 나는 할 말이 없다. 아기들에게처럼 "무슨 잘못을 물을 수 있겠어요. 그저 운이 나쁘셨던 거예요."라고 위로라도 할 수 있으면 좋겠지만 말이다. 안타깝지만 대부분의 성인

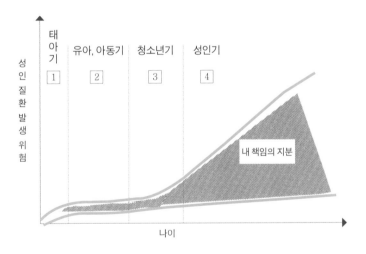

병의 발생에 운동 부족 등 본인 책임의 지분은 중년기 초기부터 서서히 늘기 시작한다. 나이가 들면서 이 책임의 지분은 다른 위험 인자와 상승작용을 해서 위험은 급격히 오른다.

뇌질환은 억울해 하거나 다른 사람을 원망할 이유가 없다.

뇌졸중은 뇌 안의 혈관이 막히거나 터져서 생기는 병이다. 뇌 혈관이 막히거나 터지는 일은 당뇨와 고혈압, 고지혈증, 흡연과 음주 그리고 운동 부족인 상태가 최소 몇 년 이상 지속되었을 때 생긴다. 당뇨를 진단 받았으면서도 혈당 체크조차 하지 않거나 고혈압이란 말을 들었으면서도 약을 먹지 않고, 늘어나는 체중은 무시한 채 좋아하는 야식과 간식을 그대로 즐기며 운동도 하지 않고 담배나 술을 인생의 낙이라 여기며 사는 것 말이다. 물론 전부 그렇다고는 말할 수 없겠지만, 뇌졸중이 발병하기 전에는 대부분 이런 삶이 선행한다. 팔다리를 꿈쩍할 수 없게 되며 말하는 능력도 잃고, 대소변도 스스로 처리하지 못하게 된 것을 원망하고 분통을 터뜨리지만 그 원망과 분통의 대상은 오직 과거의 나 자신뿐이다.

한 번으로 끝나면 다행이지만 정체구간에 '상습'이라는 수식어가 자주 붙듯, 뇌졸중을 일으킨 문제의 혈관은 또 터지거나 막힌다. 그리고 뇌졸중이 거듭될수록 기능은 기하급수적으로 악화된다. 첫 뇌졸중 후에는 멀쩡히 걸었던 사람도 두 번째 뇌졸중 후에는 휠체어를 탄다. 세 번째 뇌졸중 후에는 자신은 누구고 여기는 어디인지 알아보지 못 하고, 말도 못 하는 신세가 되고 만다. 재발의 위험과 그 영향을 아는 의사는 재발을 막기 위해 뇌졸중의 위험인자인 당뇨, 고혈압, 고지혈증과 흡연을 치료한다. 그리고 병원에서 하는 치료 방법은 대부분 약이다.

환자는 약을 꼬박꼬박 복용하는 것으로 본인 할 몫은 다했다고 여긴다. 하지만 이는 충분조건이 아니다. 약을 챙겨 먹는 것보다 더 중요한 것은 본인 몸이 그렇게 만든 삶의 방식을 바꾸는 것이다. 지금까지의 삶의 방식이 잘못임을 알려주고, 본인 몸에 대한 주인 의식을 되찾아 앞으로는 바꿔나가도록 돕는 것이 의사의 몫이다. 그래서 내 성인 진료 시간에는 여기에 공과 시간을 많이 들인다.

"운동은 하세요? 무슨 운동을 하세요? 얼마나 하시나요?"

"혈압 재세요? 혈압계는 있으시죠? 얼마나 자주 재세요?"

"혈당 체크는요? 혈당측정기도 가지고 계시지요?"

실상은 본인 몸에 대한 주인 의식을 되찾을 마음조차 없는 사람들이 많다. 약만 잘 먹으면 되지 굳이 그렇게까지 해야 하는지 싶고, 그 외의 것들은 힘들고 귀찮다. 혈압은 병원이나 은행에서나 재는 것으로 여긴다. 고비를 넘기느라 그 고생을 하고, 후유증이 남은 지금의 처지는 한탄하면서도 말이다. 혈압약을 먹고 있으니 괜찮겠지, 하고 쉽게 안심한다. 고혈압은 아무 증상이 없으므로 측정해 보지 않고는 혈압이 정상인지 아닌지 알 길이 없다. 물어보면 역시 집에는 혈압계가 없다. 나는 뒷목을 잡는다. 엄격하고 단호해진다.

"오늘 댁에 가시기 전에 꼭 혈압계 사서 들어가세요. 5만 원이면 됩니다."

그리고는 환자에게 필요한 운동을 가르쳐 드리고, 다음 외래까지 매일같이 한 운동을 적어오도록 한다.

"종이 한 장에 적어도 좋고, 조그마한 수첩이어도 됩니다. 간단해도 괜찮으니 꼭 적어 오세요. 다음 외래에서 숙제 검사하겠습니다."

진료 대기 시간이 계속 늘어나고 내 목소리가 계속 커지는 건, 잃은 지 오래인 본인 몸에 대한 주인 의식을 깨우려는 작업 때문이다. '묻지도 따지지도 않고' 약만 처방하면 빠르고 간단하겠지만, 고쳐야 할 진짜 문제는 사실 이것이다. 내 몸에 주인 의식을 갖고 스스로 바꾸지 않으면 병은 다시 온다.

우리가 성인병이라고 부르는 질환은 압도적으로 후천성이다. 병에 걸리게 한 과거의 나와 이별하지 않으면 병과도 이별할 수 없다. 수십 년간 살아온 방식 그리고 가치관과 헤어지는 것이기에 당연히 힘들고 어렵다. 그래도 어떻게 하겠는가, 앞으로의 나를 책임질 사람은 나 말고는 없다.

● 파스칼 메르시어, 『리스본행 야간열차』, 비채, 2020년

이분법을
버려야 하는 이유

이분법은 세상을 인식하는 가장 편한 방법 중 하나다. 어렸을 때 보던 TV 외화의 대결 구도가 이분법의 전형이다. 착한 사람과 악당. 시작하자마자 누가 착한 사람이고 누가 악당인지 파악하는 데는 1분도 걸리지 않는다. 깔끔한 외모의 금발 백인이 늘 착한 사람, 지저분하고 우락부락한 사람은 악당이었다. 그게 당시 외화의 전형적인 내러티브였다. 선한 사람은 언제나 주인공이었고, 그는 늘 이겼다. 그리고 그 선한 사람은 내 편, 악당은 남의 편이었다. 이렇게 분명한 선악 대결구도를 만들어 놓으면 속은 시원하고 답은 명쾌해진다.

그러나 우리 삶이 어디 그러한가? 흑과 백으로만 표현해도 흰

색에 가까운 아주 옅은 회색, 밝은 회색, 이도저도 아닌 회색, 쥐색, 거무튀튀한 색까지 스펙트럼이 매우 넓다. 순수한 흰색과 검은색은 현실에는 존재하지 않고 그 사이의 무수한 회색들만 있다. 거기에 컬러까지 더해진다면? 구분이 불가능한 무수한 색들로 칠해질 것이다. 예전과는 달리 요즘 드라마나 영화에는 입체적인 캐릭터가 훨씬 많다. 한 사람 안에 이타적인 결정과 이기적인 결정이 뒤섞이고 거친 배역이 따뜻한 말을 넌지시 건네는 순간, 어떤 캐릭터도 변할 수 있는 가능성이 열린다. 현실의 우리와도 닮아 있어, 이해가 되는 어떤 범위가 생긴다.

여기서 잠시 이야기를 돌려보자. 당뇨를 진단받은 사람이 있다. 아니다, 아직 의사에게서 확실히 당뇨라는 말을 들은 적은 없는 것 같다. 그저 공복 혈당이 좀 높고, 당화혈색소도 높은 편이라고 한 게 전부다. 다행히 아직 약은 먹고 있지 않고 나름의 식이 조절을 하고 있는데 혈당은 계속 정상치보다 높다. 사실 혈당 수치만 문제인 것도 아니다. 체중도 비만 범주라고 했고, 지방간이라는 말도 들은 것 같다. 하지만 이런 이상소견은 말 그대로 이상소견일 뿐, 아직 아무 증상도 없고 일상생활에도 전혀 지장이 없다. 일할 때도 문제가 없고, 술도 적당히 마시고 야식도 즐긴다. 이런 나는 건강한 사람인가, 아니면 환자인가?

병의 진단기준은 여러 연구를 통해 건강 위험이 의미있게 바뀌는 지점을 골라 정한다. 이 기준은 정상과 비정상, 즉 질병이냐 아니냐를 가른다. 2017년 미국에서는 고혈압 진단 기준이 바

뛰었다. 수축기 혈압 140mmHg, 이완기 혈압 90mmHg이던 기준을 각각 130mmHg, 80mmHg으로 변경한 것이다. 당시로서는 파격적이었다. 혈압을 더 엄격하게 조절해야 고혈압 합병증을 막을 수 있다는 연구 결과를 반영했기 때문이다. 이 덕분에 하루 아침에 고혈압 환자가 된 사람들이 많았다.

이렇게 병의 진단 기준, 정상과 비정상을 가르는 기준은 만고불변의 절대적 진리가 아니다. 언제든 바뀔 수 있다. 게다가 정상과 비정상으로 나누는 것에서 그치지 않는다. 혈압은 '정상' '고혈압 전 단계' '1기 고혈압' '2기 고혈압'처럼 연속선 상의 여러 기준점으로 나뉜다. 또 고혈압으로 진단되었다 해서 바로 약을 쓰지도 않는다. 그러기에 의사가 혈압이 좀 높다는 말만 하고 약을 주지 않았다고 해서, 자신의 혈압이 정상일 것이라 자의적으로 해석하면 안 된다. 오히려 이 때야말로 자기 관리를 열심히 해야 하는 시점이다. 그런데 정작 환자는 약을 받지 않으면 관리가 필요 없는 건강 상태인 것으로 안심한다. 아니, 안심하고 싶어한다.

당뇨도 마찬가지다. 공복혈당검사 기준에는 '정상(100 미만)' '전당뇨(100~125)' '당뇨(125 이상)' 같이 역시 연속된 스펙트럼 상의 여러 기준점이 있으며, 때에 따라서는 한 사람이 전당뇨였다가 정상이 될 수도 있다. 고혈압의 진단기준처럼 당뇨 역시 수정될 수도 있다. 의사가 "공복 혈당이 좀 높고, 당화혈색소도 높네요."라고는 했지만 약을 처방하지 않은 것을 안심하라는 뜻으로 알아서 해석하면 안 된다. 오히려 의사의 말에는 식이 조절, 운동 등 본인의 노력이 많이 필요하다는 뜻이 담겨 있다. 하지만 대부분의 사람은 '아직 나는 환자가 아니니까'하며 안심하고 마치 건강한 것처럼 살던 대로 살아간다.

대부분의 사람들은 1~2년에 한 번씩 건강검진을 받는다. 비록 미루고 미루다가 해를 넘기기 직전에 가까스로 검진일을 잡지만 말이다. 재밌는 현상은 이제부터다. 검진을 앞두고 돌연 몸을 만들기 시작한다. 건강검진일을 디데이로 삼아 다이어트를 시작한다. 금주는 물론이요, 담쌓고 지내던 운동도 시작한다.

자, 바란 대로 체중이 평소보다 조금 가볍게 측정되었다. 만족스럽다. 혈압도 정상, 공복 혈당도 정상이 나왔다. 이렇게 올해 건강검진도 무사히 넘겼다. 이제 소소하지만 자축을 할 차례다. 다이어트도 끝났겠다, 스스로에게 그동안 참았던 맛난 음식을 수여한다. 며칠간 안녕을 고했던 술과도 재회한다. 검진을 통해 '건강'한 사람임을 인증 받았으니 그럴 자격이 있다. 나는 굳이 관리를 하지 않아도 되는 '건강'한 사람인 것이다.

그런데 한번 생각해 보자. 며칠 신경 써서 '정상'임을 인정받았을 때 과연 내가 건강한 것이 맞는지. 그게 나의 평소 상태를 반영한 결과일까? 잠깐의 모범적인 생활 때문이었지 만약 평소처럼 지내다 검진을 받았다면 결과는 달랐을지도 모른다. 평소 상태를 체크하기 위한 건강검진을 앞두고, 왜 굳이 우리는 더좋은 결과를 받으려 노력하는가? 왜 우리는 건강함을 만들어 내고 입증 받으려 하며, 그렇게 증명된 결과에 안심하는가.

어렸을 때부터 시험과 결과로 평가를 받아온 탓인지 한국인들은 유난히 '합격'이나 '통과'에 대한 학습된 행동패턴을 보이는 듯하다. 그러니 건강검진마저 시험공부 하듯 준비하고, 학창 시절에 그러했듯 시험만 잘 보기 위해—또는 무사히 넘기기 위해—벼락치기를 한다. 비정상 수치를 망한 시험 성적표라도 되는 듯 여긴다.

그러나 건강검진은 시험이 아니다. 오히려 평상시 내 모습을 정확히 파악하기 위함이 아닌가. 바짝 준비하여 합격하고 기준치를 통과한들 본 모습이 아니니 별 소용없다. 마치 포토샵 보정으로 멋지게 수정된 사진 속 얼굴을 보고 이것이 진짜 나라며 흐뭇해 하는 것과 같다. 벼락치기 덕분에 이상 소견을 거를 수 있는 기회를 잃는 것은 매우 위험한 일이다.

내가 치료하는 젊은 뇌졸중 환자들이 병이 나기 전까지 대부분 이렇게 지냈다. 그들도 대부분 아무 증상이 없었고, 문제없이 일했으며, 야식도 먹고 술도 마시고 간식과 배달 음식도 즐겼다. 담배를 피우기도 했다. 그렇게 지냈어도 아무 일이 없었고, 아직 젊으니 괜찮다고 생각했다. 가끔 혈압이 높다는 말을 들었지만 이렇다할 증상도, 사는 데 지장도 없으니 그냥 지냈다. 나이가 젊으니 약을 먹지 않아도 괜찮다고 생각한다. 게다가 혈압약은 한 번 시작하면 끊지도 못한다며—당연히 아무 근거 없는 얘기다—약 복용을 미룬다. 운동? 역시 아픈 데가 없는데 무슨 운동이란 말인가. 먹고 사는 것만으로도 나는 이미 바쁘다. 그러다가 하루 아침에 뇌졸중 환자가 되어 병원에 누워 있다. 어제는 사회 속 건강인이었는데 오늘은 병실에 누워 혼자서는 아무것도 못하는 환자인 것이다.

이렇게 어느날 갑자기 병을 진단받고 환자가 되면 이때부터 태도가 돌변한다. 이제부터 나는 평생 환자다. 나는 환자이므로, 병원의 '치료 서비스' 수혜 대상이며, 내 몸은 약이나 주사 같은 각종 치료로 의사가 고쳐야 할 대상이라고 생각한다. 환자라는 테두리에 스스로를 가두고 거기에서 나올 생각을 하지 않는다. 좋은 약, 효과 센 주사만 찾으며 쉽고 빠르고 편한 치료를 원한다. 환자가 된 원인인 과거의 나에 대해서는 생각조차 하지 않는다. 자신의 생활습관이 초래한 결과지만 그걸 바꿀 의지도 없고 필요도 느끼지 못한다. 분명 본인의 몸인데 말이다. 왜 정작 당사자가 본인의 몸을 위해 아무런 노력도 하지 않는가?

피부에 주름과 잡티가 서서히 늘어나고, 검은 머리 속 흰 머리카락이 점점 눈에 들어오듯 건강과 질병, 일반인과 환자의 구분은 이분법이 아니다. 이분법은 TV 속 구식 외화에서나 찾아야 한다. 마치 우리의 삶처럼 건강과 질병, 일반인과 환자의 경계는 모호하다. 그저 연속선 상의 인위의 기준일 뿐이다.

그런데도 우리는 굳이 이분법적 구도를 만든 다음, '나는 건강하니 건강 관리는 남의 얘기'라는 극도의 회피성 또는 '나는 환자이니 누가 날 치료해 줘야 한다'는 극도의 수동성 중 하나를 선택한다. 두 태도 모두 나의 책임은 배제하니 속은 시원하고 몸은 편하기 이를 데 없다. 하지만 내 몸은 주인을 잃어버렸다. 그에 따른 결과는 철저히 내가 책임져야 할 몫이다.

스스로에게 물어보자. 나는 건강인인가, 환자인가? 그렇다면 현재 나는 어떤 상태인가? 그리고 나는 어떤 노력을 하고 있는가? 혹시 나는 지금 건강인으로서의 회피나 환자로서의 수동성을 스스로에게 정당화하고 있지는 않은지 살펴볼 필요가 있다.

● 레프 톨스토이, 『살아갈 날들을 위한 공부』, 조화로운삶, 2023년

뇌는
살찌지 않는다

우리 몸은 비상 시를 대비해 잉여 칼로리가 생길 때마다 몸의 곳곳에 차곡차곡 저장한다. 내가 섭취한 것이 단백질이든 탄수화물이든 모두 지방으로 바꿔서 저장한다. 피부는 유연하고 복부에는 뷔페 음식을 몇 접시씩이고 넣을 수 있으니, 당연히 지방도 하염없이 쌓아둘 수 있다. 그렇게 우리 몸은 잉여 칼로리의 약 90%는 피하지방으로, 나머지는 내장지방으로 저축해 둔다.

우리 뇌는 무게는 체중의 2%도 되지 않는다. 하지만 평상 시 우리 몸의 에너지 중에 약 21%나 쓰는 기관이다. 에너지가 많이 필요한 뇌는 에너지, 즉 지방을 평소에 비축해 두어야 한다.

그럼 뇌는 어디에 지방을 저장해 둘까? 머리는 복부나 피부와는 상황이 전혀 다르다. 뇌는 두개골이라는 단단한 뼈 안에 이미 빈틈없이 꽉 들어차 있다. 두개골 안에는 뭘 쌓을 공간이 전혀 없다. 실제로 뇌에 피가 아주 조금만 고여도 심각한 마비 증상이 나타나거나 생명이 위험해진다. 하물며 지방을 뇌 안에 넉넉히 쌓았다가는? 얼마 쌓기도 전에 목숨부터 위험해질 것이다. 뇌는 에너지를 보유할 창고가 없다. 즉, 뇌는 살이 찌지 않는다.

에너지를 비축해 둘 수 없으니 뇌는 실시간으로 에너지를 받아야 한다. 뇌가 산소와 에너지를 공급받는 루트는 혈액이다. 뇌는 신경 덩어리이지만, 한편으로 혈관 덩어리이기도 하다. 실제로 뇌혈관 전체 길이는 650킬로미터가 넘는다. 서울에서 백두산까지의 거리보다도 길다. 앞서 이야기한대로 뇌는 산소와 에너지가 많이 필요하니 혈액 공급이 멈추면 30초 만에 뇌세포의 대사가 망가지고, 몇 분만 지나도 뇌세포는 돌이킬 수 없는 손상을 입는다. 멈춘 심장을 심폐소생술로 다시 뛰게 만들어도 이미 몇 분 이상 뇌에 피가 돌지 않았다면 끝끝내 의식을 찾지 못하는 이유도 여기에 있다.

하지만 피를 미리 보내 놓을 수는 없다. 딱 에너지가 필요한 그 순간에 공급되어야 한다. 이렇게 실시간 혈액 공급에 전적으로 의존해야 하니, 모든 뇌세포는 혈관 반경 15나노미터 안에 밀착해서 존재한다. 뇌세포가 활동을 시작하면 에너지가 평소보다 더 많이 필요해지는데, 그 순간 뇌세포는 주변의 혈관에게 신호를 보낸다. 그러면 주변 혈관은 신호를 받아 바로 길을 넓히고 그 부위로 피가 더 많이 흐른다. 뇌세포는 이런 방법으로 활동에 필요한 산소와 에너지를 공급받는다. 그리고 뇌세포가 일을 마치면 혈류는 다시 평소 수준으로 돌아간다.

이렇게 뇌세포의 활동과 뇌혈관의 활동이 긴밀하게 연관되어 일어나는 것을 '신경-혈관 커플링neurovascular coupling'이라 한다. 신경-혈관 커플링은 우리 뇌에서 쉬지 않고 계속 일어나고 있다. 지금 이 책을 읽고 있는 여러분의 뇌에서도 말이다.

생각하고, 움직이고, 감정을 느끼고, 말할 때 우리 뇌 안에서 무슨 일이 일어나는지는 인류의 오랜 궁금증이었다. 이런 궁금증을 풀어준 열쇠가 바로 신경-혈관 커플링이다. 뇌기능과 뇌세포 활동을 평가하는 탁월한 방법인 '기능적 뇌 자기공명영상functional MRI, fMRI' 검사가 바로 이 신경-혈관 커플링을 기반으로 개발된 덕분이다. 하지만 fMRI가 촬영하는 것은 뇌세포의 활동이 아니라 뇌 혈액 내 산소농도다. 산소가 풍부한 혈액이 갑자기 몰린다는 것은 그 부위의 뇌가 활발히 활동한다는 것을 의미하므로, 이 원리를 이용하여 뇌세포의 활동을 포착하는 것이다.

이렇게 신경-혈관 커플링이 가능한 이유는 신경과 혈관이 '신경-혈관 단위neurovascular unit, NVU'라는 단단한 동맹체를 이루고 있기 때문이다. NVU가 건강해야 뇌세포에 산소와 에너지를 잘 전달할 수 있고, 정확한 타이밍에 적절한 양의 혈액을 보낼 수 있다. 그뿐 아니다. 뇌세포를 건강하게 유지하고, 노폐물도 제때 깔끔히 제거하며, 뇌세포의 활동으로 발생한 열을 처리하여 적정 온도를 유지하게 해준다. 그러니 뇌혈관과 NVU가 건강하지 않으면 뇌의 기능과 건강에 모두 심각한 문제가 생길 수밖에 없는 것이다.

예전에는 뇌혈관의 건강을 뇌졸중이나 혈관성 치매 같은 뇌의 혈관성 질환과 연관 짓는 데 그쳤다. 하지만 뇌 연구를 거듭하면 할수록, 혈관과는 아무런 관련도 없을 것 같은 병에서도 NVU 이상 소견이 발견되기 시작했다. 알츠하이머치매와 파킨슨병 같은 퇴행성 뇌질환은 말할 것도 없으며, 외상성 뇌손상 같은 뇌 외상이나 뇌종양에서도 관찰되었다. 더욱 놀라운 것은 불면증 같은 수면장애나 우울증을 가진 환자의 뇌에서도, 심지어 ADHD 어린이의 뇌에서도 NVU의 이상 소견이 발견되었다.

앞서 말했듯, NVU가 건강하지 않으면 뇌세포의 건강은 지켜질 수 없다. NVU가 고장나면 뇌 혈류가 저하되어 뇌세포가 저산소 상태에 빠지고 염증이 유발되며, 항상성을 유지할 수 없게 된다. 뇌세포가 영양을 충분히 공급받지 못하니 세포가 부실해지며, 뇌가소성도 저하될 수밖에 없다. 알츠하이머치매의 원인으로 알려진 아밀로이드 베타 펩타이드 Amyloid β peptide 같은 노폐물도 뇌 안에 차곡차곡 쌓인다.

언급한 질환 중 치매에 대해 더 살펴보자. 치매는 여전히 치료가 불가능하다. 하지만 치료가 불가능하다는 것을 속수무책이란 뜻으로 받아들이면 안 된다. 실제로 치매는 예방할 수 있다. 의학 저널 《랜싯 Lancet》에는 치매의 위험인자에 대한 대표적인 논문이 실려 있다. 이 논문은 2017년에 출간된 이후 2020년 과 2024년 7월에 두 차례 업데이트되었다. 2017년에는 치매의 35%를 예방할 수 있다고 했다. 그런데 2020년 논문에서는 40%, 그리고 2024년 7월 논문에 따르면 전체 치매의 45%가 예방 가능하다는 것을 보여준다. 노력하면 전 세계 치매를 거의 반으로 줄일 수 있다는 이 말은, 치매는 운명이 아니라는 의미다. 치매는 노력하면 막을 수도 있다. 바꿔서 말하면, 스스로 치매에 걸리게끔 살 수도 있다는 말이다.

가장 최근인 2024년 논문을 보면 치매 위험인자는 14개다. 치매 발병에 생활 요인이 그만큼 중요해졌다는 것을 알 수 있다. 일생에 걸쳐 주의해야 할 14개 치매 위험요인 중 상당수가 비만과 고혈압, 고지혈증, 당뇨, 운동부족, 흡연과 음주, 대기오염까지 주로 혈관 건강과 관련된 것들이다. 치매를 예방하기 위한 노력은 결국 뇌의 NVU를 건강하게 만드는 노력인 것이다.

특히 2017년 3개, 2020년 5개에 불과하던 중년기(18-65세)의 위험인자는 2024년에는 무려 10개로 늘었다. 즉, 중년기를 어떻게 보내느냐가 노년기 치매 발생의 결정적인 열쇠를 쥐고 있는 것이다. NVU의 기능 이상이 본격적으로 시작되는 시기가 바로 중년기라는 사실과도 전혀 무관하지 않다.

뇌를 위해 운동, 특히 유산소운동을 해야 하는 이유가 바로 여기에 있다. 유산소운동이 심장과 폐만 강하게 만들까? 그렇지 않다. 심장과 폐는 물론 동맥과 정맥, 말초혈관, 근육, 근육 내

	2024년		2020년		2017년	
출생 시	없음		없음		1 ApoE 유전자형	7%
초년기	1 불충분한 교육	5%	1 불충분한 교육	7%	1 불충분한 교육	8%
중년기	1 청력 저하	7%	1 청력 저하	8%	1 청력 저하	9%
	2 고지혈증 (LDL 콜레스테롤)	7%	2 외상성 뇌손상	3%	2 고혈압	2%
	3 우울증	3%	3 고혈압	2%	3 비만	1%
	4 외상성 뇌손상	2%	4 과음	1%		
	5 운동 부족	2%	5 비만	1%		
	6 당뇨	2%				
	7 흡연	2%				
	8 고혈압	2%				
	9 비만	1%				
	10 과음	1%				
노년기	1 사회적 고립	5%	1 흡연	5%	1 흡연	5%
	2 대기 오염	3%	2 우울증	4%	2 우울증	4%
	3 시력 저하	2%	3 사회적 고립	4%	3 운동 부족	3%
			4 운동 부족	2%	4 사회적 고립	2%
			5 대기 오염	2%	5 당뇨	1%
			6 당뇨	1%		
	총 예방 가능한 치매	45%		40%		35%

대사 시스템까지도 건강하게 만든다. 운동을 그저 멋진 몸을 만들기 위한 혹은 살을 빼기 위한 수단으로만 여기는 사람이 많지

만 운동, 특히 유산소운동은 우리 몸의 거의 모든 조직—즉, 운동에 관여하지 않는 조직까지—을 변화시킨다. 그리고 운동으로 크게 변하는 장기 중 하나가 바로 뇌다. 유산소운동은 뇌 안의 NVU를 건강하게 만든다. 다시 말해, 유산소운동은 뇌세포의 건강을 유지시키고 뇌세포가 잘 일하게끔 만드는 행위이다.

뇌는 살이 찔 수 없다. 그러니 어쩌면 우리는 일생에 걸쳐 뇌혈관을 건강하게 지켜야 할 사명을 타고난 것인지도 모른다. 한 시간짜리 유산소운동은 한 시간 어치의 즐거움과 유익에 그치지 않는다. 내가 미처 깨닫고 느끼지 못할 뿐이지, 훨씬 광범위하고 연쇄적이며 복합적인 변화가 내 몸에서 일어난다.

달리기가 힘들어 당장 멈추고 싶을 때 한 번쯤 떠올려보자. 내가 무거운 다리를 끌고 가쁜 숨을 몰아쉬는 이 순간 나의 몸과 뇌, 그 보이지도 않는 곳에서 무엇인가 한창 건강해지고 있다는 사실을. 내가 하고 있는 행위의 진짜 가치와 의미를 떠올린다면, 고통은 줄어들고 한 발자국이라도 더 내게 될 것이다.

● 다자이 오사무, 『달려라 메로스』, 민음사, 2022년

만약 내게
치매 유전자가 있다면

부모에게서 물려받은 유전자가 고정되어 있다 해도,

그 유전자를 어떤 방식으로 이용할지는(…) 세포 환경에 따라 달라질 수 있다.

무엇을 먹고 마시는지, 운동을 얼마나 하는지,

심지어 상황을 어떤 태도로 받아들이는지에 따라

우리 몸과 뇌가 영구적으로 바뀔 수 있다는 것은 이런 이유에서다.

'유전적'이라는 말은 '돌에 새겨 있다'는 뜻이 아니다.

— 캐슬린 테일러, 『치매: 우리가 직면한 이 질병에 관한 최신 과학』*

치매 유전자란 말을 들어본 적이 있을 것이다. 가장 흔한 알츠하이머치매와 연관된 것만 해도 25개가 넘는다. 대표적으로 APOE 유전자가 있다. 치매가 걱정되거나 가족력이 있어 APOE 유전자 검사를 받아본 이도 있을 것이다.

우리 몸에 꼭 필요한 영양소 중 하나인 콜레스테롤을 적절한 곳으로 옮겨 주는 운반책은 혈액이다. 기름인 콜레스테롤을 물인 혈액에 잘 싣기 위해서는 단백질이 필요한데, 우리는 이것을

'지질단백질lipoprotein'이라 부른다. 이렇게 콜레스테롤을 운반하는 아포지질단백질apolipoprotein, apo에는 여러 종류가 있다. 이 중에서 오늘 이야기할 주인공인 아포지질단백질EapoE는 혈액과 중추신경계에 존재하면서, 콜레스테롤을 신경세포로 운반하고 신경세포의 회복을 돕고 지질 대사를 조절하는 중요한 역할을 한다.

어떤 apoE를 가지느냐는 APOE 유전자형에 따라 결정된다. APOE 유전자형으로 사람은 대부분 e2, e3, e4 중 하나—사람은 유전자가 두 개씩이니 e2, e3, e4 중 둘을 가진다—를 지닌다. APOE 유전자형은 e3, e4, e2 순으로 흔해서 e3는 78.3%, e4가 14.5%, e2가 6.4% 이다. e2 유전자를 가지고 있으면 E2 단백질이, e3 유전자를 가지고 있으면 E3 단백질이 만들어지는 식이다.

그런데 apoE4 단백질은 apoE2나 apoE3에 비해 지질을 잘 붙이지 못한다. apoE4는 apoE라는 택배 업체에서 유난히도 일 못하는 '4호 택배 차량'이다. 4호 택배 차량은 택배 상자를 싣는 요령이 없어 한 번에 택배를 몇 개 밖에 못 싣고 다닌다. 당연히 택배, 즉 콜레스테롤 이송 능력이 떨어진다. 이뿐 아니다. 지질과 결합 못한 apoE는 뭉쳐 뇌에 찌꺼기로 쌓이는데, apoE4가 뭉쳐진 것은 apoE2나 apoE3 보다 독성이 강하다. apoE4는 신경에 염증도 더 많이 유발하고, 혈액-뇌 장벽blood-brain barrier, BBB을 부실하게 만든다. 그 외에도 시냅스 유지 보수, 당 대사, 노폐물 제거, 미토콘드리아 조절에도 악영향을 끼친다.

결국 e4가 있으면 치매 위험이 올라간다. 우리나라 사람 중

e4가 한 개 있으면 e4가 하나도 없는 사람보다 알츠하이머치매 위험이 2.9배, e4가 두 개 있으면 24.7배 높다. e4가 있으면 치매 위험도 올라가지만, 발병 나이도 더 빨라진다. 치매만 문제인 것도 아니다. e4 유전형은 콜레스테롤 농도를 높이고 동맥경화, 심혈관계질환, 뇌졸중의 위험도 높인다. 그래서 e4는 평균 수명을 단축시킨다. e4 대신 e2나 e3를 가지고 있다면, 앞서 말한 위험은 모두 낮아진다.

여기까지 들으면, e4만큼은 절대 없었으면 싶다. 당장 APOE 유전자 검사를 받아 내게 e4가 있는지 확인하고 싶은 마음이 들수도 있다. 그런데 만약 e4가 있다는 결과가 나온다면, 나이 들어 치매 환자가 되는 건 기정 사실일까? 걱정해야 할지 말지는 다음 이야기를 읽고 나서 생각해 보자. APOEe4유전자에 대한 옛 이야기이다.

지구상의 포유류 중에서 사람만큼 수명이 빠르게 늘어난 동물은 없다. 심지어 영장류 중에서도 사람만 수명이 유난히 늘었다. 그래서 사람은 유전적으로 가장 가까운 영장류인 침팬지보다도 두 배 이상 오래 산다. 인류의 수명이 본격적으로 늘어나기 시작한 것은 지금으로부터 180만 년 전이었는데, 그 당시 인류의 APOE 유전자는 문제의 e4/e4였다. e4를 하나도 아니고 두 개나 지니고 있었다. 앞에서 e4는 치매, 뇌졸중, 심장질환, 노쇠 등 각종 질병을 유발하고 수명까지 단축한다고 하지 않았나? 이것을 두 개나 가지고 있었는데도 수명이 늘었다니 어쩐지 앞뒤가 맞지 않는 것 같다.

당시 인류는 호모에렉투스Homo erectus였다. 이전의 오스트랄로피테쿠스Australopithecus는 거의 이동하지 않고 지냈지만 호모에렉투스는 달랐다. 그들은 '수렵채집인'이었다. 즉, 먹을 것을 구하기 위해 엄청난 거리를 걷거나 달렸다. 이들은 일상이 마라톤 내지는 울트라마라톤(42.195킬로미터 넘게 달리기)이었다. 인류는 호모에렉투스가 등장한 시점부터 매일 같이 엄청난 양의 유산소 운동을 하는 장거리 육상 선수가 된 것이다. 생존에 불리한 유전자형을 지녔으면서도 갑자기 오래 살게 된 이유는 늘 많이 걷고 달려야 했던 일상 덕분이었다. 다시 말해, 생활 방식이 유전을 이긴 것이다.

알츠하이머치매 환자들의 유전자 검사를 해 보면, 환자 중 절반이 APOE e4 유전자형을 단 한 개도 가지고 있지 않다. 또 APOE e4/e4인 사람 중에서도 45~70%는, 그리고 APOE e4가 한 개인 사람 중 75~80%는 죽을 때까지 알츠하이머치매에 걸리지 않는다. 유전자 조건은 동일한데, 왜 누구는 치매에 걸리고 누구는 안 걸리는 걸까?

치매 발생을 21년 동안 추적조사한 연구 결과를 보자. 이 연구에서는 APOE e4 유전자 보유 여부와 40세부터 64세까지 중년기 동안의 생활습관별로 치매 발생율을 조사했다. APOE e4 유전자는 없지만 운동하지 않으면 치매 위험은 1.8배 증가했다. APOE e4 유전자가 있어도 운동을 하면 치매 위험은 2.3배 증가한다. 하지만 APOE e4 유전자도 있고 운동도 하지 않은 사람은 치매 위험이 5.5배 증가했다. 그리고 APOE e4 유전자가 있어도 술을 안 마시면 치매 위험은 증가하지 않지만, 술까지 마시면 치매 위험은 3.8배로 뛴다. 또한 APOE e4 유전자가 있는데 담배를 피우면 3.2배, 포화지방이 많은 음식을 먹으면 7배까지도 치솟았다.

살펴볼 것은 또 있다. 각 나라별 APOE 유전자형과 치매 발생 데이터다. 나라별로 APOE e4 유전자형의 빈도는 상당히 다르다. 당연히 e4 유전자가 많은 나라에 치매 환자도 많을 것이다. 아프리카의 나이지리아와 케냐는 유난히 e4 형이 많은 나라다. 그렇다면 이들 나라에는 치매환자도, 심혈관계 환자도 많아야 맞다. 하지만 그렇지 않다. 실제 나이지리아의 치매 위험을 조사하면 e4가 한 개 있으면 치매 위험이 1.33배, e4가 두 개 있어도 1.68배 느는 데 그쳤다. 각각 3배, 25배씩 오르던 우리나라와는 전혀 다르다. 똑같은 APOE e4 유전자여도 나이지리아와 케냐의 치매 환자가 우리나라보다 적은 이유, 이들 나라의 그 많은 APOE e4 보유자들이 평생 치매와 심혈관계 질환에 걸리지 않는 이유는 바로 생활 방식의 차이다. 이 나라 사람들은 우리보다 훨씬 많이 걷고 뛴다.

즉, 치매는 APOE e4 유전자가 있다고 생기는 것이 아니라 내가 어떻게 사느냐에 따라 달린 것이다. 그 옛날 호모에렉투스에게도, 현대인에게도 유전보다 중요한 것이 생활 습관이다.

치매를 피하고 싶다면 무슨 노력을 해야 할까? 열심히 머리만 잘 쓰면 치매를 예방할 수 있을까? APOE e4 유전자형을 가진 우리나라 사람 중 중년기에 두뇌활동을 열심히 한 사람과 운동을 열심히 한 사람 287명을 모았다. 뇌 PET 검사를 통해 아밀로이드 베타—알츠하이머치매의 대표적 소견인 아밀로이드 플라크의 주성분—가 뇌에 얼마나 축적되었나를 측정하고 뇌의 대사활동이 정상인지도 보았다. 또 뇌MRI를 찍어 해마—기억을 담당하는 중추로, 알츠하이머치매에서 점점 작아진다—의 사이즈를 측정했다.

그 결과, e4 유전자형을 가지고 있는 사람들 중 중년에 열심히 두뇌활동을 한 사람은 해마가 유난히 작아져 있었다. 즉, 가만히 앉아서 하는 두뇌활동은 해마의 위축을 막지 못한다는 뜻이다. 고스톱, 스도쿠, 퍼즐, 게임을 열심히 한다고 치매를 예방할 수 있다고 기대하면 안 되는 이유다.

이번에는 운동을 살펴봤다. 중년에 운동을 하지 않은 사람들은 뇌에 아밀로이드 베타가 축적되어 있었고 뇌의 대사활동도 떨어져 있었다. 그러나 중년에 운동을 꾸준히 했던 사람은 달랐다. 이들은 e4 유전자형을 가지고 있더라도 뇌의 대사활동이 노년기까지 정상 수준으로 유지되었다. 중년기의 운동이 APOE e4 유전자의 영향을 상쇄한다는 사실을 알려주는 연구 결과다.

누구든 치매는 피하고 싶다. 만약 가족 중 치매 환자가 있다면, 치매가 얼마나 안타까운 질병인지를 잘 알 것이다. 치매의 위험을 높이는 유전자형이 존재하는 건 맞지만, 그렇다고 유전자가 절대적인 것도 아니다. 같은 유전자여도 내가 어떻게 사느냐에 따라 병이 생길 수도, 평생 병에 걸리지 않을 수도 있다. 결국 질병 유전자가 힘을 쓰느냐 못 쓰느냐는 내가 어떻게 사느냐에 따라 달라진다. 이것을 '후성유전학epigenetics'이라 부른다.

그러니 치매 유전자가 있다고 불안해할 필요도, 또 없다고 기뻐할 것도 아니다. 체크할 것은 유전자가 아니라 오히려 내가 어떻게 살고 있는지다. 오랜 인류의 역사와 현대의 연구 결과가 같은 사실을 말하고 있다. 바로 치매의 발병에는 어떻게 사느냐가 중요하다는 것, 특히 중년기를 잘 보내는 게 중요하다는 사실이다. 만약 치매 유전자를 가지고 있다면 운동은 선택이 아닌 필수다. 가만히 앉아서 그저 운명만 탓할 텐가? 노력을 하지 않은 자가 운명을 탓할 자격이 있는지는 생각해 볼 문제다.

● 캐슬린 테일러, 『치매: 우리가 직면한 이 질병에 관한 최신 과학』, 김영사, 2023년

발달지연이 걱정인 부모 옆,
스마트폰 하는 아이

> 오늘 우리는 이런 혁신적인 제품 세 가지를 소개하려 합니다.
> 첫 번째는 터치로 조작하는 와이드스크린 아이팟입니다.
> 두 번째는 혁신적인 휴대전화이지요.
> 그리고 세 번째는 완전히 새로운 인터넷 통신기기입니다.
> 뭔지 아시겠습니까? 세 개의 기기를 말하는 게 아닙니다.
> 이 모든 것을 구현한 하나의 기기를 말하는 겁니다.
> 우리는 그것을 '아이폰'이라 부릅니다.
> — 스티브 잡스, 2007년 맥월드 당시 iPhone 1세대를 최초 공개하면서*

내 진료실에는 아이의 발달을 걱정하는 부모들이 찾아온다. 부모는 "저희 아이가 발달이 좀 늦는 것 같아요."하며 조심스럽게 말을 꺼낸다. 발달에 문제가 있는지, 의사의 진찰을 받고 검사로 체크도 해 보고 싶은 것이다.

한 사람이 독립된 성인으로서 건강한 사회적 존재로 건강하게 살아가기 위해서는 운동과 언어 그리고 인지 능력, 사회성,

정서 등의 능력을 고루 갖추어야 한다. 그리고 아동청소년기는 이런 발달에 핵심적인 시기다. 조기 진단과 조기 치료가 발달지연의 중요한 진료 원칙이다 보니, 진료실에 오는 아이들은 대부분 영유아나 미취학아동, 초등학교 저학년이다.

그런데 요즘 진료실에서는 새로운 풍경이 연출되곤 한다. "아이가 이상 행동을 보이는데, 좀 봐 주시겠어요?" 부모들이 안고 온 아기는 기껏해야 생후 3~4개월.

"아이가 자꾸 고개를 뒤로 젖혀요." "팔을 파닥파닥 움직여요." "갑자기 몸에 힘을 줘요." "부르르 몸을 떨어요." 등등의 설명을 하며 부모들은 내게 집에서 촬영한 스마트폰 영상을 보여준다. 영상 속 아기는 본인에게 팔다리가 있다는 사실을 이제 막 알아차린 상황이다. 게다가 팔다리가 움직여지며, 자신이 움직일 수 있다는 것도 깨달았다. 그래서 몸을 이렇게도 저렇게도 움직여보며 놀고 있다. 고개를 들어 뒤로 젖혀도 보고, 팔 다리도 파닥거려본다. 재미있으니 자꾸 한다. 아이가 자신의 신체를 인지하고 3차원 공간 안에서 움직여보고 그 결과를 느끼는, 지극히 정상적인 탐색 놀이의 모습이다. 그런데 진료실을 찾은 부모는 그것을 '이상행동'이라 말한다. 인터넷에서 찾아보니 그랬다는 것이다.

"이게 혹시 틱은 아닌가요?" "저희 아이가 혹시 자폐는 아닐까요?" 진료를 보기까지 마음을 놓지 못했다며, 부모는 묻는다. 고작 3개월 된 아기의 인지 발달이 정상 맞냐 거듭 확인한다.

지극히 정상이라는 대답을 들어도, 부모 얼굴에서는 불안함이 좀처럼 가시지 않는다. 아기에게 이상이 없을 리가 없다는 표정은 그대로다.

육아 지식의 원천이 오로지 경험뿐이던 조부모 세대의 조언은 더 이상 설득력이 없다. 인터넷에는 신상 육아 용품과 최신 육아 정보가 넘쳐나며, 정보 검색 능력은 젊은 부모가 그들의 부모 세대보다 단연 월등하다. 항간에 유튜브 속 '전문가'들의 조언과 의사의 말보다 더 진정성이 느껴지는 맘카페의 경험담과 후기는 초보 부모의 불안한 마음과 얇은 귀를 사정없이 흔들어 놓는다. 인터넷을 찾아볼수록 내 아기에게 문제가 있는 게 틀림없다는 불안감에 압도되어 진료실을 찾는다. 가끔 아기의 할머니도 함께 올 때가 있는데, 이들의 모습도 초보 부모와 별반 다르지 않다. 같이 불안해하고 함께 우왕좌왕한다. 불안 마케팅이 활개치는 현실에서 잘 크고 있는 아이, 특히 영아의 부모(와 조부모)를 안심시키는 일이 소아재활 전문의의 중요한 업무가 된 지 오래다.

그렇다고 늘 안심시키는 날만 있는 것은 아니다. 발달이 느린 아이들도 분명 있다. 아니 더 많다. 이런 아이들은 발달이 느린 이유가 무엇인지, 어떤 발달이 얼마나 느린 것인지 꼼꼼히 찾아야 한다. 증상을 설명하는 부모 옆에 아이가 앉아 있다. 아이의 두 손에는 스마트폰이 쥐어 있다. 아이는 '교육용' 동영상이나 동요 에니메이션, 각종 게임이 한창 돌아가는 작은 화면에 얼굴을 바짝 대거나 고개를 푹 숙인 채 흠뻑 빠져 있다. 아이가 스마트폰에 몰두하고 있는 동안, 부모는 의사에게 아이의 증상을 차분히 설명할 수 있다. 아이는 자리에서 일어나지도 않고, 진료실 안을 돌아다니지도 않는다. 병원에서만 그런 건 아닐 것이다. 아이가 스마트폰 삼매경에 빠져 있는 동안, 부모도 밥을 먹고, 집안일을 할 짬을 낼 수 있다. 심지어 부모가 스마트폰을 볼 시간도 번다. 정신적으로도 육체적으로도 쉴 수 있는 귀한 시간이다. 스마트폰을 들려주기만 하면 떼를 쓰지도, 귀찮게 하지도 않는다. 소리를 지르지도 난리를 치지도 않는다. 스마트폰을 들려주지 않는 장거리 여행은 상상하기 어렵다. 그리고 부모는 아이 행동이 적절하게 통제되고 있다고 생각한다.

발달을 걱정하는 부모 옆에서 스마트폰에 빠져 있는 아이들을 볼 때마다 나는 아이의 발달을 걱정한다면 스마트폰부터 보여주지 말아야 한다고 말한다. 그러면 부모의 반응은 대부분 다음과 같다.

"스마트폰 안 보여주면 통제가 안 되는데요?"

"요즘 시대에 스마트폰도 보여줘야 아이의 발달에 도움되지 않을까요?"

과연 그럴까?

2024년 4월, 학회에 참석하기 위해 미국에 갔을 때였다. 짐 정리를 모두 마치고 체크아웃까지 30분 가량 쉴 참이었다. TV에서 나오는 아침 뉴스가 내 시선을 잡아 끌었다. 뉴스에서는

2008년부터 2018년까지 10년 동안 미국 대학생의 정신질환 추세를 나타낸 그래프를 보여주고 있었다.

미국 대학생의 불안장애와 우울증은 2010년을 기점으로 하여 급증했다. 세대별 불안장애 그래프도 제시되었다. X세대와 베이비부머 세대의 불안장애는 10년간 약 10% 느는 데 그쳤지만, Z세대는 92%나 늘었다. 거의 2배가 된 것이다. 우울증도 2배가 되었다. 이 시기 Z세대 자살률은 48% 올랐는데 특히 10대 소녀들의 자살률은 130%가 넘는 충격적인 증가세였다. 다음 화면의 그래프는 라디오, 컬러TV, 퍼스널컴퓨터, 인터넷, 소셜미디어가 미국 가정에 언제 도입되고 퍼졌는지를 보여주고 있었다. 과연 '요즘 애들'의 정신건강이 디지털 테크놀로지와 관련된다는, 흥미로운 접근이었다.

강연자인 조너선 하이트Jonathan Haidt는 뉴욕대 스턴 비즈니스 스쿨의 교수이자 사회심리학자다. 그는 Z세대의 정신건강 문제에 주목했다. 누구나 그 문제가 시작된 시점으로 코로나 팬데믹을 떠올릴 것이다. 물론 코로나도 문제이긴 했다. 하지만 Z세대만 코로나를 겪은 것은 아니다. 그런데 유독 Z세대만 심각한 징후를 보였다. 그리고 이것은 미국만의 문제도 아니었다. 도대체 이유가 뭘까?

2024년 초 하이트 교수는 『불안 세대The Anxious Generation』란 책을 썼다. 나온 지 한 달도 안 됐는데, 출간 이후 줄곧 뉴욕타임즈 베스트셀러에 올라 있었다. 주요 일간지와 TV에서는 그의 책과 인터뷰를 연일 다루고 있었다. 나는 그의 책을 바로 주문했다.

하이트 교수의 주장은 이러하다. 애플이 아이폰을 내놓은 것은 2007년이고, 아이패드와 인스타그램은 2010년에 출시되었다. 우리 모두 목도한 바와 같이 스마트폰은 시장을 빠르게 장악했다. 이제 우리는 늘 손 안에 인터넷을 쥐고 살면서 잠시라도 인터넷에 접속하지 못하면 견디지 못한다. 어른, 아이를 불문하고 말이다. 특히 1996년에서 2010년 사이에 태어난 Z세대는 어느 세대보다도 디지털 테크놀로지에 친숙하다. Z세대의 아동청소년기는 인스타그램 같은 소셜미디어 광풍이 불기 시작한 2010년대와 겹친다. 다시 말하면 Z세대는 사실상 소셜미디어에 노출된 채 아동청소년기를 보낸 첫 세대인 것이다.

그가 말하는 Z세대의 특징은 또 있다. Z세대의 부모들은 유괴 범죄나 사고 등 안전 문제를 이유로 노는 아이들을 곁에서 보호하기 시작했다. 그리고 아주 작은 일에도 개입했다. 그 대가로 아이들은 자기들끼리 갈등 상황을 해결하고, 결정하고, 적당한 위험을 감수할 기회를 잃었다. 부모의 바람대로 더 안전해졌을지 모르지만 사회성과 독립성, 집행 기능처럼 인생에서 아주 중요한 기능을 발달시킬 기회는 뺏긴 것이다.

하이트 교수는 젊은 세대의 정상적인 발달을 방해한 것은 바로 우리 사회, 우리 어른들이며, 그 방식은 '현실 세계에서는 과잉 보호, 온라인에서는 방치'였다고 지적한다. 또 Z세대들이 겪는 정신질환은 심리사회적 발달과 관련하여 이전 세대와는 근본적으로 다른 경험 속에서 성장한 탓이라고 말했다. 소셜미디어 사용이 불러온 폐해는 또 있는데, 아이들이 덜 자고 덜 움직이게 된 것이다. 수면과 운동 부족이 뇌 발달이나 신체 발달에 치명적이라는 사실은 따로 설명할 필요가 없다.

그는 지금 당장 대대적인 조치가 필요하다고 말한다. 그러면서 중학교 때까지 스마트폰과 태블릿PC, 노트북, 비디오 게임 금지하고, 16세까지 소셜미디어 금지하며, 스마트폰 없는 학교 환경을 조성하고 현실 세계에서 아이들에게 자율적인 놀이와 독립심, 책임의 기회를 제공하자는 네 가지 제안을 덧붙였다.

그의 주장은 현재 매우 센세이셔널하다. 하지만 그는 임상심리 전문가도 아동 발달 전문가도 아니다. 학계의 비판도 상당하다. 동시에 일어난 사회 현상을 두고, 상관성, 더 나아가 인과성causality이 있다고—과학에서 가장 조심해야 할 오류 중 하나다—확대 해석한 것이라는 비판도 있다. 소셜미디어 외에도 정신질환에 영향을 주는 다양한 요인을 고려하지 않았다는 의견도 있다. 가장 큰 비판은 그의 주장은 근거가 불충분하다, 즉 과학성이 결여되어 있다는 것이다. 실제로 지금까지 수많은 연구자가 수행했던 대규모 코호트cohort 연구, 메타 분석meta-analysis, 체계적 문헌 고찰systematic review에서조차 디지털 테크놀로지와 아동 청소년의 정신 건강 사이에는 연관성을 밝히지 못했거나 밝혔더라도 극히 미미한 상관관계만 도출되었을 뿐이다.

학계의 비판은 차치하고라도 나는 그의 제안들이 실현 가능할지 의문이었다. "다른 애들은 다 스마트폰 있는데 왜 나만 없어?"라는 아이의 말에 말문이 막히지 않는 부모는 없을 것이다. 요즘은 학교 교육에서도 디지털 미디어와 소셜미디어 플랫폼을 적극 활용한다. 줌 수업을 했던 코로나 팬데믹 시기는 말할 필요도 없으며 미국도, 한국도 '교육을 위해' 학교에서 크롬북을 나눠준다. 친구들이 모두 온라인 세상에 있는데, 나만 그 세계에서 빠지기란 쉽지 않다. 버티던 사람도 결국엔 항복할 수밖에 없는 것이 소셜미디어의 힘이다. 디지털 없는 세상을 살았던 기성세대조차 극심한 스마트폰 금단증상을 겪는 마당에, '디지털 네이티브digital native'로 태어난 Z세대에게 스마트폰 없는 아동청소년기가 과연 현실적인 제안인가 하는 생각이 들었다.

그래, 사회나 학교 교육이 문제지, 라고 생각하기 쉽다. 그런데 육아정책연구소에서 2022년에 발표한 보고서를 보면 문제는 학교 이전부터 발생한다. 우리나라 영유아는 70%가 만 3세가 되기 전에 스마트폰이나 태블릿PC를 사용한다. 12~18개월에 보기 시작한 아기가 20.5%로 가장 많았고, 18~24개월 13.4%, 6~12개월 12.9%였으며 생후 6개월 미만도 4.8%나 됐다. 부모들은 주로 공공장소에서 조용히 시키거나 아기의 방해 없이 부모의 일을 할 목적으로 스마트폰을 보여준다고 응답했다. 스마트폰 허용이 결국 대부분은 부모의 편의나 시간 확보를 위한 것임을 알 수 있다. 실제로 많은 부모들이 "스마트폰 없이 어떻게 아기를 키워요?"라고 반문한다.

물론 앞서 말한대로 스마트폰의 유해성에 대해서는 아직 잘 모르고 있고 이견도 여전히 많다. 그러나 분명한 것은, 나이가 어리면 어릴수록 뇌가소성이 활발하다는 사실이다. 이는 나이가 어릴수록 뇌는 외부 자극의 영향으로 쉽게 바뀌고 외부 자극이나 환경에 그만큼 취약하다는 뜻이다.

하이트 교수는 아동청소년기의 스마트폰 노출이 매우 심각하고 이것이 Z세대의 정신질환 위기를 불러왔다고 진단하였지만—그의 주장대로 스마트폰 노출이 유해하다면—뇌과학적 관점에서 훨씬 더 위험한 것은 영유아기 노출이다. 성인이 된 후에야 스마트폰에 노출되기 시작한 우리도 스마트폰 과잉의존성과 중독성을 너무나 잘 알지 않는가. 성인들조차 스마트폰 앞에서는 하염없이 약해지지 않던가. 아동청소년, 하물며 영유아기 노출의 영향력은 성인기 노출보다 훨씬 클 것이 자명하다. 그리고 그 노출의 장본인은 앞에서 보았듯이 많은 경우 부모다.

인터넷과 스마트폰은 현대 사회를 크게 바꿔 놓았다. 인터넷은 그전까지 소수만 공유하던 정보를 모든 사람에게 개방하여 정보의 평등을 이끌어냈다고 평가받는다. "세계는 스티브 덕분에 엄청나게 진보했다. The world is immeasurably better because of Steve."는 의견은 비단 애플 이사회만의 생각은 아닐 것이다. 그런데 어쩌면 우리는 한 손에는 인터넷과 스마트폰이 가져다준 과실을 잔뜩 쥔 채 미소 지으면서, 다른 한 손에 들린 해악과 폐해는 짐짓 못본 체하고 있는지도 모른다. 과잉 정보와 불안 마케팅 때문에 어느 시대보다 자녀 발달에 민감하고 과도하게 불안해하면서도 정작 아이들의 미디어 노출에 관대하고 이를 조장하는 듯한 부모의 모습은, 이해하기 어려운 요즘 세상의 한 단면이다.

디지털 미디어의 장악력은 점점 커지고 있다. 그리고 위기의식과 자정의 목소리도 함께 커지고 있다. 지금까지의 연구결과처럼 디지털 미디어가 유해하다고 아직 확실히 말 못한다 하더라도, 뇌발달의 결정적 시기critical period인 영유아기의 노출이 과의존성을 유발한다는 사실만큼은 명백하다. 부모와 기성 세대가 한 손의 과실에만 눈이 팔리지 않고 다른 손에도 의식적으로 눈길을 보낼 필요가 있다. 아이들이 건강한 성인으로 성장하기 위해 먼저 필요한 것은 부모와 기성 세대의 자각과 참을성 그리고 노력일 것이다.

● 월터 아이작슨, 『스티브 잡스』, 민음사, 2011년

아무 운동이나 하면
뇌에 좋을까

복싱이 취미인 누군가의 글을 읽다가 스파링을 하고 나니 머리가 아주 개운하고 스트레스도 다 날아갔다는 대목을 본 적이 있다. 아마 운동이 주는 즐거움과 활력 덕분이었을 것이다. 하지만 그의 글을 읽으며 나는 마음이 무거워졌다. 만약 내 가족이나 친구였다면 당장 뜯어 말렸을 것이다.

1928년 미국의 병리학자 해리슨 마트랜드 Harrison Martland 박사는 복싱선수가 얼굴에 강한 펀치를 맞으면 마치 술 취한 사람처럼 된다는 사실을 발견한다. 한두 시간 정도 지나면 정상으로 돌아오긴 했지만, 문제는 그것으로 끝나지 않았다. 상당수의 복서들이 은퇴하고 나서도 손을 떨거나 걸음걸이가 이상해지고 기억력이 나빠졌다. 복싱을 오래 했거나 얼굴이나 머리를 많이 맞았던 사람일수록 그 정도가 더 심했다.

과학자들은 이를 두고 '펀치 드렁크 증후군punch drunk syndrome' 혹은 '복서의 치매boxer's dementia'라는 이름을 붙였다. 선수들의 뇌를 부검해 보니, 뇌는 쪼그라들고 뇌실ventricle이라고 부르는 뇌 안의 공간은 심하게 넓어져 있었다.

이번엔 뇌 조직을 현미경으로 들여다 보았다. 뇌세포는 괴사되어 있었고, 뇌혈관 근처에는 과인산화된 타우hyperphosphorylated tau 단백질이 실뭉치처럼 뭉쳐 있었다. 이런 특징적인 소견을 '만성 외상성 뇌병증Chronic Traumatic Encephlopathy', 일명 CTE라고 부르기 시작했다. 이것이 대략 1950년 전후의 일이다.

타우는 우리 뇌에 정상적으로 존재하는 단백질이다. 정상적인 타우 단백질은 뇌의 신경세포 사이 단백질을 운송하는 고속도로인 미세소관microtubule을 안정적으로 받치는 중요한 역할을 맡고 있다. 그런데 문제는 이것이 실뭉치 모양으로 뒤엉켜 신경세포 안에 존재할 때 생긴다. 뒤엉킨 신경실뭉치Neurofibrillary Tangle, 이하 NFT는 알츠하이머치매 같은 퇴행성 질환에서 흔하게 관찰되곤 하는 이상 소견이다. 또한 앞서 말한대로 NFT는 CTE의 핵심 소견이기도 하다.

처음에 사람들은 CTE가 복서들만 겪는 질병이라 생각했다. 복싱은 머리를 직접 가격하는 스포츠니 그럴듯한 추측이었다. 그런데 2005년에 전설적인 미식축구 선수였던 마이크 웹스터 Mike Webster의 뇌를 부검해보니 그의 뇌에서도 복서들과 같은 소견이 보였다.

2002년에 세상을 떠난 웹스터 선수는 미식축구 명예의 전당에 오른 명센터로, '철의 마이크 Iron Mike'라고도 불렸던 인물이다. 만 50세라는 젊은 나이에 사망한 그는 은퇴하기 전부터 이미 기억력과 집중력 저하, 우울증과 성격 변화 같은 이상 증세를 보이기 시작했다. 어떤 날은 자기 집에 가는 길을 찾지 못했고, 또 어느 날은 음식을 어떻게 먹어야 하는지도 몰랐다. 몇 주째 행방불명이 되기도 했으며 심지어 자신의 몸에 전기충격기를 가하기도 했다. 두통과 근육통에 시달렸고, 파킨슨병 증상도 있었다. 이 유명 선수의 부검 결과는 CTE가 복싱뿐 아니라 다른 어떤 콘택트스포츠 Contact Sport, 사람과 사람의 신체 접촉이 동반되는 모든 운동에서도 생길 수 있음을 알려주었다.

세계에서 가장 큰 CTE 뇌은행을 운영하는 보스턴대의 신경병리학자인 앤 매키 Ann MaKee 박사는 2007년에 미식축구 선수들의 뇌를 부검했다. 이들 중에는 프로선수도 있었지만 대학생, 심지어 고등학생도 있었다. 부검한 202명의 뇌 중에 177명에서 CTE 소견이 나왔다. NFL 선수, 즉 프로 미식축구 선수의 뇌는 자그마치 99%가 CTE 소견을 보였다.

CTE의 가장 큰 위험요인은 복싱, 축구, 미식축구, 아이스하키, 레슬링 같은 콘택트스포츠다. 콘택트스포츠 경험이 오래될수록, 시작한 나이가 어릴수록 CTE 위험은 증가하였다. 만 12살 전에 미식축구를 시작하면 그 이후에 시작한 사람보다 13년이나 일찍 CTE의 임상 증상이 나타난다는 보고도 있다. 2023년에 매키 박사와 동료들은 30세 이전에 사망한 운동선수들의 뇌를 부검하여 결과를 발표했는데, 152명 중 무려 41.4%에서 CTE 소견을 볼 수 있었다.

CTE에 걸리면 나타나는 증상은 다양하다. 충동성, 공격성, 우울, 분노, 망상과 같은 행동 문제, 우울, 자살시도, 불안, 초조, 피로, 무감동 등의 정동 장애, 치매, 기억력 저하, 집행기능 장애, 보속증, 언어 장애, 집중력 결여 등의 인지기능 장애, 실조, 발음 이상, 파킨슨 증상, 보행 장애, 떨림 등의 운동 장애가 다양하게 나타난다. 그리고 이 증상들은 퇴행성 뇌질환과 상당히 겹친다. 겹치지 않는 것은 나이뿐.

강편치 같은 강한 충격이 왜, 어떻게 뇌에 CTE를 유발하는지는 아직 정확히 밝혀지지 않았다. 또 뇌가 얼마나 자주, 얼마나 세게, 얼마나 오래 충격을 받아야 이런 변화가 유발되는지도 잘 모른다. 그러나 현재 CTE를 연구하는 의사들은 뇌에 가해진 충격이 일정 수준을 넘어서면 그때부터는 충격이 반복될수록 뇌의 이상도 계속 더해진다고 보고 있다.

숲을 일구는 데 수십 년의 세월이 들지만 불에 타 없어지는 데는 몇 시간이면 충분하다. 뇌도 그렇다. 뇌를 건강하게 유지하려면 평생에 걸쳐 꾸준히 몸과 뇌를 함께 가꿔야 하지만, 사고나 병으로 뇌를 다치는 것은 한순간이다. 무너진 신뢰는 복구가

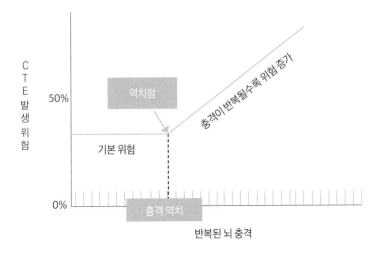

어렵고, 불에 탄 숲을 다시 예전으로 돌리려면 배의 노력이 필요한 것처럼 우리의 뇌도 다치면 다시 원상태로 복구가 어렵다. 가벼운 뇌진탕 같은 경우를 제외하고, 심한 손상이나 반복된 손상은 돌이킬 수 없는 경우가 많다. 다친 뇌를 돌이킬 수 없으면 어떻게 되는지 나는 늘 환자들을 통해 본다.

대부분의 운동은 몸은 물론 정신도 건강하게 한다. 만약 내가 뇌를 보는 의사가 아니었다면, 무슨 운동을 하면 좋냐는 질문에 어떤 운동이든 다 좋으니 하고 싶은 것을 하라고 답했을 것이다. 하지만 운동이라고 모두 몸 그리고 뇌에 좋은 건 아니다. 아무리 좋아해도 몸을, 그리고 뇌를 희생해가면서까지 할 필요는 없다. 뇌를 보는 의사로서, 뇌가 망가진다는 것이 무엇을 뜻하는지 너무나 잘 알고 있다. 그래서 뇌를 위험하게 하는 운동은 결코 권할 수가 없다. 아니 뜯어 말릴 것이다. 그렇게 뜯어말리는 것이, 미래의 내가 그의 뇌를 치료하는 일보다 훨씬 쉽고 효과적이니 말이다.

● 에릭 엠마뉴엘 슈미트, 『오스카와 장미 할머니』, 열림원, 2011년

주먹은
죄가 없다

허먼 박사가 아이스박스 뚜껑을 열고
성에가 끼어 있는 투명한 비닐봉지를 조심스럽게 꺼냈다.
그런 뒤 천천히 뇌를 꺼내 팔을 쭉 뻗어 내민 내 손바닥 위에 올려놓았다.
뇌는 내 두 손에 편안하게 딱 맞아들었다. 무겁고 차갑고 축축한 뇌에서는
다른 고깃덩어리들과 다를 바 없이 피가 뚝뚝 떨어졌다. (…)
단단한 젤리 같은 느낌이지만 사실은 상당히 부서지기 쉽기 때문에
조심하지 않으면 부분 부분이 부러지거나 떨어져버린다.
— 바버라 립스카, 『나는 정신병에 걸린 뇌 과학자입니다』*

어렸을 때 TV에서 본 뉴스가 생각난다. 당시 국내 챔피언이었던 복싱 선수 김득구가 세계 챔피언에 도전했다가 상대 선수의 강편치에 녹다운된 후 결국 의식을 되찾지 못하고 사망했다는 뉴스였다. 아들 잃은 김득구 선수 어머니의 모습이 무겁고 비통했던 그 뉴스의 기억은 지금도 생생하다.

기억에 남는 선수는 또 있다. "나비처럼 날아 벌처럼 쏜다"던

무하마드 알리Muhammad Ali. 헤비급 챔피언으로 세계를 호령하던 그가 1996년 애틀랜타 하계올림픽에서 성화봉을 든 채 몸을 벌벌 떨며 제대로 걷지 못하던 모습은 슬프면서 충격적이었다.

지금은 아니지만, 예전의 복싱은 '헝그리 스포츠'의 대명사였다. 가난에서 벗어난 지금의 대한민국에서 인생 역전을 꿈꾸며 이를 악물고 복싱을 하는 모습은 더 이상 찾기 어렵다. 대신 다이어트복싱, 뮤직복싱, 피트니스복싱, 필록싱 같이 복싱도 많이 말랑말랑해지고 종류도 다양해졌다. 이제 복싱은 체력에도 다이어트에도 좋은 대중적인 운동이 되었다.

나 역시 십여 년 전 다이어트를 하겠다는 결심으로 복싱장을 찾은 적이 있다. 땡 하고 울리던 타임벨 소리, 감을 때마다 마음이 결연해지던 붕대, 쉬지 않고 돌아가던 선풍기, 창가에 줄지어 말리고 있던 글러브들. 내가 다니던 복싱장의 풍경이었다. 그렇게 1년간 복싱을 꽤 진지하게 했다. 샌드백을 치고 있는 나를 보며 체육관 관장님은 "정말 잘 하지 않아? 나이만 몇 살 더 어렸어도 챔피언 타이틀 준비시키는 건데."라는 말을 하곤 했다. 그리고 내게 스파링을 해보라 슬쩍 권하기 시작했다.

하지만 CTE를 아는 나는 관장님의 권유가 부담스러웠다. 건강하고 멋진 몸도 성취감도 좋지만, 소중한 뇌를 해치는 일은 눈곱만큼도 하기 싫었다. 관장님의 권유를 계속 거절하기도 부담스러워, 1년 동안 열심히 다녔던 복싱장과는 슬슬 멀어졌다. 그런데 복싱에 대한 이런 나의 관점을 바꾸게 된 계기가 있다.

그것은 미국으로 연수를 갔을 때였다. 내가 연수를 갔던 병원에는 미 북서부 지역의 대표 파킨슨센터가 있었다. 그곳에서 파킨슨병에 대한 임상 시험을 맡아서 진행하면서 나는 많은 파킨슨병 환자들을 만났다. 그런데 그곳에서 만난 파킨슨병 환자들은 우리나라에서 만났던 환자들과는 많이 달랐다. 이들은 운동에 대해 매우 적극적이었고 운동을 하겠다는 의지도 높았다. 그뿐 아니었다. 환자 본인은 물론 가족과 담당의사, 헬스장의 트레이너들도 파킨슨병 환자의 운동에 대해 매우 적극적이었고 운동을 치료의 하나로 당연시 하였다. 우리나라에서처럼 파킨슨병이라고 운동을 꺼리거나 조심하는 환자도, 의사도 없었다. 실제로 파킨슨병 환자들을 위한 운동 프로그램도 다양했다. 그 중에 'Rock Steady Boxing RSB'이란 프로그램이 있었다. 우리말로 하자면 '바위처럼 굳건한 복싱' '절대 흔들리지 않는 바위 같은 복싱'이란 뜻이겠다.

40세라는 젊은 나이에 파킨슨병을 진단받은 한 검사가 있었다. 그리고 그에게는 변호사이자 권투선수였던 친구가 있었다. 그는 복싱이 친구의 파킨슨병 증상을 낫게 할 것이라 생각했다. 그래서 2006년 복싱을 바탕으로 한 파킨슨병 운동 프로그램을 개발하기에 이른다. 그것이 바로 RSB의 시작이다. 파킨슨병 환자를 위한 복싱 프로그램인 것이다.

미국에서 시작된 이 프로그램은 현재 미국에서만 약 800곳에서 시행되고 있고, 해외 약 20개국에 보급되어 전 세계적으로

5만 명이 넘는 이들이 이 프로그램에 참여했거나, 하고 있다. 그런데 잠깐, 나는 앞선 글에서 복싱을 대표적인 콘택트스포츠로 소개했다. 그리고 콘택트스포츠는 뇌 건강에 독이 될 수도 있다고도 했다. 나 역시 뇌 건강을 걱정하여 복싱을 그만뒀다지 않았나. 그런데 퇴행성 뇌질환의 대표격인 파킨슨병에 복싱이라니, 이게 무슨 아이러니란 말인가?

그 답은 RSB가 '논-콘택트non-contact' 복싱, 즉 비접촉스포츠라는 점에 있다. RSB는 다른 이와 스파링을 하지 않는다. 유일한 상대가 있다면 그것은 파킨슨병일 것이다. 복싱은 대표적인 유산소운동으로, 심폐능력을 기르는 효과가 있다. 동시에 전신의 근력을 요하는 운동이다. 강한 하체 근력과 코어 근력 없이는 절대 좋은 펀치를 내지를 수 없다. 쉬지 않고 풋워크footwork를 해야 하고 펀치 후 바로 가드 자세로 돌아와야 하므로 발도 팔도 민첩하게 움직여야 한다. 잽, 크로스, 훅, 어퍼컷 사이에서 민첩하게 동작과 자세를 바꿔가며 공략해야 한다. 다양한 근육과 다양한 관절을 동시에 조화롭고 신속하게 조절하는 능력이 요구된다. 요컨대 복싱에는 심폐능력, 근력 외에도 민첩성, 조절능력, 균형능력과 빠른 반응 속도가 필요하다.

어디 그뿐인가? 운동능력뿐 아니라 인지기능도 요구된다. 타겟의 움직임을 계속 좇아야 하므로 높은 집중력이 필요하다. 타겟에 시선을 고정한 상태에서 펀치를 하려면 손과 눈의 협업이 원활해야 한다. 또 잽, 크로스, 훅, 어퍼컷과 같이 다양한 펀치를 쓰고 위빙과 더킹 등 다양한 동작을 계속 바꿔야 하기 때문에 집행기능 역시 필요하다. 타겟의 위치와 움직임 등을 파악하고 예상해서 내 동작을 결정해야 하므로, 공간지각 및 민첩성도 요구된다. 팔, 다리, 몸통 동작을 동시다발적으로 수행해야 하니 멀티태스킹 능력과 이에 관여하는 주의집중력도 필수다. RSB는 그룹운동이므로 연대감, 유대감을 느끼게 하고 긍정적인 정서 효과도 얻을 수 있다. 실제로 RSB가 파킨슨병 환자들의 균형, 보행, 하지 근력 등 기능을 호전시키고 피로감과 우울, 낙상에 대한 두려움을 줄이고 삶의 질을 향상한다는 연구결과도 있다.

즉 복싱이 무조건 좋기만 한 것도 아니지만, 나쁘기만 한 것도 아닌 것이다. 복싱은 나의 뇌를 해칠 수도, 또 도울 수도 있다. 그리고 그 차이는 콘택트스포츠냐 아니냐에서 비롯한다는 사실을 반드시 기억해야 한다. 주먹은 죄가 없다.

● 바버라 립스카, 『나는 정신병에 걸린 뇌 과학자입니다』, 심심, 2019년

글러브와 헤드기어
그리고 꿀밤에 대한 데이터

글러브는 복싱의 필수 장비다. 그런데 복싱 경기에서 글러브를 착용하기 시작한 이유는 맞는 자의 머리가 아니라 때리는 자의 '손'을 보호하기 위해서였다. 그래서 고대에는 무쇠로 된 글러브를 썼고, 중세에는 손을 밧줄로 칭칭 감았다. 현대가 되어서야 복싱 글러브에 솜을 넣기 시작했다.

미식축구에서 페이스마스크가 부착된 단단한 헬멧을 쓰기 시작한 것은 1950년대였다. 그러나 복싱에서 헤드기어를 쓴 것은 그로부터 한참 후인 1984년 LA 하계올림픽 때부터였다. 헤드기어는 충격으로부터 머리를 보호할 수 있고, 뇌를 보호하기는 어려워도 최소한 피부가 찢어지거나 멍드는 것은 막아줄 것이라는 기대 때문이었다. 그런데 2013년 국제 아마추어복싱연맹_{AIBA}은 올림픽 남자 경기에서 헤드기어 착용을 금지시켰고, 2016년 리우 하계올림픽에서는 남자 경기에서 헤드기어가 사라졌다.

콘택트스포츠 자체는 뇌손상의 위험이 높으니 뇌를 보호하는 별도의 제도나 장치가 필요하다. 그런데 AIBA는 왜 이런 결정을 내렸을까? 거기에는 나름의 이유가 있었다. 헤드기어 착용 이후 머리를 공격하는 경향이 오히려 강해졌다. 안전해졌다는 생각에 더욱 무리한 경기 운영이 는 것이다. 결과적으로 헤드기어를 쓰는 것이 뇌손상 위험을 높이게 되었다. 그러나 성인 남자 경기에서만 헤드기어가 금지되었을 뿐 성인 여성과 주니어 경기에서는 여전히 헤드기어를 착용한다는 점은 선뜻 이해하기 어렵다. 그에 대한 명확한 근거는 없다.

한 논문에서는 복싱에서 헤드기어의 효과를 다음과 같이 정리한 바 있다. 일단 피부 열상이나 두개골 골절을 예방하는 것은 맞다. 그리고 머리에 직선방향으로 가해지는 힘을 일부 흡수하는 것도 사실이다. 하지만 실제로 심한 뇌손상을 잘 유발하는 힘은 직선방향의 힘이 아니라 훅처럼 회전하는 힘 혹은 사선방향의 힘이다. 그런데 문제는 헤드기어가 아무리 두꺼워도 이런 힘은 잘 막아주지 못한다. 따라서 헤드기어가 뇌를 완벽하게 보호하기는 어려운 것이다.

올림픽 남자 복싱에서 헤드기어가 사라진 후 어떤 변화가 있었는지 보면 헤드기어의 효과를 간접적으로 파악할 수 있다. 헤드기어를 금지한 이후, 스파링 다운은 9%에서 3%로 줄었고, 녹아웃은 1.7%에서 4.2%로 늘었다. 즉, 헤드기어가 사라진 후 녹아웃 위험이 높아진 것이다. 방어 움직임, 특히 풋워크가 20% 가량 늘어난 것도 헤드기어 금지 이후의 변화였다.

복싱만의 이야기가 아니다. 종목을 불문하고 헬멧 같은 머리 보호 장비를 사용할 때 선수들의 경기는 더욱 대담하고 거칠어진다. 스키, 스노보드, 사이클에서도 헬멧을 쓰면 속도를 높이고 더 과감하게 타는 경향이 있다.

뇌손상과 복싱 헤드기어의 연관성을 확실히 말하기에 아직은 데이터가 많이 부족하다. 또 단순히 쓰냐, 쓰지 않느냐의 문제를 떠나 어떤 장비를 써야 제대로 보호할 수 있는지, 장비의 재질과 형태, 부속품 등에 대한 연구도 없다. 복싱은 그나마 형편이 낫다. 럭비와 축구, 아이스하키 또는 태권도 같은 다른 콘택트스포츠는 자료가 더더욱 부족하다.

문제는 여기에서 그치지 않는다. 복싱에서 가장 흔한 게 머리 손상인데도, 머리 손상이 얼마나 발생하는지조차 정확한 데이터가 없다. 복싱에서 뇌진탕 발생 비율이 6.1%라는 연구도 있고 75%라는 연구도 있다. 연구마다 결과가 너무 다르다. 이렇게 뇌손상에 대한 데이터가 부실한 가장 큰 이유는 경험한 선수나 코치가 이를 제대로 밝히지 않기 때문이다.

이유는 또 있다. 뇌손상은 경기에서보다 훈련 중에 훨씬 더 자주 발생한다. 뇌손상의 중증도는 훈련 때보다 경기 때가 당연 더 심하지만, 빈도로만 보면 훈련 중에 더 자주 발생한다.

그런데 훈련 중에 발생하는 뇌손상을 과연 얼마나 파악할 수 있을까? 경기 중에 발생하는 이벤트보다 조사가 더 어렵고 까다롭다. 선수나 코치가 쉬쉬한다면 더더욱 그럴 것이다. 경기에서의 헤드기어 착용 여부에 대한 논의만큼 훈련 중 착용에 대한 가이드라인 역시 중요하게 논의되어야 한다. 그리고 선수와 코치 그리고 아마추어 복서를 직접 교육하는 것만큼 뇌손상 예방에 중요한 것은 없을 것이다.

개인적인 체험으로 보나 환자 치료의 경험으로 보나 복싱이 여러모로 좋은 운동이라는 사실에는 동의한다. 그러나 어디까지 뇌를 다치지 않게 할 때만 좋은 운동인 것이다. 복싱은 상대와 접촉하지 않을 때만 권할 만한 운동이다. 즉 복싱을 즐기되, 스파링이나 경기는 피하는 게 좋은 것이다.

글러브와 헤드기어에 대한 이야기는 이 정도로 줄이고, 뇌손상에 대한 평소 궁금증도 풀어보자.

Q1. 꿀밤을 자꾸 때리면 뇌세포가 죽을까?

CTE는 뇌에 일정 수준 이상의 큰 충격이 반복적으로 가해질 때 발생한다. 꿀밤 정도는 뇌세포에 영향을 줄만한 수준의 충격이 되지 못하기 때문에, 설령 조금 과장해서 백만 대를 맞는다고 해도 뇌손상은 오지 않는다. 그리고 뇌손상이 오기도 전에 그 사람과 이미 사이가 틀어지지 않을까?

CTE를 유발하는 '큰 충격'의 기준이 정확한 수치로 나와 있지는 않다. 고속으로 달리던 차가 무언가를 들이받아 급정거를 할 때를 떠올려보자. 차에 탄 사람의 고개가 갑자기 앞으로 훅 수그러졌다가 다시 뒤로 젖혀지며 뒤통수로 좌석 목받이를 세게 부딪힌다. 축구에서 헤딩을 할 때나 강펀치를 맞을 때도 모두 같은 현상이 일어난다. 이 경우 뇌는 두개골 안에서 갑자기 빠른 속도로 움직였다가 다시 빠르게 멈추는 급가속-급감속 상황을 겪는다. 이 정도의 강한 충격이 아니고는 뇌에 의미있는 영향은 없다. 따라서 달리기나 줄넘기 같이 콩콩 혹은 쿵쿵 뛰는 행위로 뇌는 충격을 받지 않는다. 수영에서 입수할 때도 단단한 물체에 부딪히는 것이 아니기 때문에 충격이 미약하다.

어렸을 때 소파나 침대에서 한 번도 떨어져 보지 않은 사람이 있긴 할까. 만약 소파나 침대에서 매일같이 떨어졌다면 걱정할 만하다. 하지만 대부분 그런 일은 한두 번에 그친다. CTE의 두 번째 조건인 반복성을 충족하지 못하기 때문에 어렸을 때 몇 번 떨어진 것으로 뇌손상 위험은 증가하지 않는다.

콘택트스포츠는 경기 중 상대방과 몸싸움을 하거나 몸을 부딪히는 스포츠를 말한다. 반대로 비접촉스포츠는 상대편 선수와 직접적으로 몸을 터치하지 않는 스포츠다. 이 기준으로 콘택트스포츠와 비접촉스포츠를 쉽게 구분할 수 있다. 복싱, 종합격투기, 가라테, 태권도, 레슬링, 주짓수, 씨름, 유도 등 직접 상대편과 겨루는 운동은 물론 축구, 미식축구, 하키, 아이스하키와 같이 경기 중에 계속 몸싸움을 해야 하는 경기도 콘택트스포츠다. 종목별로 1,000경기당 뇌진탕이 발생하는 빈도에 대한 데이터가 있다. 평균적으로 복싱 8.9〜58.7건, 럭비 6.6〜9.8건, 태권도 4.9건, 미식축구 3.0〜4.6건, 아이스하키 3.1〜3.6건이다. 뇌를 생각한다면 경기 중에 머리에 충격이 갈 상황이 생기는 스포츠는 피하기를 권한다.

상대편 선수와 몸을 터치하지 않는 비접촉스포츠에는 테니스, 탁구, 펜싱, 배드민턴 등이 있다. 단체스포츠이지만 몸싸움을 하지 않는 야구, 조정 같은 종목도 비접촉스포츠다. 달리기나 줄넘기, 수영, 근력운동, 점핑, 에어로빅 등 혼자 하는 운동에도 당연히 뇌손상 위험이 없다.

Q5. 나는 지금 격투기를 하고 있다. 격투기를 한 다음 수면을 충분히 취하면 뇌는 회복되지 않을까?

뇌신경의 손상은 돌이킬 수 없다. 뇌신경세포의 재생, 특히 성인의 뇌에서 뇌세포의 재생은 매우 어렵다. 격투기 중에 머리에 충격을 반복적으로 받는다면 뇌에는 돌이킬 수 없는 손상이 누적되고 있는 것이다. 이미 죽은 신경, 끊긴 신경은 잠을 잘 잔다고 해서 혹은 식사나 영양제를 잘 챙겨먹는다 해서 다시 살아나지 못한다.

Q6. 부모님께서 넘어져 뇌출혈이 생겼다. 이런 경우에도 CTE가 발생하는가?

한 번의 낙상으로 인한 뇌출혈이므로 CTE는 생기지 않는다. 그러나 만약 뇌출혈이 발생했다면, 이는 뇌신경과 뇌신경회로의 손상을 뜻한다. 그러니 만성 뇌병증이 아닐 뿐 뇌손상은 맞다. 그리고 이러한 뇌손상은 한 번만 발생해도 장애가 남거나 치매 혹은 파킨슨병의 위험을 높일 수 있다.

● 헨리 마시, 『참 괜찮은 죽음』, 더퀘스트, 2022년

4장

달리기의 쓸모

양 팔에 타투가
빼곡한 사람

내 직업은 스트레스가 너무 심한 일이라

내 머리에서 일을 몰아내는 유일한 방법은

힘들게 달리는 것뿐이다.

앨런 튜링

양 팔에 타투가 빼곡한 사람이 있었다. 그에게 무엇을 새긴 것인가, 왜 새긴 것인가 물었다. 그는 살면서 힘들었던 일이나 자신을 괴롭힌 누군가가 있을 때마다 몸에 타투로 새겼다고 말했다. 잊지 않기 위해서라고 했다.

기억은 현재의 우리의 모습을 만든다. 우리는 기억한 정보와 경험을 바탕으로 세상을 이해하며 결정을 내리고, 앞날을 예측한다. 그런데 우리는 사실만 기억할까? 오래 전 학창 시절 이야기를 하다 보면 친구와 내가 기억하는 것이 전혀 다르다는 사실에 놀라곤 한다. 기억은 사실뿐 아니라 당시의 감정이나 대상에 대한 마음도 포함한다. 시간이 흐르면 사실의 디테일은 흐릿해지는 반면 감정은 더욱 생생해지기도 한다. 때로는 그 감정이 사실을 집어삼키기도 한다. 같은 일을 서로 전혀 다르게 기억하는 이유는 본인에게 깊이 각인된 특정 내용이 나머지를 압도하거나 왜곡하기 때문이다.

19세기 독일 심리학자인 헤르만 에빙하우스Hermann Ebbinghaus는 실험심리학experimental psychology에 크게 기여한 인물이다. 그는 의미 없는 철자로 구성된 음절syllables 13개를 외우고, 시간이 흐름에 따라 얼마나 잊어버리는지를 실험했다. 그 결과 탄생한 것이 '에빙하우스 망각곡선Ebbinghaus forgetting curve'이다. 에빙하우스 망각곡선에 따르면, 망각은 외운 직후에 매우 급격하게 일어나서 20분 내에 외운 것 중 42%를 잊어버렸다. 1시간이 지나면 56%, 하루가 지나면 67%가 기억에서 사라졌고, 한 달 후에는 고작

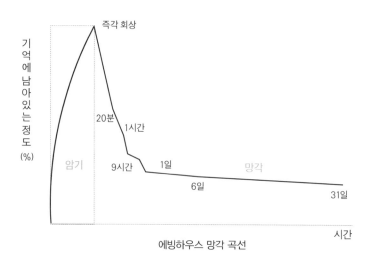

에빙하우스 망각 곡선

21%만 기억에 남았다.

사실 에빙하우스의 망각 실험은 에빙하우스 자신을 실험 대상으로 한 것이었다. 단 한 명, 그것도 연구자 스스로가 유일한 대상이었던 실험의 결과를 일반화할 수 있는지 의문이 드는데, 실제로 1991년과 2015년에 후대 연구자들이 에빙하우스의 실험을 다시 수행한 결과 에빙하우스 망각곡선과 똑같은 그래프를 얻을 수 있었다.

기억은 결국 휘발되고 마는 것일까? 에빙하우스는 실험을 통해 망각을 막을 방법도 연구했다. 그 방법은 처음 외운 후 시간 간격을 두고 외웠던 단어들을 다시 떠올리는 것이었다. 그랬더니 회상을 반복하면 할수록 기억은 더 오래 보존되었다. 그렇다. 우리가 다 아는 그 사실, 무언가를 기억하기 위해서는 '복습'이

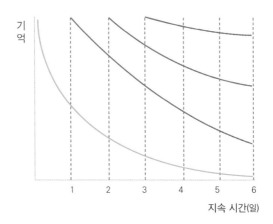

회상을 반복하면 장기기억으로 남는다.

필요하다는 사실이다. 시간 간격을 두고 다시 떠올림으로써 기억은 더 오래 보존되고, 장기기억으로 공고해지는 것이다.

우리는 망각을 부정적으로 여긴다. 하지만 치명적인 실수 같은 과거의 부정적 사건은 그냥 잊는 편이 정신 건강에 더 이롭다는 사실은 심리학 분야에서 이미 잘 알려진 내용이다. 실제로 우울증이나 불안 장애를 가지고 있는 사람들은 부정적 기억을 쉽게 떨치지 못하고 괴로운 감정에서 잘 벗어나지 못한다. 과거의 괴로운 기억을 계속 떠올리거나 원치 않는 기억을 적절히 통제하지 못하면 외상 후 스트레스 장애post-traumatic stress disorder, PTSD가 발생할 가능성이 높다. 기억력이 뛰어난 사람들에게 강박증이 흔하기도 하지만, 반대로 강박증이 있으면 부정적 기억을 유난히 잘 잊지 못한다. 원치 않는 기억이 반복적으로 떠오르는 것은 조현병 같은 정신질환의 특징이며, 어떤 물질과 관련된 추억에 쉽게 빠지는 것은 알코올이나 약물 중독의 증상 중 하나다. 즉, 잘 잊지 못하면 정신질환에 취약해진다.

저장강박을 갖고 있는 사람의 집을 상상해 보라. 모든 물건이 다 아깝고 어딘가에 분명 쓸 일이 있을 것만 같아 버리지 못하는 이의 집은 각종 물건, 심지어는 쓰레기로 엉망진창이 되어 있다. 정작 사람이 편히 누울 곳도 없다. 모든 정보를 닥치는 대로 보존하는 뇌는 저장강박을 가진 이의 쓰레기 집과 다를 바가 없다. 잘 버리고 정리하는 것이 쾌적하고 편안한 집을 만들듯이, 불필요한 정보를 잘 제거해야 뇌도 효율적으로 기능할 수 있다. 우리 뇌에도 쓰레기통이 필요하다.

두 팔에 타투를 한 사람의 이야기로 돌아가 보자. 타투를 볼 때마다 과거의 기억이 소환되고 그 과정을 통해 예전의 기억은 오래 남을 것이다. 힘들었던 기억을 되새기려 한 어떤 특별한 이유가 있었을지는 모르겠다. 역경을 극복하고자 하는 의지를 다지기 위해서였을지도. 그러나 소환되는 것은 기억만은 아니었을 것이다. 기억과 함께 그때의 감정도 다시 떠올라 더 강화되었을 것이다. 만약 자신을 힘들게 한 누군가의 이름이 소환된다면? 그와 함께 했던 시간의 괴로운 감정 역시 다시 소환한다. 그리고 에빙하우스 망각곡선에 따르면 그 반복 소환을 거친 괴로운 감정은 오래 보존되고 결국 장기기억으로 남게 된다.

10여 년 전까지도 망각은 시간이 흐름에 따라 피할 수 없는 결과로 여겨졌다. 그런데 뇌과학자들은 이런 망각의 수동성에 대해 의심을 품기 시작했고, 망각의 기전을 연구하기 시작했다. 연구를 통해 알게 된 것은 망각이 어쩔 수 없는 수동적인 과정이 아니라, 뇌의 정보 처리 능력을 높이는데 필수 불가결한 장치라는 사실이었다. 마치 집 청소를 꼬박꼬박 해야 집이 청결하고 위생적으로 유지되고 하드드라이브의 쓸데없는 데이터를 이따금씩 삭제해야 컴퓨터가 성능을 오래 유지하는 것처럼 더 이상 쓸모 없어진 정보는 적당히 지워야 뇌가 지금 필요한 정보를 효율적으로 처리할 수 있다.

연구를 통해 밝혀진 것은 이것만이 아니었다. 망각 기전에 중요하게 작용하는 물질은 다름 아닌 '도파민'이었다. 기억 형성에 중요한 도파민이 기억의 반대인 망각에도 작용한다는 사실은 무척 흥미롭다. 잘 알다시피 도파민은 보상과 관련된 물질이다. 그래서 중독에 중요하게 관여한다. 또 학습과 기억 형성에도 매우 중요하다. 실제로 전두엽의 도파민 뉴런 기능을 억제하면 기억도, 망각도 억제되었다. 특히 새로운 무언가를 배우고 기억할 때 도파민 뉴런은 기존 기억을 부지런히 지워 나갔다. 즉, 도파민은 뇌에 무엇인가를 적는 연필이면서 동시에 지우개인 셈이다. 수많은 정보가 마구 입력되는 상황에서 뇌는 도파민이라는 지우개를 통해 매우 효율적인 정보 처리 시스템을 갖추게 되는 것이다. 지우지는 않고 적기만 하면, 내가 도대체 무슨 글을 쓴 건지 알아볼 수 없게 된다.

육체적 피로뿐 아니라 정신적 피로까지 잔뜩 짊어지고 퇴근하는 길이면 나는 달리기 생각이 더 간절해진다. 누가 보면 '저 사람 지금 걸을 힘이나 있나' 싶게 신발을 질질 끌고 퇴근했으면서, 운동화로 갈아 신고 나가서 달린다. 달리다 보면 당장 나를 스치는 바람, 주변의 풍경, 달리는 나의 리듬과 벅찬 호흡이 내 감각기관을 차지하고 뇌를 채운다. 방금 전까지 머리에서 맴돌던 생각들은 금세 사라진다. 나를 짓누르던 이유들과 그에 대한 내 감정적 반응도 점점 멀어진다. 집에 틀어박혀 고민을 계속하고 있었다면 나를 잠식했을 법한 일들이, 달리고 들어오는 길에는 마치 남의 일처럼 멀어져 있다. 타투를 새겼던 그와 나는 정반대였다. 그는 잊지 않기 위해 타투를 새겼고, 나는 잊기 위해 달렸다.

기억과 망각, 간직하는 것과 사라지는 것. 우리는 대부분 기억이 사라지지 않고 오래 남기를 바란다. 하지만 기억만큼이나 중요한 것이 망각이라는 것, 망각할 수 있어야 잘 기억할 수 있다는 것도 알아야 한다. 특히 달리기는 망각 과정을 도와 부정적 감정에 잠식당하지 않게 해준다.

잊고 싶은 일들은 삶에서 매일같이 일어난다. 괴로운 기억을 몸과 마음에 새기기 보다는 건강하게 잊는 편이 더 낫다. 잘 잊고 그만큼 잘 기억하기 위해 나는 또 달릴 것이다.

야외 달리기를
권함

    나는 연구실에 러닝 셔츠, 싱글렛, 쇼츠, 레깅스, 러닝화까지
다 갖춰 두고 있다. 우리 병원에는 크진 않지만 직원을 위한 체
력단련실이 있고, 그곳에는 세 대의 트레드밀이 있다. 맘만 먹으
면 짬이 날 때 잠시 달리고 올 수 있는 환경인 것이다. 샤워실도
있어서 운동 후에 씻을 수도 있다. 얼굴이 조금 상기되어 있고
머리카락 끝이 촉촉한 것을 빼면, 나는 감쪽같이 달린 티를 내
지 않고도 다시 내 연구실로 돌아올 수 있다.

    그럼에도 오늘도 나는 밖에 나가서 달렸다. 내가 트레드밀에
오르는 날은 지나치게 춥거나, 출퇴근 전후로 시간을 도무지 낼
수 없거나 아예 병원에서 자야 하는 날 뿐이다. 연일 비가 내리

거나 미세먼지가 심해도, 물 속에 있는 것처럼 습한 날에도 나는 트레드밀에 오르지 않는다.

나는 달리기를 좋아한다. 이 분명한 사실을 새삼스럽게 인지하는 때가 언제냐면, 나는 달리고 있지 않은데 누군가 달리는 모습을 볼 때다. 달리고 있는 누군가를 볼 때마다 나는 너무 부럽다. 하지만 예외가 있다. 트레드밀에서 달리는 이는 좀처럼 부럽지가 않다. 아니 오히려 반대다. 안쓰럽기도, 위로해주고 싶기도 하다. 나만 이런 마음이 드는 것은 아닌 것 같다. 트레드밀을 '끔찍한 트레드밀'이란 뜻의 드레드밀dreadmill이라고 부르기도 하니 말이다. 분명 내가 부러워하는 달리기인데도 전혀 부럽지 않은 이유는 무엇일까.

야외에서 달릴 때는 시간의 흐름과 계절의 변화를 온몸으로 느낄 수 있다. 매일이 다른 풀과 꽃과 나무를 목격하기도 하지만, 그보다 먼저 공기에 실려 코에 이르는 냄새가 다르고, 살갗에 닿는 바람의 온도와 햇살의 세기도 다르다. 공기의 밀도도 매일 새롭다. 그래서 야외 달리기는 몸의 오감을 예민하게 깨운다. 감각 정보를 감지하고 해석하는 뇌가 예민해진다는 것이다. 야외에서 달리는 사람은 뇌와 감각이 둔할 수 없다.

같은 달리기를 트레드밀 위에서 한다면? 헬스장을 독점하는 경우가 아니고서야 우선 바로 옆에서 달리는 러너부터 신경 쓰인다. 이 상황은 야외에서 마음 맞는 친구와 나란히 달리는 것과는 전혀 다르다. 그가 올리거나 내리는 속도 버튼에 신경이 쓰이고, 그가 내는 거친 숨소리도 신경 쓰인다. 반대로 내 호흡이 옆사람에게 불편할까 내 숨도 참는다. 오기 전에 양치는 했나? 눈동자를 굴려가며 되짚어본다. 하필 옆사람이 우당탕탕 요란하게 뛰는 타입이면, 내 심박도 덩달아 요동친다.

땀이 나더라도 몸을 식혀줄 바람은 없다. 수건 한 장으로 연신 닦아내야 한다. 몸이 식지 않으니 같은 달리기여도 이상하게 더 괴롭게 느껴진다. 위태롭게 걸쳐둔 수건이 트레드밀 벨트 위로 떨어지기라도 하면 더욱 난감하다. 이건 멈춤 버튼을 누를 응급 상황이다.

스마트워치와 카드 한 장이 소지품의 전부인 야외 달리기와 달리, 트레드밀에는 일단 손 닿는 곳에 핸드폰이 있다. 트레드밀 위의 러너는 거미줄에 걸린 벌레처럼 사회 연결망에서 벗어날 수 없다. 울림과 전화벨은 오늘따라 왜 이리 부지런한 것인지. 러너의 흥분한 교감신경이 멈춤 버튼을 발작적으로 누르고 응급 상황을 해결한다. 한 번으로 끝나면 다행이다. 몇 번이고 계속 멈춰서는 날도 있다. 야외를 달리는 나에게는 당연히 카카오톡이나 문자, 전화가 닿을 일이 없다. 세상은 나를 방해하지 않는다. 나는 달리기와 생각에 빠질 자유를 누린다.

야외를 달리는 이의 시선은 계속 이동한다. 따라서 달리는 동안 보는 모든 대상은 러너의 움직이는 시야에 잠시 스쳐 지나갈 뿐이다. 즉 야외를 달리는 중에 보는 사물은 중심시각foveal vision이 아니라 주변시각peripheral vision으로 감지된다는 뜻이다. 흔히 말하는 '흐린 눈으로 보기'가 되는 것이다. 의외로 주변시각은 요점이나 특징을 재빨리 간파하는 데 중심시각보다 월등하다. 달리는 동안 주변시각을 통해 파악한 그날의 광경은 하루의 내러티브를 남긴다. 오늘 본 나무, 오늘 본 일출, 오늘 지나친 사람들, 오늘 만난 강아지들. 매일이 새로운 내러티브다. 대단하지는 않으나 "오늘 달리는데 말야…"로 시작되는 이야깃거리는 언제나 있다. 그날의 달리기를 회상하면 떠오르는 오브제도 반드시 존재한다.

하지만 트레드밀은 어떤가? 트레드밀을 달리는 대부분의 이들이 지루함을 이겨내기 위해 스크린을 켠다. 스마트폰과 컴퓨터 모니터와 TV에 이미 넘치게 노출되었던 우리의 눈은 트레드밀 위에서 다시 스크린에 노출된다. 눈이 노출된다는 것은 당연히 뇌도 노출된다는 것을 의미한다. 화면을 응시하는 동안 우리 뇌는 주도권을 빼앗긴 채 자극적인 빛과 빠르게 바뀌는 영상과 오락성 자막 속으로 하릴없이 끌려 들어간다. 뇌를 환기할 기회는 사라진다. 트레드밀을 달린 후 이야깃거리가 생기던가? 그렇지 않다. 특별하게 기억되는 러닝도 아닐 것이다. 우리가 야외에서 달릴 때 달리기를 매개로 얻는 경험과 감정은 트레드밀 위에 올라선 순간 모두 사라진다. 트레드밀 위에서 러너스 하이를 경험했다는 말을 들은 적도, 그런 사람을 만난 적도 없다.

트레드밀 위에서의 지루함을 이겨내기 위해 뇌는 계속 일해야 한다. 의지력은 지루함을 이기는 데 소모된다. 내려오거나 속

도를 늦추거나 멈춤 버튼을 누르고 싶은 마음과도 계속 싸워야
한다. 다시금 의지력을 발휘해야 하는 순간이다. 자유로워지고
자 시작한 달리기가 트레드밀 위에서는 반대가 된다. 원래 죄수
들에게 신체 노역을 시키기 위해 징벌장치로 개발되었다는 트
레드밀은 비록 형태와 기술은 상당히 진보되었지만, '징벌'이라
는 개발 의도만큼은 오늘날에도 그대로 보존되고 있는 듯하다.

실내 운동 장비는 분명한 목적이 있다. 체스트 프레스chest press
기구는 흉근을 키우기에 최적화되었고, 로잉 머신rowing machine은
노젓기 동작을 위해 고안된 장비다. 이렇게 목적과 사용법이 분
명하기 때문에 그만큼 행위에 제약이 있다. 만약 장비의 목적
과 전혀 다른 운동을 하고 있자면, 당장 헬스장 관리자가 쫓아
와 제지할 것이다. 이처럼 애초에 설계된 대로만 운동해야 하니,
'놀이'의 즐거운 요소가 배제되는 것이다.

야외에서는 어떠한가? 무얼해도 대부분 이상하게 보이지 않
고 쫓아와 제지하는 이도 없다. 달리든 걷든, 줄넘기를 하든 스
트레칭을 하든, 그도 아니면 가만히 서 있든 다 괜찮다. 내 맘대
로 놀고 즐기는 것이 가능하다. 자연 자체가 지니는 내재적인
다양성—계절, 날씨, 시간, 자연의 변화 등—에 더해서 자연이
인간에게 허락하는 행위의 다양성과 자율성은 인간이 자각하고
인지하는 경험과 그 결과를 거의 무한히 확장시킨다. 그렇기에
우리가 야외에서 하는 행위는 매번의 경험이 다 다르고 새로운
인식과 각성을 가능하게 한다. 이것은 달리는 장소를 선택하는

데 있어서도 그렇다. 새로운 루트를 달리거나, 낯선 여행지에서 생전 처음인 루트를 달리는 것만으로도 훨씬 다양한 감각적 자극과 도전, 특별한 경험을 누릴 수 있다.

우리 집에서 내가 늘 달리는 주로까지는 걸어서 10~15분 정도가 걸린다. 나에게는 이 주로까지 걸어가는 시간, 또 달리기를 마치고 집에 돌아오는 시간까지도 모두 달리기 예식에 포함된다. 신체적으로는 본 운동인 달리기 전후의 워밍업과 쿨다운이겠지만, 그보다 더 큰 의미는 마음과 정신에 있다. 집에서부터 주로까지 떠오르는대로 이 생각 저 생각을 하면서 걷는다. 컨디션이 어떤지 슬그머니 짐작해보기도 하는데, 이 예측은 막상 달려보면 대개 틀린다. 새벽 달리기를 하러 갈 때에는 이제 막 잠에서 깨어난 몸과 마음을 정비하는 시간이기도 하다. 트레드밀에서 달릴 땐 이런 소중한 과정이 전부 생략될 수밖에 없다.

달리기에 대해 내가 좋아하는 것—고양되는 기분, 자유로운 감정, 스트레스 해소와 몰입, 심리적 안정감과 성취감—의 상당 부분은 달리는 상황과 맥락에서 비롯되었다. 내가 달리기를 흠모하는 이런 이유들이 트레드밀 러닝에서는 모두 없어진다. 기술 연마, 체력 단련, 러닝 마일리지 적립, 체중 감량 등의 목적으로 달리기를 추구한다면 트레드밀은 꽤 괜찮은 수단인 게 맞다. 다만 나는 달리기의 뜻이나 철학을 거기에 두지 않는다.

달리기를 하겠다고 그동안 헬스장 트레드밀에만 올라섰다면, 이젠 운동화를 신고 밖으로 나가보면 어떨까. 자연은 늘 우리에게 무엇인가를 준다. 우리가 그것을 기꺼이 받고 감사할 줄 모를 뿐. 그리고 야외 달리기는 자연이 주는 많은 것들을 더 크고 확실하게 우리에게 선물한다.

● 에릭 와이너, 『소크라테스 익스프레스』, 어크로스, 2021년

꼭 미드풋으로
뛰어야 하나요

한눈 팔지 말고, 딴생각하지 말고,

남의 말에 속지 말고, 스스로 살피라.

이와 같이 하는 내 말에도 얽매이지 말고

그대의 길을 가라.

— 법정*

  2018년부터 2019년까지 미국 연수를 마치고 귀국했을 때, 나
는 달리기 열의에 가득 차 있었다. 귀국해서도 열심히 달려야지,
아니 더 열심히 달려야지, 의욕이 넘쳤다. 떠난 지 불과 1년만이
었는데 막상 돌아와보니 우리나라 러닝계에서는 난데없는 미드
풋 열풍이 불고 있었다. 매우 낯설었다. 러닝이 일상인 미국에
서 달리는 동안 미드풋이라든지 착지법이라든지 하는 건 들도
보도 못했기 때문이다. 다니던 헬스장의 여성 러닝 클럽에는 마
라톤 완주 기록이 3시간 이내인 서브3$_{sub3}$ 러너들은 물론 3시간
10분 이내 기록을 가진 싱글 러너들도 여럿이었지만, 다들 각종

보강운동과 폼롤러 마사지에 진심이었지, 그들의 입에서 착지에 대한 말은 단 한 번도 나온 적 없었다. 러닝 용품 매장에 갔을 때도 매장 직원은 한 달에 얼마나 뛰고 어떤 주로에서 뛰는지, 평소 달리다가 겪었던 이슈는 없었는지, 신발에서 원하는 특징은 무엇인지는 열심히 물었다. 하지만 착지법에 대해 묻는 직원은 단 한 명도 없었다.

그런데 우리나라에 오니, 갑자기 모두들 미드풋을 부르짖고 있었다. 당신이 부상으로 고생하는 이유는 잘못된 착지법 때문이며 겁을 줬고, 기록을 단축하고 부상을 방지하려면 반드시 미드풋으로 달려야 한다고 주장했다. 미드풋을 가르치는 유료 클래스와 레슨도 유행하고 있었다. 안타까운 것은 이제 막 달리기를 시작해 아무것도 모르는 입문자들이 미드풋 러닝을 배우려 러닝 전문가라는 이들에게 돈을 지불하는 모습이었다.

2003년에 달리기를 시작해 그 사이 풀코스를 포함해 수많은 대회를 달렸건만, 미드풋이란 용어를 접한 것은 이때가 처음이었다. 이상했다. 나는 10년 넘게 리어풋 착지로 잘만 달렸고 미국에서도 미드풋으로 달려야 한다는 말은 들어본 적도 없었다. 그래서 직접 찾아보기로 했다. 과연 달리기를 가르치는 이들의 미드풋 찬양이 맞는 말인지, 직접 확인해 봐야겠다는 생각이 들었다. 그날로 달리기 착지에 대한 모든 논문을 뒤졌다.

그리고 나서 2020년 말, 나는 블로그에 〈꼭 미드풋, 포어풋으로 달려야 하나요?〉라는 제목으로 네 편의 글을 연재했다. 내 글은 여기 저기 실려 갔고, 사람들은 내 블로그에 와서 혹은 다른 곳에서 많은 의견을 냈다. 착지법에 대한 논란은 다시 뜨거워졌다. "맞아, 나도 미드풋으로 고치려다 부상을 입었어." "리어풋으로 잘만 달리고 있는데도 그동안 미드풋으로 달리라는 말이 많아 불안했어." 사람들은 그동안 꺼내지 못했던 이야기를 하기 시작했다.

글을 쓴 이후로 재밌는 일들이 벌어졌다. 그전까지 미드풋을 주장하던 사람들이, 언제 그랬냐는 듯 슬그머니 착지법은 중요하지 않다고 이야기를 바꾸기 시작한 것이다. 본인의 원래 의견도 그러하였다는 이도, 본인이 연구한 결과라고 말하는 이도 있었다. 그리고 이들 중에는 러닝 전문가들도 많았다. 알게 된 사실을 남김 없이 글로 다 썼으니 내가 더 할 말은 없었다. 판단은 각자의 몫이었다.

착지법strike은 달릴 때 발의 어느 부분이 땅에 가장 먼저 닿는지를 기준으로 나눈다. 발의 앞쪽이 먼저 닿는 포어풋forefoot, 발중족부의 가장 두툼한 부위ball가 먼저 닿거나 발의 앞뒤가 한꺼번에 닿는 미드풋midfoot, 그리고 발뒤꿈치가 먼저 닿는 리어풋rearfoot이 있다. 리어풋 착지는 힐스트라이크heel strike라고도 하며, '힐풋'은 우리나라에서만 쓰는 잘못된 표현이다.

달리기에 입문하는 사람들은 어떻게 달려야 하는지부터 고민이다. 분명 달릴 수 있는 건 맞는데 몸에는 잔뜩 힘이 들어가고 팔 다리는 제각각 뚝딱거리는 느낌이다. 내 달리기 동작 하나하나가 코칭과 교정이 필요할 것 같다. 주위에 조언을 구할 선배 러너조차 없으면 각종 러닝법과 정보를 찾아 인터넷을 헤맨다. 초보 러너의 모습은 마치 아기의 증상에 대해 하염없이 인터넷을 검색하고, 검색하면 할수록 답을 찾기는커녕 점점 더 불안해져서 엉뚱한 결론에 도달하는 초보 부모 같다.

미국에서 2,509명의 러너에게 '본인이 생각하기에 리어풋, 미드풋, 포어풋 중 어디에 속하나'는 온라인 설문조사를 했더니 리어풋 러너라 응답한 사람이 31%, 미드풋 러너라 응답한 사람이 43%, 포어풋 러너라 응답한 사람이 20%였다. 꽤 많은 사람들이 본인이 미드풋이나 포어풋 착지를 한다고 생각한다. 그러나 2013년에 미국의 한 마라톤 대회에서 전체 참가자 1,991명의 착지법을 분석한 결과, 리어풋 러너가 93.7%였다. 논문들에 따르면 아마추어 러너 중 88~95%가 리어풋 착지를 구사한다.

그런데 아마추어만 그런 것도 아니다. 전체 엘리트 러너 중 리어풋 착지를 하는 비율은 75~80%이다. 2017년 런던에서 열린 세계육상선수권대회 마라톤 경기에서 남성 71명과 여성 78명 출전 선수 전원의 생체역학적 분석을 실시했다. 이들이 구사한 착지법 중 가장 흔한 것은 역시 리어풋이었다. 남자 선수의 54%, 여자 선수의 67% 이상이 리어풋 착지를 했다. 특히 남자 1~4위 선수는 모두 리어풋 러너였다. 선수들 중 상위 50%와 하위 50% 선수 사이에 착지 방법의 차이도 없었다. 2017년 미국육상경기연맹USATF 10K 대회에서 상위 선수들의 착지 패턴을 분석한 결과도 이와 같았다.

각종 연구 결과나 실제 세계 유수의 마라톤/육상 경기 자료를 보면 착지법과 마라톤 기록 사이에는 의미 있는 상관관계가 없다. 세계적인 마라톤/중장거리 육상 선수들이 가장 많이 구사하는 착지법이 리어풋이라는 것도 알 수 있다. 리어풋은 가장 보편적인 러닝 착지법이다. 그리고 리어풋 착지로 뛰어나게 잘 달리는 선수들도 무척 많다. 잘 달리기 위해서는 미드풋으로 달려야 한다는 일각의 주장은 근거를 찾기 어렵다.

착지법에 대한 논란은 2010년경부터 시작되었다. 2009년에 미국의 언론인 크리스토퍼 맥두걸Christopher McDougall이 『본 투 런Born to Run』이란 책을 썼다. 이 책에서 맥두걸은 맨발로 달리는 것이야말로 인류 본래의 자연스런 행위이며, 상업적인 운동화 회사가 개발한 현대식 러닝화가 인류 본연의 이상적인 보행과 러닝을 왜곡시켰다고 말했다. 그의 영향으로 맨발 러닝이나 샌들같은 미니멀리스트 러닝화가 당시 크게 유행하기도 했다.

맨발 러닝에 대해 대니얼 리버먼Daniel E.Lieberman 하버드대 인류진화생물학 교수도 비슷한 주장을 펼쳤다. 리버먼 교수는 인류는 원래 맨발로 달렸고, 러닝화를 신고 달린 것은 고작 50년 정도 밖에 되지 않았으니 맨발로 달릴 때 자연스럽게 나타나는 포어풋 착지야말로 '정상'이며 리어풋 착지는 러닝화에 의해 '왜곡된' 것이라고 하였다. 그리고 맨발의 포어풋 러너와 운동화를 신은 리어풋 러너를 분석한 결과를 들어 맨발의 포어풋 착지 시

다리에 충격이 줄었다고 보고했다.

과연 2010년 이후 러닝 시장은 맥두걸과 리버먼 교수의 주장을 증명했을까? 그렇지 않다. 요즘 맨발로 달리는 선수를 본 적이 있는가? 아니면 미니멀리스트 러닝화가 시장을 지배하나? 혹은 세계적인 선수들이 맨발이나 미니멀리스트 러닝화를 신고 경기에 출전한 모습을 본 적이 있는가? 요즘 출시되는 신제품 러닝화만 봐도, 특히 흡사 신제품 각축장인 듯한 세계 유수의 마라톤 대회만 보더라도 트렌드는 오히려 정반대임을 바로 알 수 있다. 최신 러닝화는 미드솔midsole을 최대한 두껍게 만들고 카본 플레이트로 탄성 반동을 극대화한 맥시멀리스트 신발일색이다.

리어풋, 미드풋, 포어풋 중 포어풋 러너의 비율은 워낙 낮고 또 포어풋 착지는 주로 단거리 러너들이 사용하는 방법이기에, 보통 논문에서도 미드풋과 포어풋을 합쳐 비-리어풋non-rearfoot 착지로 부른다. 이 글에서도 '비非리어풋 대 리어풋'으로 착지법에 대한 속설들을 정리해 보려 한다.

Q1. 잘 달리기 위해 미드풋 착지가 유리하다? X

프로 선수들이 아마추어 러너에 비해 미드풋 착지 구사 비율이 높기는 하지만, 여전히 선수들, 특히 세계적인 마라톤 선수들의 과반수는 리어풋 러너다. 일각의 주장대로 미드풋 착지가 기록 단축에 유리하다면, 기록 단축을 위해 각고의 노력을 하는 선수들이 이미 모두 미드풋 착지로 바꿨을 것이다. 세계적인 선수들도 리어풋 착지로 달리고 있는데 아마추어 러너가 기록을 위해 미드풋 착지로 바꿔야 하는 이유는 무엇인가?

Q2. 미드풋 착지가 탄성 에너지를 더 효율적으로 이용할 수 있다? X

리버먼 교수는 2012년에 출간된 논문에서 미드풋-포어풋 착지를 하면 아킬레스건과 발의 아치에 탄성 에너지를 더 잘 비축했다가 분출하므로 리어풋 착지보다 달리기에 더 유리하다고 주장했다. 이후 두 편의 논문에서는 미드풋-포어풋 착지를 할 때 발이 몸의 무게 중심에서 더 가깝기 때문에 브레이크가 덜 걸리고 발목과 무릎을 더 부드럽게 가동할 수 있다고 말했다.

2020년 한 연구에서는 리어풋과 포어풋 러너의 근전도 데이터와 관절 각 데이터를 가지고 러닝 모델을 시뮬레이션한 결과, 아킬레스건에 미치는 전체 탄성 에너지는 리어풋이나 포어풋이나 같았다. 즉, 포어풋이 리어풋보다 탄성 에너지를 더 잘 비축하는 게 아니라는 것이다. 종아리 근육 전체에 가해지는 탄성 에너지도 리어풋과 포어풋 모두 동일했다. 이같은 사실 즉, 특정 착지법이 생역학적 관점에서 더 유리하지 않다는 사실은 2014년에 출간된 논문에서도 입증된 바 있다.

Q3. 미드풋 착지를 해야 에너지를 덜 쓰고 더 잘 달린다? X

2013년 논문에서는 포어풋 러너 18명과 리어풋 러너 19명을 달리게 하여, 산소소모량과 에너지 소비량을 측정했다. 그 결과 원래 본인이 구사하는 착지법으로 달릴 때에는 포어풋이나 리어풋 러너 사이에 에너지 소비량은 다르지 않았다. 그런데 포어풋 러너에게 리어풋으로, 리어풋 러너에게 포어풋으로 달리게 하였더니 포어풋 러너든, 리어풋 러너든, 리어풋으로 달릴 때 에너지 소비가 줄었다. 더 효율적으로 달리게 된 것이다.

이듬해에 출간된 논문에서는, 미드풋 러너 10명과 리어풋 러너 10명을 비교하였고 속도 11km/h, 13km/h, 15km/h로 달렸을 때, 리어풋 러너가 미드풋 러너에 비해 각각 5.4%, 9.3%, 5.0% 씩 에너지를 덜 소모하였다. 즉 이 연구 역시 리어풋 착지가 미드풋 착지보다 경제적인 달리기에 유리함을 밝혔다.

미드풋 착지가 러닝 이코노미에 도움이 되어 기록 단축에 유리하다는 주장 역시 연구를 통해 입증된 바 없다.

Q4. 미드풋 착지를 하면 지면접촉시간이 줄어든다? O

미드풋 착지를 하면 지면접촉시간이 줄어들기 때문에 더 빨리 달릴 수 있다는 주장이다. 이 주장은 많은 연구를 통해 입증되었다. 일반 러너부터 세계적인 마라톤 선수에 이르기까지, 미드풋 러너가 리어풋 러너보다 지면접촉시간이 유의미하게 짧았다. 그러나 지면접촉시간이 짧다고 해서 반드시 더 빨리 달리는 건 아니다.

Q5. 리어풋 착지를 하면 케이던스가 줄어든다? X

앞서 말한대로, 미드풋으로 착지하면 지면접촉시간이 짧아지고 체공시간은 길어진다. 그러나 미드풋, 리어풋 간에 보폭과 케이던스는 차이가 없다. 2017년 세계육상선수권대회 마라톤 대회에서 28명의 남성, 28명의 여성 선수(각각 14명씩 미드풋, 리어풋)의 영상 분석 결과, 착지법에 따라 케이던스의 차이는 전혀 없었고, 이는 이전 다른 연구에서도 마찬가지였다. 착지법과 케이던스와는 연관성이 없다.

Q6. 미드풋 착지를 하면 발목을 더 잘 사용할 수 있다?   △

이는 리버먼 교수가 2014년 논문에서 편 주장이다. 이에 대한 2020년 연구에서는 리어풋에 비해 미드풋이 착지 순간에 발목 관절에 충격이 약간 줄어든다고 분석했다. 그러나 이것이 발목관절을 더 잘 사용한다는 뜻은 아니다. 왜냐하면 미드풋 착지 때 발목관절 주변에 가해지는 힘은 리어풋 착지 때보다 더 크기 때문이다.

Q7. 리어풋은 착지 때 무릎이 더 펴져, 다리에 가해지는 충격을 흡수하지 못한다?   X

리어풋과 포어풋 착지를 비교한 연구에서 포어풋이 리어풋보다 착지 순간에 발목은 더 부드럽지만 무릎은 더 단단해진다는 것이 밝혀졌다. 따라서 리어풋 착지 때 무릎이 더 펴지는 것은 맞지만, 미드풋이나 포어풋 착지가 리어풋보다 다리에 가해지는 충격을 더 잘 흡수하리라는 것은 이론에 지나지 않음을 알 수 있다.

Q8. 미드풋 착지가 부상을 예방한다?   X

2020년 부상을 입은 아마추어 러너 550명을 분석한 논문에서는, 미드풋 착지가 아킬레스건염의 위험을 2.27배, 포어풋 착지가 종아리 부상 위험을 2.59배 올린다는 사실을 보고하였다. 착지 패턴과 러닝 부상 위험 간에는 관련성이 있다고 보기 어렵다고 결론을 내렸으며, 따라서 부상을 예방할 목적으로 자신에게 맞지 않는 주법으로 바꾸지 말 것을 권하는 연구 결과도 있다. 게다가 리어풋 러너를 미드풋이나 포어풋으로 바꾸게 하면 러닝 이코노미도 떨어진다는 분석 결과도 함께 제시했다.

Q9. 리어풋 착지는 무릎에 무리를 준다? O

러닝 관련 부상 중 가장 흔한 '러너스 니 runner's knee'는 슬개대퇴통증증후군이라고도 하는데, 슬개골이 대퇴골과 이루는 관절면에서 생기는 문제다. 슬개골 주변과 무릎 앞쪽 통증이 특징이다.

리어풋 착지를 하면 슬개골과 대퇴골 사이 관절면의 스트레스가 포어풋 착지 때보다 더 커진다. 또, 리어풋 러너에게 포어풋 착지로 바꾸게 한 다음, 바꾼 직후 그리고 바꾼 지 한달 후 무릎 통증을 비교하였을 때, 포어풋으로 바꾼 직후부터 한 달 후까지 무릎 통증이 의미 있게 줄어들었다. 따라서 리어풋 착지는 포어풋이나 미드풋에 비해 러너스 니 위험을 높인다. 그렇기 때문에 러너스 니 증상이 있다면 리어풋보다 미드풋으로 바꾸는 것이 나을 수 있다.

Q10. 리어풋 착지를 하면 브레이크가 걸리고, 빨리 달리면 자연히 미드풋-포어풋 착지가 된다? X

리어풋 착지를 하면 이론적으로 착지 순간에 무게 중심보다 발이 앞에 위치하기 때문에, 달릴 때 브레이크가 걸린다고 주장하는 경우가 많다.

그럴 듯하게 들린다. 2017년 세계육상선수권대회 마라톤에 출전한 28명의 남성, 28명의 여성 선수의 경기 영상을 29.5킬로미터, 40킬로미터 지점에서 촬영하여 분석한 논문을 보면 리어풋과 미드풋, 포어풋 러너의 착지 시 발 위치는 3~4센티미터에 지나지 않았다. 만약 일반적인 예상처럼 리어풋 착지가 브레이크로 작동한다면 리어풋 러너가 미드풋-포어풋 러너에 비해 기록이 뒤져야 하지만, 이 대회 기록을 보면 착지 방법에 따른 속도와 최종 기록의 차이는 전혀 없었다. 즉 달리는 속도와 착지, 달리는 속도와 착지에 따른 브레이크 영향 사이에는 아무 관련이 없다.

Q11. 태생적으로 잘 뛰는 아프리카인들은 포어풋 착지를 한다? X

맨발로 생활하는 케냐 다사나치Daasanach족의 달리기를 분석한 2013년 연구에서 리어풋이 72%로 가장 많았고 미드풋은 24%, 포어풋은 4%에 지나지 않는다는 결과가 나왔다. 따라서 아프리카인들이 포어풋 착지를 한다는 것도 명확한 근거가 없음을 알 수 있다.

그렇다면 러너들은 어떻게 해야 하는가? 리어풋으로 부상 없이 달리고 있다면, 착지방법을 바꿀 이유가 없다. 기록 단축을 원한다면 일주일에 2~3회 고중량을 이용한 근력 운동을 하는 게 좋고, 부상을 예방하려면 전문의의 진료를 추천한다.

블로그에 올렸던 글들을 다시 정리해 보았다. 블로그 글 이후에 출간된 논문도 더 찾아보았지만, 글의 내용을 수정해야 할 더 나은 근거는 없었다. 새로운 연구가 없다는 건 이 주제가 더 이상 논란 거리가 아니라는 의미이기도 하다. 이제 갓 달리기의 즐거움을 경험하려 하는 새내기들이 공연한 마케팅의 희생양이 되지 않기 바란다. 달리기의 즐거움과 의미를 충분히 느끼기도 전에 막연한 추측이나 속설, 또는 이미 10년도 넘은 예전 지식이나 개인적 경험에 바탕을 둔 잘못된 조언 때문에 시간과 노력 그리고 돈을 낭비하지 않았으면 좋겠다. 착지법 같은 테크닉을 고민할 시간에 나에게 편하고 잘 맞는 방법으로 한 번이라도 더 즐겁게 달리는 게 이득이다.

달리면서 몸은 자연스레 답을 찾아간다. 사람은 본능적으로 에너지를 가장 적게 써서 달리는 법, 즉 최선의 러닝 이코노미를 체득한다는 사실은 다양한 연구에서 이미 입증된 사실이다. 달리다 보면 내 몸이 자연스레 답을 찾게 될 것이다.

● 법정·류시화, 『살아 있는 것은 다 행복하라』, 조화로운삶, 2006년

나도 모르는 사이에
낡는 나의 몸 점검하기

"우리는 그만 썰물이 시작되는 것도 모르고 있었군."

- 조지프 콘래드, 『암흑의 핵심』*

하이힐을 처음 신던 대학 신입생 시절, 하이힐 위에 올라타니 무릎을 다 펼 수가 없었다. 아무리 애를 써도 엉거주춤한 자세였다. 나 같은 하이힐 초보는 캠퍼스에서 다 티가 났다. 걸음걸이만 봐도 신입생인지 아닌지 구분이 가능했다. 하지만 적응기는 금방 지났다. 신체의 일부가 된 하이힐을 신고 도도하게 걷는 대학생이 되었고 초록불이 깜빡이는 횡단보도 정도는 하이힐을 신고도 가뿐히 뛰어 건널 수 있게 되었다.

요즘은 예전만큼 하이힐 신은 이들을 보기 어렵다. 편한 신발 착용을 허용하는 직장도 많다. 나도 근무할 때 굽 없는 신발을 신는다. 그런데 학회날이면 나는 이상 증세를 겪는다. 그것은 집에 들어오기가 무섭게 뻗는 증세다. 학회 때문이 아니다. 범인은 구두. 힐이라 부르기도 뭐한 낮은 굽인데, 명색이 굽이라고 자세를 잡느라 발과 종아리 근육, 허벅지와 코어 근육들을 모두 과하게 동원한 탓이다. 20년 달리기로 다져졌을 법한데도, 온몸의 근력은 20대 때와는 비할 수 없게 상당히 약해진 것이다. 러닝화를 신고 42킬로미터를 달리는 것보다 구두 신고 서있는 단 몇 시간이 더 고된 것은, 내가 생각하기에도 아이러니다.

미국 경제학자 허버트 스타인 Herbert Stein 은 '계속 갈 수 없는 것은, 결국 멈추게 된다 If something cannot go on forever, it will stop.'는 스타인의 법칙 Stein's Law 을 주창하였다. 경제학에서의 이야기지만, 생명과학의 법칙이라 해도 이상하지 않다. 스타인의 법칙처럼 젊음을 계속 유지하지 못하는 생명체는 결국은 죽음에 이르게 된다. 그리고 대부분의 죽음은 갑작스레 찾아오지 않는다. 그 과정에는 노화와 질병이 있다.

그런데 우리는 젊음과 건강을 당연히 여긴다. 지금의 건강과 지력과 힘이 언제까지나 나와 함께할 것이라 생각한다. 아직은 충분히 지닐 만하기 때문이다. 하지만 사실 우리의 몸과 마음은 대부분 20대를 기점으로 정점을 지난다. 스타인의 법칙처럼 점점 느려지고 있는데도, 연속선 위에 놓인 본인만 어제와 오늘의 차이를 인지하지 못할 뿐이다. 마치 자전 및 공전을 하고 있는 지구 위의 인류가 이를 알기까지 무척 오래 걸렸고, 심지어 익히 알고 있는 지금도 자각하지 못하는 것처럼 말이다.

몇 년 만에 요가 수업을 들은 날이었다. 우르드바다누라아사나Urdhva Dhanurasana라는 아치 자세를 하기 위해 누워 아무 고민 없이 두 팔과 다리로 바닥을 밀어 몸을 들어 올렸다.

그런데 잠깐, 어깨가 열리지 않았다. 이러면 자세가 나올 수 없다. 낑낑대며 힘으로 밀어붙여 겨우 엉덩이는 들어 올렸는데 이번엔 버티기가 고비였다. 내가 누운 자리만 중력이 몇 배라도 되는 건가 싶게, 내 엉덩이는 겨우 몇 초 만에 바닥으로 추락했다. 예전엔 가뿐하게 했던 동작을 못하게 된 현실을 마주하니 충격이었다. 요가는 아니지만 달리기와 근력 운동은 계속 했고, 두 운동 모두 요가보다 강도가 높을 뿐 아니라 직간접적으로 코어 근육을 단련해 주지 않는가? 아무리 오랜만이라지만, 요가의 기본 동작 정도는 쉽게 할 줄 알았다. 충격은 또 있었다. 수업 다음 날, 온몸에는 근육통이 옹골차게 들어찼다. 간만에 한 요가로 깨어난 것은 내 정신이 아니라 내 몸에 대한 자각이었다.

하루 24시간의 대부분을 나는 책상 앞에 앉아 일한다. 앉아 있지 않을 때가 언제인가 생각해 보면, 출퇴근을 할 때나 병원에서 진료실을 오갈 때, 그리고 달릴 때뿐인 것 같다. 환자를 볼 때도, 논문을 읽을 때에도, 병원 일을 할 때에도, 강의를 준비할 때에도, 심지어 글을 쓰고 있는 지금 이 순간도 앉아 있다. 그것도 등과 어깨는 잔뜩 구부린 채 모니터나 문서를 향해 고개를 죽 빼고서 말이다. 고관절과 무릎도 늘 90도 각도로 구부리면서. 코어 근육은 일할 필요가 전혀 없다. 뇌가 최대한 집중하게

끔 신체는 숨을 죽이고 존재를 드러내지 않아야 한다.

거슬러 올라가면 학창 시절부터였다. 그러니 운동을 계속했다고 하여도 내 몸은 몇 년 전 몸이 아닌 것이 당연했다. 근력도 유연성도 계속 떨어지고 있었을 텐데, 정작 몸의 주인은 그것을 지각하지 못했을 뿐이다. 그날의 요가 수업이 아니었다면 나는 변한 몸의 냉정한 현실을 알지도 못한 채 평생 운동을 계속해 온 'lifetime exerciser'란 착각과 자부심 속에서 살았을 것이다. 자신의 체력을 돌아보고 점검할 계기를 일부러 만들지 않는다면 내가 어떻게 살고, 변하고 있는지는 무척 알기 어렵다.

외모를 제외하고는 노화와 관련된 많은 것들, 특히 내부 장기에 대해서는 별 징후와 증상이 없다. 골밀도가 떨어져 골다공증이 아무리 심해도 통증 같은 증상은 절대 생기지 않는다. 고혈압도 마찬가지다. 흔히 뒷골이 당기면 '혈압이 높은가?' 하고 의심하지만 사실 고혈압은 증상이 전혀 없다. 실제로 뒷골 당길 때 혈압을 재 보면 높은 경우가 많은데, 이것은 긴장성 두통에 따른 보상적 반응으로 혈압이 오른 것일 뿐이다. 기계의 힘을 빌려 측정하거나 병원을 가 보기 전에는 대부분 모른다. 그나마 병원에서 진단할 수 있다면 차라리 다행이다. 왜냐하면 근력, 심폐기능, 유연성, 민첩성 등의 주요 체력 지표는 병원에서 검사조차 하지 않기 때문이다. 어른을 위한 체력장이라도 다시 생기지 않는 한 알 수 있는 방법은 없다.

혹시 이쯤해서 페이지를 넘기려고 하였는가? 노화는 남의 이야기라고? 만약 이 글을 읽고 있는 당신이 10대라면 페이지를 넘겨도 좋다. 20세가 넘었다면, 인정하고 싶지 않겠지만 당신도 이미 늙고 있는 중이다. 그리고 나이가 5살이 많아질수록 실제 건강과 본인이 인식하는 건강 사이에 차이는 7%씩 줄어든다. 다시 말하면, 나이가 들면 본인의 노화를 점점 더 인지하게 되지만, 반대로 젊을수록 실제 본인의 노화 상태를 인식하기 어렵다는 말이다. 그러니 '나는 아직 젊은데?' 라는 생각은 잠시 접어 두고 계속 읽기를 바란다.

실제로는 건강을 해치는 생활을 하면서도 스스로 건강하다 자부하는 사람들은 건강 관리를 할 생각조차 떠올리지 못한다. 이는 연구를 통해서도 잘 증명되어 있다. 건강을 관리하고 약해지기 전에 적절한 예방 조치를 취하는 것은 몸이 낡고 있음을 스스로 인지하는 것에서부터 시작한다. 구두만 신으면 녹초가 된다거나, 간단한 요가 동작도 힘겨워진 변화를 마주한 내 이야기가 여기에 해당한다. 20대나 지금이나 늘상 앉아서만 지냈고 지내고 있으니 이런 결정적 순간이 없다면 전혀 알아차리지 못했을 것이다.

이러한 자기 인식perceived-felt vulnerability은 비로소 건강을 관리하고 조치를 취할 계기가 된다. 자기 인식이 정확하지 않으면 건강 관리를 제때에 시작하지 못할 위험이 매우 높고, 신체 기능이 심각하게 떨어지거나 병을 진단받은 후에나 알게 된다. 더 큰 문제는 그 때쯤 되면 돌이킬 수 없다는 사실이다. 그러니 늦지 않게 자기 인식의 계기를 만드는 것부터 시작이다. 내 몸의 성능과 한계를 테스트해 보는 기회를 가끔씩이라도 스스로 만들어야 한다.

신체기능을 여러 측면에서 잘 유지하고 있는지, 혹은 과거의 나에 비해 나빠지지 않았는지 살피는 데 직접 운동을 해 보는 것만큼 좋은 방법은 없다. 병원에서 검사로 알 수 있는 것도 아니고 어른을 위한 체력장도 없으니 말이다. 심폐기능, 근력, 유연성, 민첩성 등의 주요 측면에 대해서 점검이 가능한 운동이면 된다. 단 걷는 것처럼 이미 나에게 너무 쉬운 운동 말고, 나의 능력치와 한계를 체크해 볼 수 있는 운동이 좋다. 그렇게 의도적으로라도 결정적 순간을 만들어야 한다.

운동이 결정적 순간을 만들기에 좋은 이유는 나를 파악할 수 있는 여러 가지 객관적 근거를 얻을 수 있기 때문이다. 달리기를 예로 들어보자. 달리기 속도(페이스), 쉬지 않고 한 번에 달릴 수 있는 거리, 한 달에 달리는 총 거리, 대회 기록 등의 데이터가 축적된다. 게다가 웨어러블 디바이스 기술의 발전으로 스마트 워치는 내 러닝 데이터를 상세하게 알려준다. 비록 실제와는 꽤 차이가 나는 추정치이긴 하지만 최대산소섭취량의 추이를 살필 수도 있고 운동 중 심박수도 내 신체능력의 좋은 지표가 된다. 케이던스, 보폭, 지면 접촉 시간, 상하 수직 진폭 등 러닝 관련 세부 지표도 파악이 가능하다. 피로와 부상과 관련된 데이터도 축적된다. 회복에 필요한 시간, 회복 속도, 심박 변이도 heart rate variability, HRV도 알 수 있다. 스마트워치 데이터 외에도 주관적 운동 강도 ratings of perceived exertion, RPE와 주관적 피로감도 유용하다.

게다가 부상 부위나 발생 빈도, 이유 등 부상에 대한 데이터 도 자기 신체에 대한 좋은 점검 기준이 된다. 나에 대한 근거자 료가 쌓이니 건강 상태와 노화 정도 등을 민감하게 파악할 수 있다. 어제, 오늘의 차이는 물론 몇 년 단위로 데이터를 비교해 보면서 스스로를 종적으로 체크해 볼 수도 있다. 나는 기록 단 축을 목표로 달리지 않기에 이런 데이터를 훈련 목적으로 사용 하지는 않지만, 매일 달린 기록들은 분명 나를 더 잘 알게 한다. 달리기는 운동 이전에 내 몸에 대한 바로미터이기도 하다.

더욱 큰 의미는 자기 인식의 기회에만 그치지 않고 운동 자체 가 자기 관리의 새로운 동기가 된다는 데 있다. '나이듦에 대한 인식 Awareness of age-related change, AARC'이란 개념이 있다. 이는 말 그대 로 나이가 듦에 따라 겪는 변화를 스스로 인식하는 것을 뜻한다. AARC는 의지를 가지고 목표를 세워서 구체적인 전략을 만들어 실천하는 것, 즉 건강관리와도 밀접하게 관련되어 있다. 같은 나 이라도 실제 나이보다 자신이 더 늙었다고 생각하는 사람은 실 제 사망률이 더 높다. 실제 나이보다 10살 정도 더 많다고 느끼 면 사망률이 약 25%가 높다. 반대로 더 젊게 느끼는 사람은 운 동을 더 많이 하며, 운동을 하면 할수록 AARC가 더 긍정적으로 바뀐다는 사실 또한 여러 연구를 통해 밝혀진 바 있다. 운동을 하는 사람은 건강하게 먹으려 하고, 체중도 신경 쓰면서 잠도 잘 자려 하는 등 건강한 생활 패턴을 유지하기 위해 애쓴다. 또 본인에게 부족한 부분을 인식하고 이를 보완하기 위한 노력도 하게 된다. 이렇게 운동은 건강 관리의 새로운 동기를 지속적으로 부여한다.

나도 모르는 사이에 내 몸은 낡고 있다. 그러니 더 늦기 전에 스스로 점검하자. 그러지 않으면, 나중에 언젠가 "내 나이에 이제 뭘 한다고 그래."라고 말하는 자신을 발견할 것이다. 이 전형적인 부정적 AARC는 변화에 대한 동기를 스스로 꺾는 것일 뿐 아니라 동기조차 품지 않는 스스로에 대한 핑계이자 자기 합리화다. 자기 인식과 자기 점검의 계기는 이르면 이를수록 좋다.

● 조지프 콘래드, 『암흑의 핵심』, 민음사, 1998년

달릴수록
바뀌는 것들에 대해

> 우리가 삶의 의미에 무관심할수록 생활 수단에 탐욕스러워집니다.
> (…) 참된 의미를 찾지 못한 사람들은 헛되이 껍데기를 구합니다.
> 외적인 것을 추구하는 가운데 우리는 세계를 달구고, 세계를 타락시킵니다.
> 삶에서 본질적인 것들을 돈으로 살 수 있는 양 오해하고,
> 자아에 도취해 살아가는 가운데 본질적이지 않은 것들에 자꾸만 비중을 둡니다.
> ──마틴 슐레스케, 『가문비나무의 노래』*

 더 이상 젊음이 무기가 되지 않는 나이가 되면, 장신구나 기타 소유물로 나이듦을 가리고 싶어진다. 부족함이 신경 쓰이는 사람은 타인의 시선을 돌릴 대상을 찾는다. 나의 내면보다 내가 지닌 것이 더 낫다고 느껴진다면, 지닌 것을 더욱 드러내 보이고자 한다. 순간의 스캔으로 사람을 판단하는 사회에서는 사람들은 겉으로 보이는 것에 공을 들인다. 알고 공들이는 사람도 있지만 아예 의식조차 못하기도 한다.
 오랜 시간 스스로 이루고 만들어내는 일을 하다 보면, 손수

하는 것의 가치를 알게 된다. 먹을 줄만 알지 요리할 줄은 모르는 사람이나, 그럴 듯한 비평만 할 뿐 악기로 소리 하나 제대로 내본 적 없는 사람은 취향만 갈수록 까다로워지고 비평의 탈을 쓴 불평만 늘어나기 쉽다. 맛있는 음식을 즐기고 수준 높은 음악을 들을 권리—그런 권리가 있는지도 모르겠지만—를 침해 당하기라도 한 것처럼 그거 하나 제대로 못하냐며 요리사나 연주자를 타박한다. 하지만 직접 재료와 악기를 붙잡고 낑낑대 본 사람은 음식과 음악의 수준을 평하기에 앞서 그에 깃든 노력의 가치를 알고 고마워한다.

달리기는 온전히 내 몸으로 하는 운동이다. 달리기에 있어 몸과 정신이 거의 다라는 사실을 달릴 때마다 새삼 배운다. 달리면 달릴수록 겉에 걸치거나 지니는 것에는 가치를 두지 않게 된다. 오히려 제아무리 가벼워도 걸치는 것은 무엇이든 달리기에 거추장스럽고 무겁기만 할 뿐이다. 그러니 딱 필요한 최소한의 것만 지니게 된다. 무엇을 가지기 보다 어떤 경험을 하느냐, 경험에서 무엇을 느꼈느냐가 훨씬 값지고 기쁘다는 것도 알게 된다.

그리하여 달릴수록 보여지는 것과 지니는 것들의 의미는 줄어든다. 타인의 시선에도 둔감해진다. 지금 내가 하고, 느끼고, 생각하는 것만으로도 이미 차고 넘치는데 다른 이의 시선까지 신경 쓸 이유도, 여유도 없다. 남들에게 보이거나 남들을 쫓기보다 나의 길을 찾아가게 된다. 사회적 시선을 의식한 치장과 꾸미기는 점점 의미를 잃는다. 대신 자기 몸하나 제대로 건사하지 못하는 것은 무척 창피하고 무능하게 느껴진다. 신체의 유약함과 낡음은 좋은 옷으로 덮이는 게 아니라 오히려 대비되어 더욱 드러나는 법이다.

달리다 보면 다른 이의 뒷모습을 수없이 본다. 어떤 때는 스쳐 지나가며 보는 순간의 뒷모습이 아니라, 꽤 오랜 시간 지켜보게 된다. 뒷모습은 고독하지만 진짜다. 그리고 내 뒷모습도 그럴 것이다. 대회에서는 뒷모습을 보며 한 배를 탄 운명이라도 된 듯해서 힘을 얻을 때도 있지만, 아무리 노력해도 멀어지기만 하는 뒷모습을 볼 때에는 당연 좌절감이 든다. 하지만 좌절감은 달리고 있는 내 발목을 오래 잡아두지는 못한다. 계속 달려야 하기 때문이다. 그리고 달리다 보면 대상은 이미 내 시야와 주의를 벗어나고, 주의는 다시 달리는 나 자신에게로 향한다.

얼굴과 지문이 다 다르듯, 뛰는 폼은 사람마다 다 다르다. 팔다리를 들어올리는 단순한 동작의 반복인데도 사람마다 다 다르니 달리는 모습만으로도 누구인지 알아볼 수 있을 정도다. 그 모습에는 성별과 근력, 체력과 체격 그리고 평소 습관과 그간 달려온 세월까지 다 묻어난다. 보스턴마라톤 주로에서 나는 수없이 맞았다. 처음에는 왜들 이렇게 때리나 했다. 가만 보니 나를 때리는 사람들은 다 할아버지 러너들이었다. 보스턴마라톤은 기록 순으로 배번이 정해지고, 같은 배번인 사람들끼리 같은 버스를 타고 또 함께 출발한다. 함께 출발하는 사람들은 기록도 비슷하니 내내 비슷하게 달린다. 내 기록 정도로 보스턴마라톤 참가 자격이 되려면 남성은 나이가 최소 60대 이상이어야 한다. 한때 난다 긴다 하였을 그들도 나이가 들어 중둔근_{Gluteus medius}과 코어 근육이 약해지면서 한 발 한 발 디딜 때마다 좌우로 뒤뚱 대고, 때마침 주위를 지나던 나같은 사람과 부딪히는 것이다.

처음 맞기 시작했을 때에는 그 사실을 깨닫지 못했으니 짜증이 났다. 하지만 달릴수록 뒤뚱거리는 노년의 달리기도, 가이드 없이 홀로 달리는 시각장애인의 달리기도, 햇빛에 빛나는 금빛 의족을 찬 달리기도 다 눈에 들어온다. 그들도 나도 예전에는 지금과 다른 모습으로 달렸을 것이다. 사람들은 서로 다른 인생 경로를 걷다가 우연히 같은 시간, 같은 장소에서 잠시 만났다가 헤어진다. 내가 보는 어떤 이의 모습은 오직 찰나의 모습일 뿐인데, 그 찰나의 모습에서 나이테를 볼 때도 있고 대단히 큰 오해를 할 때도 있다.

완주하면 '완주자_{finisher}'라는 멋진 칭호를 얻는다. 그 칭호는 기록과 등수를 막론하고 모든 완주자에게 동일하다. 완주 자체가 상당한 성취이니, 달리기를 할수록 승부에는 오히려 연연하지 않게 된다. 등수가 목표가 되는 경우도 드물다. 그렇다고 하여 모든 참가자들이 승부에 초연한 것은 아니다. 당연히 승부에 목숨을 거는 이도 있다. 하지만 대다수의 완주는 그 자체만으로 이미 충분히 값지다. 그런데 완주, 완주자라 하니 마치 피니시 지점에 섰다는 '결과'를 칭찬하는 것 같지만, 실은 중간에 포기하지 않음을 높이 사는 것이다. 즉, '과정'에 대한 칭찬이다.

대회를 준비한 몇 달의 기간도, 42킬로미터를 달린 몇 시간도 내내 과정이다. 그 과정 중 어느 하나라도 소홀히 했거나 포기하면, 완주는 없다. 그러니 완주를 칭찬하는 것은 담담히 지나온 과정을 칭찬하는 것이다. 그리고 그런 과정이 모이면 인생이다. 달리기 완주도 칭찬받는 마당에, 훨씬 길고 어려운 인생 완주는 더 숭고하고 자랑스레 여겨야 마땅하다. 물론 되는대로 살다 가는 인생 말고, 포기하지 않고 무엇이든 계속 애쓰고 내내 노력한 인생이어야 하겠지만 말이다.

　　달리기에는 늘 방향이 있다. 그 방향은 내가 정한다. 하지만 달리기를 계속 하다 보면, 달리기가 정하는 방향으로 내가 점점 변하는 것 같다는 생각이 든다. 달리기가 어디를 가리키는 지는 모른다. 하지만 달리기가 가리키는 방향이 아직까지는 싫지 않다. 달리기가 내 몸과 정신에 남긴 흔적이 아직은 좋다. 지금까지 나는 달리기로 꽤 많이 바뀌었다. 물론 달리기를 한다고 해서 대단히 훌륭한 사람이 되거나 하는 것은 아니다. 그런 것은 바라지도 않는다. 하지만 달리지 않았다면 이마저도 되지 못했을 것이다. 내가 달리는 한, 나는 달리기가 이끄는 방향으로 더 바뀔 것이고 그것이 얼마간은 기대가 된다.

● 마틴 슐레스케, 『가문비나무의 노래』, 니케북스, 2014년

때론 부상도
좋은 재료가 된다

> 나는 부상을 당했다고 달리기를 원망하는 사람들이
> 있다는 말을 들어본 적이 없다.
> 러너들의 주된 관심사는 달리지 못하는 동안
> 경험하게 되는 '영혼의 어두운 밤'에 대한 얘기였다.
> ─ 조지 쉬언, 『달리기와 존재하기』*

나는 2003년부터 달렸지만 이렇다 할 부상이 없었다. 재활치료실을 매일 드나드는 재활의학과 의사지만 전공의 시절부터 지금까지 물리치료를 받으러 우리 과의 치료실을 찾은 적은 단한 번도 없다. 물론 다른 병원에서도 물리치료를 받은 적이 없다.

전공의 시절에는 당직이 없어도 자정 가까이에 퇴근하는 게일상이었으니 주중에 못한 운동을 주말에 몰아 해치웠다. 시간이 없어 한 달에 한두 번 겨우 달리고, 대회에 나갔다. 어쩌다 러너스 니, 장경인대증후군 iliotibial band syndrome, 후경골근건염 posterior tibialis tendonitis 등의 증상이 있었어도 하루 이틀, 길어야 사흘 정도 지나면 알아서 없어졌다. 일요일 오전에 풀코스 마라톤 대회에 나갔다가 집에서 샤워만 하고 출근해서 남은 일요일 내내 일해도 별로 힘들지 않았다. 젊음이 모든 걸 때우던 시절이었다.

하지만 2021년 이후 부상의 조짐이 슬슬 나타나기 시작했다. 2021년 2월 오랜 운전 후 허리 디스크 탈출, 2022년 12월 운동 중 갈비뼈 골절, 2023년 7월 운동 중 허리 디스크 재발, 같은 해 10월 허리 디스크 다시 재발. 물론 달리다가 생기거나 달리기로 인한 부상은 아니었지만, 달리기는 멈춰야 했다.

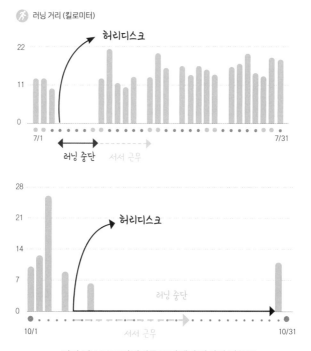

허리 디스크로 달리기를 중단했던 당시의 기록들

우리나라처럼 의료접근성이 뛰어나게 좋은 나라에서 의사를 만나는 일은 전혀 어렵지 않다. 마음만 먹으면 하루에도 여러 명의 의사를 만날 수 있다. 그래서 사람들은 통증을 느끼면 쉽게 병원을 찾는다. 만약 불필요한 치료는 하지 않겠다는 신조가 강한 의사가 있다면, 주사나 약 처방 없이 설명이나 교육만 하고 환자를 돌려보낼 수도 있다. 하지만 약도 주사도 없다는 것에 대단히 실망한 환자는 곧장 다른 의사를 찾아갈 것이다.

대부분의 의사가 이걸 알고 있다. 어차피 내가 약이나 주사를 주지 않아도, 환자는 높은 확률로 다른 병원에 가서 약과 주사를 받으리라는 사실을 말이다. 그러니 의사는 통증 때문에 온 환자를 그냥 돌려보내지 못하고, 환자는 병원에 가기만 하면 약이나 주사를 쉽게 처방 받는다. 여기서 분명히 짚고 넘어갈 것은, 지금 말하는 치료는 원인에 대한 치료가 아닌 대증적 치료, 즉 증상 조절 목적의 치료를 말한다. 달리기 부상의 원인은 달리기나 일상 습관에 있기 때문에, 부상을 당한 러너가 병원에서 받는 치료는 대부분 대증적 치료다.

약도 먹고 주사도 맞으니 통증은 단박에 사라진다. 그런데 사람은 통증을 느끼지 않으면 내가 지금 아프다는 사실을 잊는다. 통증은 내 몸이 나에게 주는 귀한 신호다. 당신의 신체 어느 부위에 지금 문제가 생겼으니, 그 부위가 충분히 나을 때까지는 조심하고 보호하라는 사인이다. 통증은 어느 부위에 심각한 문제가 발생하기 전에 내 몸이 주는 알람이기도 하다. 감각이 저하되는 당뇨병이나 신경 손상 환자들은 뜨거운 것을 느끼지 못해 심한 화상을 입기도 하고 통증을 느끼지 못해 상처가 깊어진다. 다 진행된 후에야 발견하는 암도 마찬가지다. 통증은 그 자체로 괴롭고 일상에 심각한 불편을 초래하니, 다들 싫어하고 없애고 싶어한다. 그래서 약과 주사로 통증을 없애 버린다. 하지만 없어지는 건 통증만이 아니다. 꼭 필요한 신호와 알람도 사라진다. 주의하려던 마음도, 운동을 쉬라는 의사의 조언도 통증과 함께 잊혀진다.

특히 운동을 하던 사람들 중에서 부상으로 운동을 쉬어야 할 때 상실감, 좌절감, 우울감을 느끼는 경우가 많다. 열심히 운동해서 만든 근육, 심폐체력, 기록, 활력을 잃을까 두려워서다. 역설적으로 운동에 대한 갈증이나 사기가 더욱 강해지기도 한다. 이런 여러 요인들이 한데 작용하면, 부상자에게 필수인 휴식을 앗아가 버린다. 그러면 아직 낫지도 않은 부상은 더 악화한다. 통증은 약과 주사로 없앴을 지 모르나, 문제와 문제를 일으킨 원인은 그대로 남아 있기 때문이다.

통증은 유발, 악화 요인과 완화 요인에 대한 정보의 원천인 동시에 문제의 원인을 고치려는 자각과 의지의 원천이기도 하다. 나는 완벽히 나았다고 확신하기 전까지는 운동을 시작하지 않는다. 달려서 요통이 유발되지 않을 때까지 달리기를 과감히 쉬었다. 그 기간은 짧게는 1주, 길게는 4주였다.

그리고 걸었다. 하루에 42킬로미터, 즉 마라톤 거리를 걸은 날도 있었다. 42킬로미터를 걷는데 8시간이 걸렸다. 걷기는 역시 효율이 너무도 낮은 운동이었다. 달리기를 쉬는 대신 꾸준히 걷기라도 하면 심폐체력이나 근력이 유지될까? 그렇지 않다. 달리기를 쉬는 동안 나는 매일 걸었지만, 내 최대산소섭취량은 하염없이 떨어질 뿐이었다. 걷기는 신체 건강한 성인에게는 적절하고 충분한 운동이 되지 못한다.

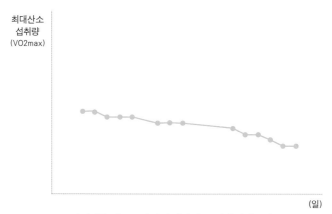

최대산소
섭취량
(VO2max)

(일)

달리기를 쉬는 동안 거의 매일 만 보 이상 걸었음에도
최대산소섭취량은 하염없이 떨어졌다.(추정치)

운동을 쉬었을 때 깨닫는 사실은 또 있다. 잃는 것은 쉽고 빠르다는 것이다. 반대로 지키는 것은 지난하고 일관된 노력으로도 쉽지 않다. 이것은 비단 운동만이 아니라 삶의 대부분에 통용되는 이치이기도 하다. 심폐체력과 악력이 대표적인 건강 지표인 이유도 여기에 있다. 잠시라도 운동을 쉬면 이런 지표는 빠르게 떨어진다. 반대로 이 지표가 좋다는 것은 평생에 걸쳐 유산소운동과 근력운동을 꾸준하게 하였음을 의미한다. 부상을 당해보면 이러한 삶의 이치를 새삼 깨달을 수 있다.

부상으로 달리기를 쉬었다가 다시 뛰면 무척 힘들다. 마음은 드디어 부상 탈출이라며 신나게 달려나가고자 하지만, 몸은 따라주지 않는다. 호흡은 너무 가쁘고 다리는 터질 것 같다. 엉덩이는 누가 바위라도 매달아 둔 것 같다. 관성의 법칙이다. 움직이던 물체는 계속 움직이려 하고, 멈추어 있던 물체는 계속 가만히 있으려 하는 성질 말이다. 마라톤에서도 속도를 늦추는 한이 있더라도 걷지 말고 계속 달리는 것이 더 나은 이유도 이것이다. 늘 하던 것을 하는 것은 쉽고, 하지 않던 것을 하려면 훨씬 어렵다. 매일 하는 세수와 양치질은 쉽다. 고민도 갈등도 없다. 운동 같은 습관도 고민이나 갈등이 개입될 여지를 만들지 않으면 된다. 그러려면 관성을 이용해야 한다. 매일같이 그냥 하는 것으로 만들어 버리면 훨씬 수월하다. 관성을 내 것으로 만드는 것, 즉 루틴으로 만드는 것까지가 스스로 할 일이다.

달리기를 그만 두는 사람 중 48%는 부상 때문이다. 달리기로 인한 부상은 무릎, 발목, 하퇴부, 발과 발가락 순으로 발생한다. 왜 달리다가 자꾸 다치는 걸까? 장거리 달리기는 단순 동작의 반복이기 때문에 달리기 부상의 70~80%가 '과사용 손상overuse injury'이다. 운동은 신체에 적절한 부하를 줌으로써 체력을 강화하고 신체를 단련시킨다. 하지만 몸이 견딜 수 없는 수준으로

부하가 쌓이거나 부하가 갑자기 크게 늘어나면 부상을 당하는 것이다. 그러니 운동량을 늘리더라도 주당 10% 이상은 늘리지 않는 것이 좋다. 특히 부상의 위험이 높은 초보자는 더욱 신중하게 운동 계획을 짜야 한다.

달리다 보면 무릎보호대를 착용하고 달리는 이들을 심심치 않게 본다. 특히 아마추어 러너들은 '달리기를 하면 무릎 나간다'는 세간의 협박과 저주를 수시로 듣는다. 그러나 오히려 무릎 관절염은 달리는 사람보다 달리지 않는 사람에게서 3배 가까이 호발한다. 사실 화자와 청자가 뒤바뀐 셈이다. 하지만 앞서 이야기했듯, 달리기 부상 중에서는 가장 흔한 것도, 또 초보 러너들이 가장 많이 고생하는 것도 무릎 통증이다. 무릎은 보호하고 싶지만 달리기는 해야겠고, 그러다보니 초보 러너들은 무릎보호대를 찬다. 하지만 단 한 번의 달리기로 무릎 연골이 손상을 입는 경우는 거의 없다. 달릴 때 가해지는 부하는 무릎 연골에 의미 있는 손상을 줄 정도는 아니기 때문이다.

무릎보호대를 차고 달린다는 것은 달릴 때 본인의 무릎에 가해지는 체중조차 견딜 근력이 아직 준비되지 않았다는 뜻이다. 따라서 무릎보호대를 차야겠다는 생각이 든다는 건 아직 달릴 때가 아닌 것이다. 이런 사람들은 본격적으로 달리기를 시작하기 전에 먼저 계단 오르기나 스쿼트 등을 통해서 엉덩이와 허벅지 근력을 강화할 것을 추천한다. 달리더라도 지금보다 달리는 거리나 빈도를 대폭 줄여야 한다. 아주 짧은 거리를 간헐적으로 달리는 '걷기-뛰기' 방식도 좋다.

우리나라 사람들은 뭘 시작하기도 전에 일단 필요하다는 장비부터 다 갖춘다. 아직 몸은 준비되지 않았는데, 남들만큼은 달리려 한다. 그러다 보니 달리기에 필요하지도 않은 무릎보호대를 차고서라도 뛴다. 최고급 장비로 완벽하게 갖추기 전에, 또 무릎보호대를 차고 달리기 전에, 내 수준을 잘 파악하고 내 몸부터 잘 준비해야 한다. 달리기 거리와 속도 그리고 빈도를 모두 낮춰 아주 천천히 늘려나가야 한다.

부상도 좋은 공부다. 부상을 경험하지 않았으면 깨닫지 못할 사실과 이치도 많다. 하지만 부상은 불가피하게 희생과 손해를 수반한다. 우울감과 상실감도 유발한다. 영영 달리기를 그만 두게 될 수도 있다. 부상을 겪지 않는 것이 최선인 것은 맞지만, 설사 부상을 겪더라도 내 몸과 삶에 대한 배움의 기회로 만들면 된다. 이 세상에는 나쁘기만 한 것도, 또 좋기만 한 것도 없다.

● 조지 쉬언, 『달리기와 존재하기』, 한문화, 2020년

운동은 정답이다,
그러나 운동엔 정답이 없다

> "참되고 올바른 식견은 진실로 옳다고 여기는 것과
>
> 그르다고 여기는 것 중간에 있다."(…)
>
> 이치가 이러하기 때문에 어떤 특정한 것만이
>
> 절대적으로 옳다고 여기는 사람은
>
> 그것이 무엇이든지 간에
>
> 편견에 사로잡혀 있는 사람이다.
>
> 그런 사람은 진리의 실체에 다가가기는커녕
>
> 오히려 그 근처에도 가지 못한 어리석은 사람이다.
>
> — 이덕무*

　　서점의 베스트셀러 진열대에 소설가 무라카미 하루키村上春樹의 에세이 『달리기를 말할 때 내가 하고 싶은 이야기』가 놓여 있다. 출간된 지 무려 14년이 넘은 책이다. 메이저 마라톤 대회는 오픈하자마자 신청이 마감되고 러닝화 신제품은 출시되기가 무섭게 매진되는 요즘, 혼자서 외롭게 달리던 코스에서는 처음

보는 얼굴의 러너들을 계속 만난다. 근 20년 동안 내게 달리기에 대해 묻는 사람은 없다시피 했는데, 요즘은 나를 보면 달리기에 대해 질문한다. 달리기 이야기를 먼저 꺼내기도 한다. 운동을 주제로 한 사람들의 수다도 심심찮게 듣는다.

예전에는 취미가 달리기라고 말하면 주변 의사들은 나를 이상한 눈으로 바라보았다. 아니, 운동하는 의사를 찾기도 어려웠다. 요즘은 그렇지 않다. 운동과 거리가 먼 진료 과목의 의사들조차 한 목소리로 '운동하세요'라 말한다. 나도 존경해 마지 않는 덕망 높은 산부인과 교수님도 편히 쉬는 것은 태교가 아니고, 할 수 있는 한 최대한 몸을 움직이라고 산모들을 설득한다. 다른 과 진료도 다니는 내 환자들의 차트에는 여러 명의 의사가 '운동하세요'—가끔 '제발 운동하세요'라고도 쓰여 있다—라고 적은 것을 아주 흔하게 볼 수 있다. 우리나라 의사들도 운동이 건강을 받치는 대들보 중 하나라는 사실을 드디어 인정하기 시작한 것이다. 정말 바람직한 현상이 아닐 수 없다.

운동이라는 기둥이 빠지면 건강은 기운다. 운동도 하지 않으면서 에너지가 생겼으면, 건강했으면, 병에 걸리지 않았으면 하고 바라는 마음은 '도둑 심보'라고 나는 자신 있게 말할 수 있다.

운동은 정답이다. 건강하고자 한다면, 몸과 마음의 에너지를 얻고자 한다면, 병을 예방하고자 한다면 말이다. 그런데 많이들 착각하는 것이 있다. 운동이 정답이라 해서 운동에 '정답'이 있다고 생각하는 일이다. 이런 현상은 운동 좀 한다는 사람, 특히 운동을 가르치는 사람에서 두드러진다. 그들은 내가 하는 이 운동, 내 방식만이 옳고 그 외의 다른 방식은 틀린 것이니 고쳐야 한다고 주장한다.

내가 보는 뇌졸중 환자들은 대부분 운동 장애를 겪고 있다. 뇌졸중에 걸리면 대부분 팔이나 다리 혹은 둘 다, 더 나쁜 경우에는 전신이 마비가 된다. 이렇게 운동 장애는 뇌졸중의 가장 흔한 후유증이다. 그래서 아예 꿈쩍도 못하거나, 움직인다고 해도 본인의 몸을 스스로 지탱할 수 없는 수준이 된다. 그런 환자는 운동 재활치료, 보행 재활치료라 부르는 재활치료를 받게 된다. 아기가 걸음마를 배우듯 걷기를 다시 배우는 것이다.

그런데 같은 뇌졸중이어도 걷기까지의 재활치료 방법은 사람마다 다 다르다. 재활치료실에서 환자들이 운동하는 모습을 볼 기회가 있다면, 저마다 다른 방식으로 훈련하고 있는 것을 쉽게 알아챌 수 있을 것이다. 만약 한 손으로 지팡이를 짚고 걷는 연습을 하는 환자들이 있다 치자. 이들조차도 다 다른 방식으로 걷기를 배운다. 어떤 이는 균형을 잡지 못해서 걷지 못하지만, 어떤 이는 다리 힘이 없어서 걷지 못한다. 어떤 이는 세상을 인지하는 데 문제가 있어서 걷지 못한다. 균형을 잡지 못하는 사람에게 근력 강화만 시켜서는 걷게 만들 수 없고, 마비가 심한 환자에게 균형을 훈련시키는 것 역시 효과가 없다. 근력, 균형 감각, 경직, 주의집중력, 감각 인지 등 각자 훈련이나 치료가 필요한 부분이 다르다. 한 환자에게 최고인 방법이 다른 환자에게는 오히려 나쁜 것이 되기도 한다. 걷지 못하는 이유가 환자마다 다 다른 데다가 마비 정도도 다르고, 병에 걸리기 전부터 가지고 있던 체력이나 운동 경험, 의지력과 성격 그리고 뇌졸중 후에 남은 기능, 의지, 인지수준까지 모두가 제각각이기 때문이다. 모두에게 옳은 단 하나의 방법이 있을 리 없다.

태아기나 영유아기 때 뇌에 문제가 생겨 운동 장애가 남는 질환인 뇌성마비cerebral palsy를 진단 받은 아기의 부모들이 진료실을 찾아와서, "우리 아이는 보이타 치료Vojta therapy를 받아야 한다던데, 이 병원에서는 그 치료를 하나요?"라고 묻는 일이 꽤 잦다. 내가 전공의이던 시절부터 들었던 질문이니 20년도 넘게 계속되는 셈이다. 보이타 치료는 수많은 뇌성마비 치료법 중 하나이다. 앞서 설명한 뇌졸중처럼, 뇌성마비 아이들도 매우 다양한 중증도와 양상이 있기 때문에 아이마다 맞는 치료를 해야 한다. 보이타 치료가 도움이 되는 아이도 있지만, 하면 안 되는 아이도 분명히 있다. 게다가 보이타 치료가 다른 치료보다 탁월하게 우수한 치료법도 아니다.

그런데도 우리나라 부모들 사이에서는 특정 연령대의 필수 뇌성마비 치료라고 알려져 있다. 육아법만 유행을 타는 것이 아니라 치료법도 유행을 탄다. 그것도 아주 심하게. 탁월한 보이타 치료를 꼭 받아야 한다고 믿고 있는 부모들에게, 의사는 오히려 왜 이 아이에게는 그 치료가 맞지 않는지 그리고 정말 필요한 치료는 무엇인지 한참을 설명해야 한다. 그러나 그 의사의 설명을 듣는 부모의 표정은 여전히 탐탁치 않다. 이미 특정 방법에 대해 잘못된 믿음을 두텁게 쌓았기 때문이다. 그런데 그 믿음의 근거는 대개 비전문가의 조언이나 사람들 사이의 유행이다. 정작 그 분야의 전문가가 그것이 정답이 아니라고 해도, 다른 이의 말과 유행에 기반을 둔 믿음 앞에서는 잘 들리지 않는다. 남들이 정답이라는데 나도 믿어야지, 그렇지 않으면 손해 볼 것 같은 불안한 마음이 든다.

같은 질병을 가진 환자도 이러한데, 너른 세상의 수많은 일반인이 지닌 다양성의 폭은 훨씬 크다. 일단 사람마다 타고나기를 다르게 태어났다. 타고난 신체 특징, 체형, 체력이 다르다. 그뿐 아니라, 수 십년동안 살아온 습관과 몸을 움직여왔던 방식도 다르다. 살면서 주로 사용했던 근육과 사용하지 않던 근육도 다르다. 나이와 성별과 운동 경험도 모두 다르다. 지금의 심폐기능 수준도 근력 수준도 다르다. 강점과 약점도 다르다. 특정 부위에 통증이나 기능 문제가 있을 수도 있다. 심지어 같은 사람도 나이가 듦에 따라 몸을 쓰는 방식이 달라진다.

운동 방법에 있어서도 마찬가지다. 앞선 글에서도 언급했듯이 착지법에는 달리기의 착지법에는 포어풋과 미드풋 그리고 리어풋이 있다. 이중 가장 보편적인 착지는 리어풋이다. 자연스럽게 달리도록 두면 90%의 러너가 리어풋으로 착지한다. 그러니 초보 러너들도 대다수는 리어풋 착지를 할 것이다. 우리나라에서는 미드풋을 가르치는 유료 클래스와 레슨이 유행했고, 지금도 그렇게 말하는 사람들이 있다. 이들은 이상적인 착지법은 미드 풋이라고 주장했다. 그래서 미드풋이 아닌 착지는 반드시 고쳐야 한다는 것이다.

돈 벌기 딱 좋은 구조였다. 초보 러너는 근력이 부족하고 운동 경험도 부족하다보니 당연히 자주 부상을 당한다. 부상을 당한 초보 러너에게 '착지를 그렇게 하니 다치는 것'이라며, 부상을 방지하고 기록을 단축하기 위해서는 미드풋으로 달려야 한다고 소위 러닝을 가르친다는 이들이 소리 높여 말하고 있었다. 시나리오가 착착 들어맞고, 그럴 듯하게 들린다. 본인에게 맞지도 않고 게다가 필요도 없는 미드풋 훈련만 주구장창하고 있는 초보 러너들이 많았다. '나는 달리기는 맞지 않는가 봐'하며 달리기를 영영 접는 이도 있었다.

미드풋 논란은 해외에서는 이미 10년도 더 전에 결론이 난 이야기다. 착지법은 부상의 위험이나 기록의 우열과도 연관성이 없었다. 그러니 본인에게 편하고 자연스러운 착지법을 구사하면 된다는 것이 지금까지 밝혀진 사실이다. 미드풋, 리어풋, 포어풋 중에서 어떤 주법으로 달릴지는 결국 자신이 가진 신체적 조건과 운동을 수행하는 특성이나 상황에 따라 결정되는 '결과'일 뿐이다. 그런데 우리나라에서는 많은 이들이 결과물을 마치 원인인 것처럼 교정해야 한다며 공포 마케팅을 하고 있었다.

착지법 뿐 아니다. 달리기에 대해서만 말해도 세상에는 다양한 주법과 수많은 달리기 훈련법이 있다. 자세와 호흡법, 러닝 장비, 이상적인 체중, 식단 등 전략 혹은 전술이라 부를 만한 것들이 엄청나게 다양하다. 하지만 모든 이에게 유효한 훈련법과 주법은 이 세상에 존재하지 않는다. 훈련법은 훈련법이고 주법은 주법일 뿐이다. 어디까지나 테크닉과 기술적인 차원에 지나지 않는다. 그럼에도 '이게 진리' '이게 바로 정답'이라며, 마치 신념이나 신앙처럼 강요하는 건 분명 문제가 있다. 특히 마케팅을 하는 경우에 더더욱 그렇다.

계속 달리다 보면 우리 몸은 생리적으로 알아서 경제적인 달리기 방법을 찾는다. 몇 달 정도가 아니라 몇 년 동안 꾸준히 달렸을 때 가능한 일이다. 오랜 시간에 걸쳐 꾸준히 달려야만 에너지 대사와 근신경계의 변화가 유발되기 때문이다. 즉, 달리면 달릴수록 몸은 알아서 더 경제적으로 달리게 되는 것이다. 다만 오래 걸릴 뿐이다. 러닝 이코노미 향상의 열쇠는 자세 교정도 착지법도 아니요, 바로 '꾸준히 달리기'다. 그러나 많은 사람들이 당장 담판을 지으려 든다. 그것도 옳지 않은 방식으로 말이다.

실제로 2020년 한 연구진은 러너 5명의 달리기 영상을 평균 8년 경력의 러닝 코치 121명에게 보내 러닝 이코노미가 가장 좋은 사람부터 가장 나쁜 사람 순서대로 맞춰 보게 했다. 5명 중 3명을 맞춘 코치는 6%, 2명을 맞춘 코치는 12%에 불과했고, 나머지 82%는 1명만 맞췄거나 1명도 맞추지 못했다. 코치들은 러너의 자세를 보고 러닝 이코노미를 예측했지만, 실제로 측정한 러닝 이코노미는 그들이 올바르다고 본 자세와 아무 상관이 없었다. 사실 세계적인 마라토너들의 자세도 우리가 이상적이라고 보고 들은 자세와는 거리가 멀지 않던가.

왜 그럴까? 사람마다 키, 몸무게, 나이, 근력, 체형, 심폐체력, 즐겨 사용하는 동작의 패턴, 유연성, 하지강성, 달리기 경력, 부상 이력 등이 다 다르기 때문이다. 사람마다 주어진 조건이 다르니 가장 경제적인 달리기 방법도 사람마다 다를 수밖에 없다. 또 생역학적 요인은 다른 요인과 아주 밀접하게 연관되어 있기 때문에 케이던스, 보폭, 수직진폭과 같은 것 하나를 바꾸면 다른 것들도 함께 달라진다. 어느 하나의 요인만 바꾼다고 해도 연관된 요인이 함께 바뀌기 때문에 러닝 이코노미가 좋아질 수도, 나빠질 수도 있다.

운동 종목 별로 우열을 가르는 것도 바람직하지 않다. 운동마다 장단점이 있고 특징이 달라서 상호 보완적일 때가 많다. 달리기를 가장 좋아하고 달리기의 무수한 장점을 잘 알고 있지만, 나는 다른 운동을 배척하지 않는다. 달리기로만은 해결되지 않는 문제가 있다. 달리기만 해서는 오히려 약해지는 부분도 있다. 특정 건강 목표에는 다른 운동이 더 효과적일 때도 있다.

의학을 포함해서 어느 분야에나 영원한 진리는 없다. 한때의 진리가 시간이 지남에 따라, 혹은 동시대의 다른 이들에 의해서 보완되거나 아예 반박되기도 한다. 제아무리 명망있는 학술지에 실린 연구 결과라 해도 마찬가지다. 새로운 근거와 지식을 적극적으로 찾고 계속 공부하지 않으면, 구태의연한 과거의 방식, 기술, 철학이 마치 영원한 진리인양 말하고 권하고 가르치기 쉽다.

모든 이에게 다 적용되는 정답은 없다. 나에게 맞는 답을 찾는 게 중요하다. 그리고 나에게 맞는 답은 나에게만 맞는 것이란 것을 기억하자. 내게 너무 좋다고 남에게도 권하지는 말자. 내가 하는 이 방법이 세상에서 유일하게 옳은 방법이 아니다. 또 기억해야 할 것은 오늘 나에게 맞았다고 미래에도 변함없이 맞는다는 보장은 없다는 사실이다. 우리 몸과 삶은 고정된 불변의 것이 아니기 때문이다. 어제의 나와 오늘의 내가 다르니, 정답도 그에 따라 달라진다.

운동에는 '정답'이 없지만, '운동'은 정답이라는 생각은 변함이 없다. 그래서 평생 건강하게 운동할 것이고 단 한 명이라도 운동을 시작하도록 계속 일하고 노력할 것이다. 비록 상상에 그치겠지만, 내 삶에 더 많은 시간이 주어져 이 운동 저 운동 고루고루 즐기는 사치도 꿈꿔본다.

● 이덕무, 『문장의 온도』, 다산초당, 2018년

토끼를 이긴

거북이

　누구나 다 아는 〈토끼와 거북이〉는 달리기 경주를 소재로
한 이솝우화다. 이 이야기는 토끼가 깜빡 잠든 틈을 타 거북
이가 이기는 장면에서 끝난다. 디즈니 만화의 끝을 장식하는
'Happily ever after(그 후로 행복하게 살았습니다)' 공식처럼 거북이
는 그 후로 계속 행복하게 살았을 것만 같다. 그러나 유설화 작
가의 그림책『슈퍼 거북』은 우리가 결말이라고 생각한 거북이의
승리 장면에서 시작된다.

보스턴마라톤 행사장의 토끼와 거북이

　절대 그렇고 그렇지 않은, 이 책의 내용을 살펴보자. 거북이 '꾸물이'는 벼락 스타가 되었다. 온 도시에 슈퍼 거북 바람이 불었고 모든 상점의 이름에 '거북'이 붙었다. 주변의 기대에 부응해 꾸물이는 더 빨라지고자 스스로를 몰아붙였다.

　'빠르게 살자' 구호를 적은 머리띠를 질끈 매고 갖은 훈련을 한다. 국물 한 방울 흘리지 않고 라면 먹으며 달리기, 욕조 안에서 달리기, 낙하산 매고 달리기 등등. 하루도 빼먹지 않고 해가 뜰 때부터 달이 질 때까지 훈련했다. 노력은 배신하지 않았다. 정말 엄청나게 빨라졌다. 그러나 너무나 지친 꾸물이에게 번아

웃도 동시에 찾아오고 말았다.

꾸물이만 그런 것은 아니다. 거북이에게 진 『슈퍼 토끼』의 '재빨라'는 다른 동물들에게 자기가 진 이유를 100가지도 넘게 댈 수 있었다. 하지만 아무도 들어주지 않았다. 모두가 '슈퍼 거북' 이야기만 했다. 그래서 재빨라는 삶에서 달리기를 완전히 지우려 갖은 애를 쓴다. 달리기를 놓아버린 토끼의 아랫배는 불룩해졌다. 이후에 꾸물이와 재빨라 그리고 그들의 달리기가 어떻게 되었는지는 『슈퍼 거북』과 『슈퍼 토끼』에 잘 묘사되어 있다.

달리기에 대한 것이라면 기가 막히게 감지하는 내 눈에 이 그림책들이 들어온 것은 우연이 아니다. 이야기의 두 주인공은 나를 포함한 많은 러너의 모습이기도 하기 때문이다. 주변의 기대를—사실은 주변은 아무 관심도 없는데, 존재하지도 않는 남들의 시선을 본인만 의식하는 것이다—과하게 애쓴다든가, 달리기 생각이 떠나지 않는다든가, 한참 열심히 달리다가 번아웃이 심하게 온다든가, 달리기를 아예 팍 놓고 태평성대를 즐긴다든가 하는 모습 말이다. 그래서 대부분의 그림책이 그런 것처럼 이 이야기들 또한 어린이만을 위한 것이 아니다. 삽화와 대사에 웃음이 픽픽 터지고 무릎을 친 포인트가 무척 많았다. 러너라면 꾸물이의 각종 러닝 드릴과 포스트잇에 적은 자기 암시를 그냥 지나치기 어려울 것이다.

유설화 작가가 최혜진 편집자와 『슈퍼 거북』 『슈퍼 토끼』에 대해 나눈 대담의 제목은, 마침 〈인정욕구에게 질문하기〉다. 주변의 인정을 받고자 하는 마음. 인정욕구를 충족하는 방법은 사람마다 다 다르지만, 두 동화에서는 모두 달리기다. 그런데 달리기가 인정욕구 충족 수단인 것이 동화 속 이야기만은 아닌 것 같다. 본인의 존재와 존재감을 만방에 드러내는 것이 미덕이고, 소셜미디어가 가장 보편적인 의사소통 도구의 하나로 자리잡았다. 인플루언서의 영향력을 선망하는 요즘, 달리기가 그 수단이 되어버린 듯해 열풍이 반가우면서도 씁쓸할 때가 있다.

물론 그렇게라도 달리기를 시작해서 무수한 달리기의 좋은 점을 경험한다면 무척 다행이고 바람직하다. 시작의 동기가 무엇이든 간에 달리기의 매력과 즐거움에 빠지면 달리기 자체를 순수하게 즐길 테고, 그것은 몸과 마음에 큰 변화를 이끌 테니 말이다. 그러나 주위의 인정을 얻기 위한 수단으로서의 달리기는 절대 오래가지 못한다. 그럴 듯해 보여 달리는 이는, 달리기가 더 이상 그리 그럴 듯해 보이지 않는 시절이 오면, 더 그럴 듯해 보이는 다른 취미로 스르륵 옮겨갈 것이다.

소셜미디어에 올릴 단 한 장을 위해 여행지에서 사진만 찍다 오듯, 보여주기 위해 혹은 '좋아요'를 위해 달리는 것은 부디 아니었으면 좋겠다. 남들의 기대에 부응하기 위해 본인을 쥐어짠 꾸물이나 남들이 알아주지 않는다고 달리기를 놓아 버린 재빨라처럼 남의 시선이나 인정이 달리기의 동기나 동력이 되지 않았으면 좋겠다. 달리기가 삶의 답을 구하는 과정이 되고 계속 달리는 동력이 '그저 달리기가 좋아서'이기를 바란다. 그런 달리기는 다른 사람의 시선 따위에는 흔들리지 않고 생을 아우르는 취미가 될 것이다.

유설화 작가가 말하듯 끝까지 더 할 수 있는 노력이 없을 때까지 해본 자는, 결과가 어떻든 아쉬움이 남지 않고 남들이 뭐라해도 스스로 인정한다. 달리기든 인생의 무엇이든 끝까지 해본 사람은 고개를 끄덕일 것이다. 결과에 미련이 남는다는 것은 과정에 최선을 다하지 않았음을 뜻하는 것일지도 모른다.

삶은 죽는 순간까지 끊임없이 이어지는 길이다. 아무리 큰 일이 일어나도 길은 계속된다. 좋은 일이건 나쁜 일이건 우리는 가던 길을 가야 한다. 소설이나 드라마, 영화는 어떤 식으로든 항상 끝이 있지만, 우리 삶은 그렇지 않다. 병을 진단받았다고 그것으로 끝이 아니고, 병에서 나았다고 또 그것으로 끝이 아니다. 오히려 길은 거기서부터 다시 시작한다. 병에 걸렸으면 거기서부터 다시 시작해야 할 것이 있고, 병이 나았으면 또 거기에서부터 새로 해야 할 것이 있다. 기록을 세워도, 우승을 해도 그것으로 끝나는 법은 없다. 거북이가 토끼를 이긴 이솝우화의 결말, 꾸물이와 재빨라가 맞이한 결말에서도 볼 수 있듯이 이후의 삶을 어떻게 이어가느냐에 따라 한 번의 성공이나 한 번의 패배는 인생에서 전혀 다르게 쓰일 수 있다. 결과도 하나의 과정이다. 이것은 달리기를 통해서도 자주 깨닫게 되는 사실이다.

꾸물이와 재빨라는 모두 경주에서 깨달음을 얻는다. 매일 하는 달리기이지만, 대회라는 상황이 주는 특수성 때문에 대회를 달릴 때에서야 알게 되는 사실들이 있다. 힘들어서 속도를 늦추고 싶은 마음이 턱끝까지 차오르지만, 늦추거나 멈춰봐야 더 오래 힘들 뿐이라는 것. 적당한 타협은 오히려 어려움과 고통을 더 오래 겪게 만들 뿐이라는 것. 결국 내 두 발로 직접 끝내지 않으면 상황은 끝나지 않는다는 것. 달리기처럼, 삶도 다른 사람이 대신해 줄 수 없으며 스스로 살아내야 한다는 것이다. 그래서 대회에서 달리는 경험은 꼭 해볼 만하다.

대회에 참가하는 건 확실히 동기 부여에 좋다. 하지만 대회가 무슨 종착역이라도 되는 것처럼 모든 것을 걸고 전력을 다하면 대회가 끝난 후 목표를 상실하고 한참을 방황할 수도 있다. 대회는 끝이 아니라 내 달리기에 세울, 혹은 내 달리기가 지나칠 많은 이정표 중 하나일 뿐이다.

나는 어떤 사람인지, 나는 과정에 최선을 다하고 있는지, 매일의 달리기이든, 대회에서의 역주든, 그 자체를 즐기는 가운데 이따금 답도 마주치기를 바란다.

● 최혜진·해란, 『한국의 그림책 작가들에게 묻다』, 한겨레출판, 2021년

5장

운동 저축

평소 습관이
회복을 가른다

> 인생을 두 번째로 살고 있는 것처럼 살아라.
>
> 그리고 지금 당신이 막 하려고 하는 행동이 첫 번째 인생에서
>
> 이미 그릇되게 했던 바로 그 행동이라고 생각하라.
>
> — 빅터 프랭클, 『빅터 프랭클의 죽음의 수용소에서』

"수술 너무 잘 됐습니다."

수술을 집도한 의사가 회진 중에 기분 좋은 웃음을 지으며 말한다. 의사의 말에 힘을 얻어 침대에서 몸을 일으켜본다. 몸이 꿈쩍도 하지 않는다. 분명 수술은 잘 되었다 했는데 말이다.

"힘든 암 치료 오늘로 다 끝났습니다. 그동안 고생하셨습니다."

암 치료를 진두지휘한 의사가 격려한다. "감사합니다." 이제 끝났구나, 긴장했던 마음이 툭 놓인다. 외래 진료실을 걸어 나오는데 구부정한 허리는 펴지지 않고 다리도 후들거린다.

이런 일은 비일비재하다. 병원에서는 치료가 잘 되었다는데,

정작 나의 몸에는 여전히 문제가 많다. 질병에 초점을 맞추느냐 사람에 초점을 맞추느냐의 차이에서 일어나는 일이다. 요즘 진료과 중에서 사람을 보지 않는다고 말하는 분야는 없겠지만, 예전엔 정말 병의 치료에만 몰두하는 과가 많았다. 다른 진료과목이 질병 치료에 몰두하던 시절, '사람'을 치료하기 위해 생긴 분야가 '재활의학'이다. 그러다 보니 재활의학과에서는 환자에게 이런 것까지 물어보나 싶은 것까지 묻는다. 사람을 치료하려면, 우선 그 사람을 잘 알아야 하기 때문이다.

재활의학과 환자는 평소 어떻게 생활하고 외출은 하는지, 직업은 있는지, 있다면 구체적으로 어떤 일을 하는지, 직업이 없으면 생계는 어떻게 해결하는지, 혼자 사는지, 같이 살거나 연락하는 가족이 있는지, 몸이 아플 때 돌볼 사람은 있는지 등등에서 시작해 교육은 어디까지 받았고 집에 문턱이 있는지, 몇 층에 살고 계단을 사용하는지 엘리베이터나 경사로는 있는지처럼 다른 곳에서는 묻지 않는 질문도 받게 된다. 과거력 또는 사회력이라고 부르는 이런 정보를 캐다 보면 자연스레 환자가 어떤 삶을 살아왔는지를 파악할 수 있다. 환자의 삶을 파악하면, 그가 처한 상황에서 최선의 치료 목표와 치료 방침을 정할 수 있다. 사람을 위한 치료 말이다.

여기 77세 남성환자가 있다. 올해는 그가 파킨슨병을 진단받은 지 8년째다. 혼자 다닐 수도 혼자 일상생활도 할 수 있었지만, 잠버릇이 고약해지고 함께 사는 부인의 건강도 나빠지자 자녀들은 3년 전 그를 요양원에 보내기로 했다. 요양원에 가니 당연히 신체활동이 줄어들 수밖에 없다. 요양원에 간 지 몇 달 만에 그는 휠체어 없이는 이동할 수 없는 상태가 되어버렸다.

3년 동안 그렇게 지내던 어느 날 폐렴 소견으로 우리 병원 응급실로 오게 되었다. 그의 문제는 폐렴만이 아니었다. 담낭염도 동반되어 담낭절제술까지 받았다. 폐렴과 담낭염은 잘 치료되었지만, 기능은 악화된 채 남았다. 숙환을 지닌 노인들이 급성 질환을 계기로 기능이 전반적으로 악화되는 일은 매우 흔하다. 빠른 회복을 위해 우리 과로 옮겨 치료하기로 결정하였다.

그는 파킨슨병 특유의 표정 없는 얼굴에, 가족을 알아보지도 못하고 자신이 어디 있는지도 몰랐다. 대화도 전혀 되지 않고, 간단한 지시도 따르지 못했다. 질문을 해도 아무 말도 없었다. 그저 본인 몸의 주사줄을 잡아 뽑으려고만 들었다. 환자를 통해 정보를 얻을 수 없으니 가족에게 물을 수밖에 없었다. 알고 보니 그는 젊은 시절 테니스 선수였다. 나이에 비해서도 퇴행성 관절염이 심한 무릎이 그가 테니스 선수였음을 말하고 있었다.

재활치료를 시작했다. 그에게는 3년 만에 처음 일어서는 시도였다. 앙상한 두 다리는 몸을 지탱하지 못했다. 구부정한 몸은 등 뒤의 치료사에게 기대어 누우려고만 하였다. 이렇게 저렇게 가르쳐보아도 환자는 아무 반응이 없었다. 퇴원 전까지 다시 서고 걷기는 어려워 보였다. 3년을 누워 지냈으니 당연한 이치였다.

그날은 우리 과로 온 지 일주일째 되는 날이었다. 환자 양손에 보행기(워커)를 쥐어 주었다. 환자는 스스로 보행기를 잡고 버틸 수 있었다. 이번엔 보행기를 슬쩍 당겨 걷도록 유도해 보았다. 그러자 스스로 보행기를 밀고 전진하기 시작했다. 그전까지는 안전 때문에 평행봉 안에서만 걸렸는데, 이 기세를 몰아 평행봉 밖으로 나오도록 했다. 그랬더니 치료 장비와 사람들을 피해 스스로 이리 저리 방향을 바꾸며 계속 걷는 것이었다.

그의 모습은 갑옷을 입은 채 눈보라를 헤치며 한 걸음 한 걸음 무거운 발을 내딛는 투사 같았다. 그러나 그 투사는 가족도 알아보지 못하고 다른 이의 말도 알아듣지 못하고 아무 말도 없는 사람이다. 하지만 두 눈만은 어딘지 모를 한 곳을 응시한 채 빛나고 있었다. 앙상한 두 다리는 마치 젊은 날 테니스 코트를 누비던 것처럼 치료실을 종횡무진했다. 쉬지 않고 그렇게 30미터는 족히 걸어냈다.

가족도 알아보지 못하고 본인이 지금 병원에서 무얼 하고 있는지조차 인지하지 못하는 그를, 3년 만에 걷게 만든 것은 무엇일까? 테니스공을 좇던 집중력, 공의 저항을 이겨 라켓을 휘두르던 근력, 경기에 임하던 마음가짐, 젊었을 적 갈고 닦았을 체력, 어려운 훈련을 참아낸 근성, 이기고자 했던 투지. 나에겐 그런 것들이 떠올랐다. 그것이 근성이나 의지든, 습관이든, 관성이든, 체력이든, 그 무엇이든 간에 일생에 걸친 습관은 몸이나 혼에 새겨져 위기 때 힘으로 발휘된다.

우리는 오늘 계획한 일을 내일로 미루면서 '내일의 내가 할 거야.' 라고 말한다. 내일의 나에게 기대지 말고, 오늘의 내가 해 주자. 오늘 내가 한 운동은 내일, 10년 후, 30년 후의 나를 위해 쓰일 것이다. 내 몸과 혼에 새겨진 평소 습관이 위기에 처한 미래의 나를 도울 것이다. 다치기 전, 아프기 전에 해 둔 운동이 회복을 가른다.

● 빅터 프랭클, 『빅터 프랭클의 죽음의 수용소에서』, 청아출판사, 2020년

선생님,
전 매일 만 보씩 걸어요!

> 서 있을 수 있다면 걸어라. 걸을 수 있다면 달려라. 달릴 수 있다면 날아라.
>
> — 키케로

"선생님, 전 매일 만 보씩 걸어요!"

"매일 나가서 두 시간씩 걷다 와요!"

진료 중에 "요즘 무슨 운동 하세요?"하고 환자들에게 물으면, 많은 이들이 자랑스레 이렇게 답한다. 그럼, 나는 "아유, 잘 하셨어요!"라고 시원히 말하지 못한다. 왜 그럴까?

인류 걷기의 역사는 600만 년을 거슬러 올라간다. 먹이를 언제 찾을 수 있는지, 아니 찾을 수는 있을지 장담할 수 없던 수렵채집시대에 인간은 사냥이나 채집을 위해 몇 시간씩 걸어야 했다. 걸을 때 에너지를 최대한 아껴야 굶거나 배가 고파도 더 멀리, 더 오래 이동할 수 있었다. 체중을 한 발에서 다른 발로 최대한 일직선에 가깝도록 부드럽게 넘겨야 에너지가 절약된다. 이렇게 할 수 있기까지 인체의 운동 시스템은 600만 년에 걸쳐 서서히 변화했다. 다시 말해 사람의 척추와 골반 그리고 다리의 골격과 근육이 모두 걷기에 적합하게 바뀐 것이다. 600만 년이나 되는 시간을 거치면서 인류의 걷기가 에너지 효율을 최대한 높이는 방향으로 진화한 것은 당연한 일이었다.

2018년 한 연구에서는 사람과 사람 이외의 유인원의 골반과 햄스트링hamstring을 비교했다. 사람은 햄스트링과 함께 고관절을 펴는 힘도 약해진 대신 고관절이 더 많이 펼 수 있게 되었다. 이런 시스템은 워킹 이코노미walking economy를 높게, 즉 적은 에너지로 더 오래 걸을 수 있도록 진화한 결과다. 이에 반해 사람이 아닌 유인원의 햄스트링은 강하지만 고관절이 사람보다 덜 펴진다. 고릴라나 침팬지가 나무는 잘 타지만 엉거주춤 걷는 이유다.

우리도 엉거주춤 구부정하게 걸었던 때가 있었다. 언제냐고? 학교에서 단체 기합으로 오리걸음을 걸었을 때다. 오리걸음이나 기마자세를 하던 기억을 떠올려보자. 단 몇 분 버티기도 고통스럽다. '그만'이라는 선생님의 구령에 허리를 펼 때의 살 것 같던 안도감은 겪어본 이라면 생생할 것이다. 엉거주춤한 자세는 직립 자세보다 에너지가 훨씬 많이 들기 때문에 힘들었고, 그래서 기합용으로 쓰인 것이다.

운동에는 '강도'라는 요소가 있다. 이를 기준으로 운동을 '저강도' '중강도' '고강도'로 나눈다. 유산소운동의 강도를 판단하는 가장 보편적인 기준은 심박수이지만, 굳이 심박수를 재지 않고도 아주 쉽게 운동 강도를 알 수 있는 방법이 있다. 심박수 증가에 동반되는 증상들을 이용하면 된다. 운동을 하다가 숨이 차거나 땀이 나거나 심박이 빨라지는 것이 느껴진다면 지금 하고 있는 신체활동이 보통 수준 이상, 즉 중강도나 고강도라고 생각하면 된다.

경제적으로, 즉 워킹 이코노미를 지키며 보행한 덕에 인류는 살아남았다. 600만 년에 달하는 걷기의 역사는 역설적으로 웬만큼 걸어서는 에너지 소모가 되지 않는다는 사실을 증명한다. 걷기는 대표적인 저강도 운동이기 때문이다. 아무리 빨리 걸어

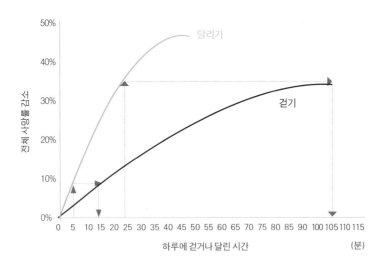

걷기와 달리기의 건강 이득 비교. 걷기 105분은 달리기 25분과 효과가 같다.

도 중강도에 도달하기도 어렵다. 일반인들이 열심히 운동해서 건강해지겠다고 결심할 때 꿈꾸는 건강 이득 health benefit—체력을 높이거나 근육을 키우는 것 같은—은 대개 '보통 수준 이상'의 강도여야 얻을 수 있다. 즉, 산책이나 평지 걷기는 웬만한 성인에게는 건강상 이득이 거의 없다. 헛물을 켜는 셈이다.

요즘 그렇게들 만들고 싶어하는 근육은 어떤가? 하루에 2만, 3만 보를 걷는다고 해도 근육을 만드는 데에는 그다지 도움이 안 된다. 이에 대한 연구가 있다. 평균 나이 53세의 중년 175명이 3개월에서 6개월 동안 걷기 운동을 했다. 트레드밀에서 최대 심박수의 50~75%, 즉 저강도로 일주일에 4~5회씩 걸었다. 걷기 전후로 전신 MRI를 촬영했다. 몸 전체 그리고 상체와 하체 근육량을 각각 측정했다.

3개월에서 6개월간의 걷기 후 전신 근육량을 측정한 결과는 실망스러운 수준이었다. 몇 달을 걸었지만 근육이 늘기는커녕, 평균 300그램이나 감소했기 때문이다. 줄어든 근육은 대부분 상체 근육이었다. 그렇다면 하체 근육은 늘었을까? 그 역시 전혀 늘지 않았다. 걷기로는 근육은 절대 만들어지지 않는다. 걸어서는 근감소증을 치료할 수도, 몸짱이 될 수도 없다.

근육을 만들려면(근비대), 동화작용 anabolic response을 유발할 수 있는 충분한 강도의 부하를 근육에 가해야 한다. 푸쉬업, 풀업, 스쿼트, 런지처럼 팔이나 다리로 본인 몸을 힘껏 들어올리거나 덤벨, 바벨 같은 무게를 들어올리는 운동을 해야만 근육의 동화

작용이 유발된다. 내가 하는 운동이 근육을 만들어 줄 운동인지를 아는 방법은 지금 내가 하는 운동이 내 몸의 무게 중심을 위로 들어올리는지를 살펴보는 것이다.

자, 그럼 걷기로 돌아가 보자. 걷기는 내 몸의 무게 중심을 수평선 상에서 앞으로 옮겨 놓을 뿐이다. 근육 만들기에 별 효과가 없을 수밖에 없다. 두 팔을 앞뒤로 아무리 힘차게 흔들더라도, 또 열심히 뒤로 걸어 보아도 그저 뿌듯하기만 할 뿐 건강에는 아무 이득도 없다.

그래도 걷기에 대해 아직 미련을 버리지 못했는가? 조금이라도 도움되는 걷기 운동을 하겠다면, 평지는 말고 계단이나 오르막을 걸어 오르기를 권한다. 계단을 올라갈 때는 무게 중심의 수직 이동이 발생한다. 내 몸을 들어올리는 동안 하체 근육에는 충분한 부하가 가해져 동화작용이 유발된다. 걷기라도 계단오르기는 중강도 이상의 운동이 된다. 여기에 더욱 효과적인 근비대를 원한다면, 계단을 두 칸씩 오르는 것을 추천한다(단, 어느 정도의 근력과 균형능력이 전제되어야 한다).

오늘 이만큼이나 걸었으니 건강해질 것이란 기대는 참으로 헛된 것이다. 그건 마치 '나는 오늘 구구단을 이렇게 오래 외웠으니, 이번 수학시험은 만점이야!'라고 자신하는 고3 수험생과 같다. 스마트폰이나 스마트워치에 기록된 보행 수를 보고 오늘 할 운동은 다했다 만족하는 이들이여, 그것은 구구단을 외운 횟수일 뿐이다.

숨이 차는지, 땀이 나는지, 심장이 빨리 뛰는지, 이것만 기억했다가 운동 중에 떠올려 보시라. 운동 중에 이런 나를 발견하면, '아, 내가 이 운동으로 더 건강해지고 있구나' 흐뭇해하며 가던 길을 계속 힘차게 가면 된다.

중년이 되면 책임질 것은
얼굴만이 아니다

난 내 몸뚱아리를 소유하고 있는 주인인데

— 마크 트웨인, 『허클베리 핀의 모험』 •

어릴 때 우리의 얼굴은 부모님이 주신 것이다. 그러나 중년이 되면 내 얼굴은 내가 책임져야 한다. 링컨 대통령도, 조지 오웰도, 알베르 카뮈도, 고대 그리스인들도 했다는 이 말이 가끔 나는 무섭다. 내가 책임져야 할 얼굴은 지금 어떤 모습일까 싶어서 말이다. 나도 모르는 사이 그려진 내 얼굴은 무엇을 말하고 있을까. 하지만 중년이 책임져야 할 것이 얼굴만은 아니다.

얼굴에 책임지듯, 중년이 되면 내 몸에도 책임을 져야 한다. 중년은 내가 살아온 흔적이 그대로 쌓여 몸에 나타나는 시기이기 때문이다. 내 버릇과 평소 취하는 자세, 배어 있는 습관들이 이젠 몸을 통해서 그대로 드러나고 보인다. 실제로 대중교통으로 출퇴근을 하다 보면, 사람들의 걸음걸이에서 그 사람이 어떤 방식으로 몸을 움직이는지가 드러난다. 똑같이 걸어도 쓰는 근육이 사람마다 다 다르다. 경쾌하고 활기찬 걸음걸이도 있는가 하면, 다리 드는 것조차 귀찮은가 싶은 걸음걸이도 있다. 걷는 모습만으로도 어떤 병이 있는지 맞힐 때도 있다.

좋아하는 음악가의 연주를 들으러 간 리사이틀에서도 연주 말고 나를 사로잡는 것은 다름 아닌 연주자의 몸짓이다. 결코 현란한 몸짓은 아니다. 하지만 연주를 하는 몸짓에서 나는 그의 뇌가 보인다. 그가 내는 소리에서도 뇌가 보인다. 몸짓과 소리와 함께 현재 진행형으로 작동되는 그의 뇌가 그려지는 것이다. 초견 때, 연습할 때, 그리고 무대 위에서 연주할 때 그의 대뇌 피질, 피질하 대뇌, 소뇌 등에서 무슨 일이 벌어졌고 벌어지는지가 그려진다. 터치가, 돌아가는 손놀림이, 타건과 보잉이, 스쳐가는 표정이, 적당히 굽은 등과 어깨가 그의 성격과 태도 그리고 인생관을 보여주기도 한다. 그런데 신기하게도 젊은 연주자에게서는 잘 그려지지 않는다. 평생을 악기 앞에서 보냈을 나이 지긋한 연주자에게서만 읽을 수 있다.

뇌는 우리의 모든 것을 관장한다. 동작뿐 아니라 사고와 판단과 감정, 게다가 무의식까지. 그리고 뇌가 관장한 결과물은 몸을 통해 발현된다. 그것에 중년이라는 세월을 입히면 내 얼굴이 되고 내 몸이 된다. 뇌에서 기원한 나의 의도로 어떤 표정을 짓고 어떻게 몸을 쓰며 살아왔느냐가 내 얼굴과 몸짓을 통해 읽히는 것이다. 그러니 중년이 되면 내 얼굴뿐 아니라 몸에도 책임져야 하는 것이다.

그런데 실제로 내 얼굴은 표정근육으로 생각이 드러나 겉으로 잘 보이지만, 몸은 밖에서 보이는 외형으로는 잘 드러나지 않는다. 걸음걸이나 자세, 몸을 쓰는 방식에서 보인다고 했지만, 그것은 이미 그 변화가 꽤 공고해졌을 때 보이는 것이다. 내 근육의 질과 뼈의 건강, 심폐기능 그리고 호르몬 같은 것들은 아예 보이지도 않는다. 일정 수준 이상 나빠지지 않고서야 겉으로 드러나지 않는다.

중년은 묘한 시기다. 며칠 밤을 새고 술을 퍼 마셔도, 과로를 해도 멀쩡히 회복하던 젊은 시절은 지났다. 그렇지만 여전히 웬만한 힘과 체력은 있다. 집에서도 사회에서도 나의 목소리가 어느 정도 먹힌다. 부모님 세대처럼 누가 봐도 쇠약한 모습은 아니니, 보이는 모습에 조금만 신경을 쓰면 내 몸의 문제 정도는 쉽게 덮을 수 있다. 건강검진에 한두 가지 이상 소견이 뜨는 것이 신경 쓰이지만, 생활하는 데에는 전혀 지장이 없다. 이러니 중년은 스스로 건강하다 안심하기가 너무 쉽다.

재활의학은 사람을 보는 학문이다. 그래서 병과는 관련 없어 보이는 가족관계나 사회관계까지도 모두 파악한다. 뇌졸중으로 입원하는 내 환자의 평균 나이는 70~80대이지만, 40~60대의 비교적 젊은 환자도 드물지 않다. 그런데 특징적으로 이 나이에서는 남성이 여성보다 압도적으로 많다. 성별 말고도 공통점은 또 있다. 놀랍게도 그 공통점은 독거獨居다. 즉, 그들은 대부분 '혼자 사는 한국 중년 남성'인 것이다.

결혼을 하지 않았든, 중간에 이혼을 했든, 사별을 했든, 별거 중이든 간에 그 이유가 무엇이든 혼자 사는 남성은 뇌졸중 발생이 다른 인구집단에 비해 압도적으로 높았다. 이쯤 되면 뇌졸중의 위험 요인risk factor에 고령, 고혈압, 고지혈증, 당뇨, 흡연, 음주 말고도 '혼자 사는 한국 중년 남성'을 넣어야 하지 않을까 생각하기까지 했다. 이것이 그저 내 개인적인 혹은 우리 병원의 지역적인 특성일까 싶어 성급한 일반화는 하지 않아야겠다고 생각하던 무렵, 보건복지부의 한 조사 결과를 보게 되었다.

보건복지부는 2023년 12월 지난 5년간 고독사 실태조사 결과를 발표했다. 조사 결과, 우리나라에서는 최근 5년간 고독사가 40%가 늘어, 지금은 매일 10명씩 고독사가 발생하고 있다. 본래 사망 통계는 나이가 많아질수록 비율이 증가하기 마련이지만, 우리나라 고독사는 달랐다. 50~60대가 전체의 60% 정도로 가장 높은 비중을 차지하는 특징을 보였다. 게다가 전체 고독사 사망자 중 50대 남성은 26.6%, 60대 남성은 25.5%로, 이 둘을 합치면 절반이 넘었다. 성급한 일반화를 하지 않으려 했던 '혼자 사는 한국 중년 남성' 뇌졸중 위험 요인설은 우리나라 고독사 공식 통계를 통해 입증되고 있었다.

사망 전 1년간 병의원을 다닌 기록을 바탕으로 고독사 사망자의 병력을 파악해 보니 고혈압 20.9%, 당뇨병 17.5%, 알코올질환 14.1% 였다. 50~60대는 더욱 높아서 고혈압 46.0%, 당뇨병 38.8%, 알코올질환 31.3%에 달했다. 뇌졸중이든 고독사 사망이든 50~60대 남성 비중이 높은 원인은 그들이 자신의 건강 관리에 소홀해서임을 다시 한 번 확인할 수 있다.

중년은 묘한 시기다. 건강하지 않으면서도 그 사실을 쉽게 감추고 짐짓 건강한 척 지낼 수 있다. 심지어 본인조차 스스로가 건강하지 않다는 사실을 알아차리지 못하기도 한다. 괜찮은 줄 알고 되는대로 지내기 쉬운 시기인 것이다.

하지만 중년은 내가 살아온 흔적이 그대로 쌓여 몸에 나타나는 시기다. 우리나라 고독사 보고서가 드러낸 진실은 병일 수도 사회적 위기일 수도 있다. 가족도, 의사도 당신의 건강과 인생을 책임져 주지 못한다. 중년이 되면 책임져야 할 것은 내 얼굴만이 아니다.

● 마크 트웨인, 『허클베리 핀의 모험』, 민음사, 1998년

더 이상
쓸 약이 없습니다

부질없는 회한만큼 뼈저린 회한은 없다.

— 찰스 디킨스, 『올리버 트위스트』

   병기病期나 종류에 따라 조합은 다 다르지만 대부분의 암은 수술, 항암제, 방사선과 같은 방법으로 치료한다. 가장 마지막까지 시도하는 치료는 보통 항암제이다. 암 종류에 따라 그리고 조직 검사로 알게 되는 암세포의 특성에 따라 적합한 항암제가 결정된다. 같은 항암제를 일정 기간 쓰다 보면 암세포도 살아남기 위해 내성을 만들어 낸다. 그래서 항암제를 쓰는데도 암이 더 커지는 일이 종종 발생한다. 이렇게 되면 새로운 항암제로 바꿔야 한다. 보통 이렇게 이 항암제에서 저 항암제로 바꿔가면서 치료를 이어 나간다.

   그런데 쓸 수 있는 항암제가 무한정 나타나는 것은 아니다.

여러 항암제를 쓰다가 결국 어떤 항암제에도 반응하지 않는 단계에 이른다. 항암제라는 것이 암세포뿐 아니라 인체의 정상 세포에도 독성이 있다 보니, 암세포가 반응하지 않는데도 계속 사용했다가는 몸에 심각한 손상만 끼치게 된다. 그래서 어쩔 수 없이 항암치료를 중단해야 할 때가 온다. 의사는 이때 이렇게 말한다. "더 이상 쓸 약이 없습니다."

암환자에게는 최후통첩이다. 이제 더 이상은 희망이 없다는 말로 들린다. 그런데 이 말은 비단 암에만 해당되는 건 아니다.

평균 수명이 늘어나면서 대표적인 퇴행성 뇌질환인 파킨슨병도 빠르게 늘고 있다. 2004년엔 4만 명 정도이던 우리나라 파킨슨병 환자는 2022년에는 12만 명을 넘어섰다. 약 15년 사이에 3배 가까이 늘었다. 파킨슨병은 이제 드문 병이 아니다. 파킨슨병은 몸이 느려지는 운동증상이 대표적인 증상이다. 따라서 시간이 지남에 따라 자연스럽게 활동량이 크게 줄어든다.

2021년 5월 미국스포츠의학회와 파킨슨재단은 '파킨슨병 환자를 위한 운동 가이드라인'을 발표했다. 이 가이드라인에 따르면 파킨슨병 환자가 반드시 해야 하는 운동은 ①유산소운동 ②근력운동 ③균형, 민첩성, 다과제 운동 ④스트레칭이다. 넷 모두 골고루 일주일에 최소 2시간 반을 운동해야 한다. 이렇게 하면 파킨슨병의 운동 증상뿐 아니라 비운동 증상도 좋아진다.

유산소운동은 일주일에 3일 이상, 한 번에 30분 이상 해야 한다. 유산소운동의 강도는 중강도에서 시작해서 운동에 점점 익숙해지면 강도를 높여 고강도까지 진행한다. 추천하는 유산소 운동으로는 '아주 빠르게' 걷기, 달리기, 자전거 타기, 수영, 계단 오르기, 에어로빅 같은 그룹운동이 있다.

근력운동도 일주일에 2~3일 하되, 매일 하기보다는 하루나 이틀의 간격을 두고 운동하는 것이 좋다. 한 번 할 때 30분 이상, 상하체의 큰 근육을 사용해서 동작마다 10번에서 15번 반복한다. 맨몸운동도 좋고, 덤벨이나 바벨 같은 것을 들어도 괜찮다. 근육운동용 머신이나 세라밴드theraband를 사용해도 좋다. 대표적인 맨몸운동은 스쿼트, 푸쉬업 등이 있다. 근력운동도 유산소운동과 마찬가지로 점점 강도를 높여야 한다.

균형, 민첩성, 다과제 운동도 추천한다. 균형운동에는 다방향multi-directional 스텝 운동, 여러 방향으로 팔 뻗기 운동, 무게중심 이동 훈련, 정적 및 동적 균형static and dynamic balance 훈련, 큰 동작 훈련, 요가, 태극권, 댄스, 스파링을 제외한 복싱 등이 있다. 역시 30분에서 한 시간씩, 일주일에 2~3시간이 되도록 한다. 민첩성 운동에는 돌기, 장애물 운동, 뒤로 걷기, 앉았다 일어서기 등이 있다. 다과제 운동은 몸으로는 운동을 하면서 동시에 머리로는 생각을 하는, 즉 운동 과제와 인지 과제를 한 번에 수행하는 운동이다. 운동을 하면서 암산을 하거나, 운동을 하면서 특정 자음으로 시작하는 사물이나 동식물 이름대기 같은 것이 그 예다.

만약 파킨슨병 운동 가이드라인을 읽는 동안 머리 속으로 시뮬레이션해 보았다면, 그리고 파킨슨병이 어떤 병인지 아는 사람이라면, 이런 질문을 떠올렸을 가능성이 크다. '아니, 파킨슨병 걸린 몸으로 이걸 하라고?' 또는 '파킨슨병이 어떤 병인지 알면서 이렇게 하라는 건가?'

어떻게 알았느냐고? 내가 보는 많은 파킨슨병 환자들이, 그리고 심지어 일부 의사들조차도 실제로 이렇게 반문하기 때문이다. 앞서 소개한 파킨슨병 운동 가이드라인에서는 파킨슨병 환자도 매주 2시간 반씩 중강도 또는 고강도 운동을 하라고 권고한다. 이것은 '일반인용' 가이드라인과 '정확히' 같은 운동 강도와 운동량이다. 파킨슨병 환자여도, 아니 파킨슨병 환자이기 때문에 이만큼의 시간동안, 이런 강도로 운동을 해야 한다는 것이다. 그런데 과연 우리나라에서 이 가이드라인을 실천할 파킨슨병 환자가 얼마나 있을지 의문이다. 아니, 파킨슨병이 아니더라도 실제로 이만큼 운동하는 성인이 과연 얼마나 있을지부터 자신이 없다.

파킨슨병은 약으로 또는 음식으로 극복할 수가 없다. 약은 증상을 조절하는 용도고, 음식은 병의 경과에 큰 영향을 미치지 못한다. 파킨슨병 진단 이후 20년 넘게 활발히 활동하고 있는 배우 마이클 제이 폭스Michael J. Fox처럼 파킨슨병은 꾸준한 관리가 병의 진행을 막는 최선의 방법이다. 그리고 그 관리 중에 가장 중심이 되는 요소가 바로 운동이다. 운동을 계속하는 사람과 그렇지 않은 사람의 파킨슨병 경과는 상당한 차이를 보인다. 그 이유는 파킨슨병 환자가 유산소운동을 할 때 흑질substantia nigra

의 도파민세포의 퇴화가 줄어드는 효과, 즉 '신경보호효과neuro protective effect'가 유발되기 때문이다.

또한 파킨슨병 환자의 기능을 저하하고 삶의 질을 떨어뜨리는 여러 가지 문제는 환자마다 다르고 진행 상태에 따라서도 차이가 난다. 따라서 환자마다 맞는 운동이 모두 다를 수밖에 없다. 환자 각자에게 필요하고 적합한 운동은 파킨슨병 환자를 가장 포괄적이고 종합적으로 진단하고 기능도 잘 이해하고 있는 재활의학과 전문의가 처방해 줄 수 있다.

이제 막 파킨슨병을 진단받은 환자 237명을 5년 동안 관찰한 연구에서 진단 후 운동을 하지 않고 지낸 사람들은 꾸준히 운동한 사람들보다 균형기능과 보행기능이 더 빨리 악화한 것을 확인할 수 있었다. 일상생활에서도 다른 사람의 도움을 더 많이 받아야 했다. 앞에서 소개한 가이드라인처럼 중강도에서 고강도 운동을 5년 동안 많이 한 사람과 하지 않은 사람들 중에서도 중·고강도 운동을 잘 하지 않은 환자는 균형과 보행 그리고 인지 기능이 모두 더 빠르게 상태가 나빠졌다. 같은 파킨슨병 환자여도 내가 어떻게 사느냐, 어떻게 관리하느냐에 따라 경과가 전혀 달라진다는 사실을 알 수 있다.

내 진료실에 오는 성인 환자는 대부분 건강 관리가 필수인 이들이다. 진료실에서 나는 직접 운동 시범을 보이고, 내가 보이는 시범을 핸드폰으로 촬영해서 가져가도록 한다. 운동에 필요한 소도구를 인터넷으로 구입하는 방법도 가르쳐 드린다. 배운 운동을 하고 그 기록을 노트에 꼬박꼬박 적어오라고 말씀드린다. 환자뿐 아니라 같이 온 보호자에게도 알려드린다.

그런데 이렇게 여러 단계의 장치를 해 두어도, 실제로 해 오는 환자는 삼분의 일도 채 되지 않는다. 적당히 하기 쉬운 운동으로 슬쩍 바꿔 해 오는 환자도 많다. 사실 그렇게라도 해 오면 다행이다. 배째라는 식으로 그냥 오는 성인을 의사가 강제로 어찌할 방법은 없다.

숙제를 하지 못한—아무도 안 했다고는 안 한다 —이유는 참으로 많다. 가장 흔한 이유는 운동이 너무 힘들다는 것이다. 보통 내가 내드리는 운동 숙제는 고강도 운동도 아니고 그렇다고 중강도에도 미치지 못한다. 운동이 아니라 폼롤러 스트레칭을 숙제로 내 드리기도 한다. 폼롤러 스트레칭 하는 법, 폼롤러 구입하는 법, 인터넷으로 검색하는 법까지 적어드렸으나 결과는 같다. "힘들어서 못했어요."

쉬운 운동조차 매우 힘들게 느낄 정도로 근육이나 관절, 심장이나 폐가 이미 상당히 약해져서 그럴 수도 있다. 병 때문에 약해져서일 수도 있다. 아무리 그래도 폼롤러 스트레칭 정도는 할 수 있지 않을까? 그건 병 때문만도 아니고, 노화 때문만도 아니다. 내가 노력해서 몸을 관리하는 법을 잊고 산 세월이 이미 몇십 년이 넘었기 때문이다. 수십 년 된 무기력이 거대한 괴물이 되어 버린 까닭이다.

자연스러운 노화와 더불어 스스로 자처한 몇십 년의 퇴행 과정까지 겹쳐지는 사이 고혈압, 당뇨, 이상지질혈증, 비알콜성 지방간 같은 성인 질환도 여러 개 진단 받는다. 근감소증과 골밀도 감소도 생겼을 가능성이 매우 높다. 같은 강도의 움직임도 전보다 훨씬 힘들어졌을 것이다. 평소에 조금이라도 힘들거나 숨찬 것을 견뎌보거나 참아보려 노력한 적이 없었을테니 말이다.

우리 몸과 마음은 적절한 스트레스가 있을 때 건강과 기능을 유지한다. 운동을 하지 않으니 몸도 마음도 스트레스 없는 편안한 상태로 지냈을 것이고, 배부르고 등 따수운 생활을 즐겼을 것이다. 그러나 그런 삶은 나도 모르게 낡아버린 신체와 한없이 허약해진 정신을 가져다줄 뿐이다. 안 하던 운동을 몇십 년 만에 갑자기 하면 신체적 피로뿐 아니라 엄청난 정신적 피로가 엄습하는 것은 당연하다. 게다가 이젠 젊은 나이도 아니다. 젊었을 때도 하지 않던 운동을 나이 들어서 시작하려니 당연히 몇 배는 더 힘들다. 쉬운 운동조차 하지 않은 채 세월을 보낸 값은 분명 나이가 들어 치르게 된다.

치매, 암, 당뇨, 고혈압, 비만, 우울증과 같이 운동 기능과는 거리가 먼 질병조차 운동은 중요한 치료제다. 운동은 치매약이나 항암제, 수술 못지 않게 중요하고 효과적이다. 그런데 문제는 운동은 누가 대신할 수 없고 본인이 스스로 해야 한다는 데 있다. 그렇기 때문에 운동을 치료제로 제대로 쓸 수 있는 사람은 많지 않다. 환자 스스로가 운동을 할 수 있는 수준으로 몸과 마음이 준비되어 있어야, 병에 걸렸을 때 비로소 운동을 약으로 쓸 수 있다. 그런데 이미 오랫동안 운동과는 거리가 먼 생활을 하면 '더 이상 쓸 약이 없는' 상태가 되고 마는 것이다.

더 이상 듣는 항암제가 없는 것은 환자 책임이 아니다. 그건 암세포가 어떤 세포냐에 따라 달려 있다. 항암제가 잘 듣는 세포도 있지만 안 듣는 세포도 있다. 내성이 없던 암세포가 새로 내성이 생기기도 한다. 환자의 노력과는 전혀 관련이 없는, 그저 운이라고 할 수도 있다.

그런데 쓸 수 있는 '운동약'이 없는 것은 운이 아니다. 그것은 전적으로 환자의 책임이다. 지금의 내가 운동을 시도도 못해 보게 과거의 내가 그렇게 살아온 탓이다. 물론 나이가 아주 많아서 체력이 쇠약해진 경우는 어쩔 수 없다. 하지만 요즘 젊은 환자 중에도 스스로를 쓸 약이 없게 살아온 이들은 무척 많다. 매우 안타까운 현실이다.

부모님, 조부모님이 그랬던 것처럼 우리도 노화를 맞이하고 질병에 걸릴 것이다. 수명이 길어지는 만큼 암과 치매, 파킨슨병 같은 질병을 앓는 환자도 계속 늘 수밖에 없다. 결국 우리도 이러한 질병에서 자유로울 수 없으며 더 많은 현대인이 그런 질병으로 고통을 겪을 것이다.

뇌질환을 치료하는 의사라고 해서 병을 얻지 말라는 법도 당연히 없다. 그래서 나는 오늘 출근 전에도, 또 어제도 달렸다. 오늘의 달리기는 나이든 내가 병에 걸렸을 때 쓸 약이 되어줄 것이다. 오늘의 운동 덕분에 병이 하루라도 늦게 찾아온다면 그것은 더욱 좋은 일이다. 운동은 미래에 당신을 치료해 줄 약이다. 쓸 약을 하나라도 더 만들어 놓기를 권한다. 하루라도 일찍.

● 찰스 디킨스, 『올리버 트위스트 2』, 민음사, 2018년

가죽 포대를 메고
달린 사나이

> 달리기는 균형의 행위로,
> 당신들의 다리와 당신들의 폐가 균형 잡힌 노력으로
> 함께 일하는 지점에 도달해야 한다.
> – 기욤 르 블랑, 『달리기: 형이상학적 성찰』*

   H라는 러너가 둘레 84.5미터인 잔디밭을 혼자 달리고 있다. 스마트워치는커녕 손목시계도 없지만 경력이 오랜 그는 느낌만으로도 일정한 속도로 달릴 수 있었다. 그가 한바퀴를 달릴 때마다 시간 기록원이 그의 랩 타임을 적었다. 그런데 가만 보니 H는 맨몸으로 달리고 있지 않다. 그는 몇십 리터짜리 가죽 포대를 메고 달리고 있다. 입에는 이상한 파이프도 물고 있다. 가죽 포대를 짊어지고서 밸브와 탭이 달린 파이프까지 문 채 그는 시속 16킬로미터까지 속도를 올렸다.

   이것은 영국 맨체스터대학의 아치볼드 비비언 힐 Archibald Vivian Hill 박사와 하틀리 럽튼 Hartley Lupton 박사가 1923년에 한 실험의

1920년에 사용된 더글러스 백의 모습.
H도 이런 가죽 포대를 메고 달렸다.

이야기다. H가 메고 달린 가죽 포대의 이름은 '더글러스 백Douglas bag'이다. 더글러스 백은 가스 분석을 위해 공기를 모으는 주머니이다.

H는 10여 분씩 쉬고 속도를 더 높여 여러 번 달렸다. 힐 박사와 럽튼 박사는 H가 달리며 내쉰 숨을 30초마다 모아 분석했다. 분석한 결과는 흥미로웠다. 운동 강도를 아무리 높여도 산소 섭취가 더 이상 올라가지 않는 정체기plateau, 즉 명백한 항정 상태에 도달하는 지점이 있었다. 이 지점이 바로 지금 우리가 '최대산소섭취량VO2max'이라 부르는 값이다.

사람이 필요한 에너지를 내는 방법에는 유산소성 대사와 무산소성 대사가 있다. 유산소성 대사는 에너지를 만들어 내는 과정에 반드시 산소가 필요하다. 사람은 스스로 산소를 만들어 내지 못하니, 공기 중의 산소를 들이마셔야 한다. 운동 강도가 올라가서 에너지가 더 많이 필요할수록 그에 비례해서 산소도 많이 들이마셔야 한다. 운동을 할 때 우리가 헐떡이는 이유이다.

폐로 들어온 산소는 폐혈관을 통해 피에 실리고, 이 피는 산소를 잔뜩 태운 채 심장으로 들어간다. 심장은 산소가 녹아든 피를 펌프질하여 머리끝부터 발끝까지 보낸다. 이렇게 온몸으로 보낸 피는 에너지를 내야 하는 근육과 장기로 들어가고, 그곳에 있는 미토콘드리아는 배달된 산소를 이용해서 열심히 에너지를 생산한다. 운동 강도를 올릴수록 산소가 더 많이 필요하니, 산소를 들이마시는 양은 점차 늘어난다.

그러다가 아무리 운동 강도를 높여도 들이마시는 산소의 양이 더 이상은 늘어나지 않는 순간이 온다. 왜냐하면 우리 몸의 한계가 거기까지이기 때문이다. 제아무리 진수성찬이 끝없이 차려져 있어도, 내 소화능력의 한계를 넘어서면 더는 먹을 수 없는 것과 같은 이치다. 이 한계치가 힐 박사와 럽튼 박사 그리고 H가 함께한 실험에서 밝힌 '최대산소섭취량'이다.

두 사람이 실험을 한 것이 1923년이니, 최대산소섭취량이라는 개념은 벌써 100년도 넘었다. 100년도 더 된 개념인데도 여전히 건재할 뿐 아니라 시간이 흐를수록 점점 더 중요한 지표로 여겨지고 있다. 왜일까?

최대산소섭취량은 마라톤, 사이클, 수영, 조정, 크로스컨트리 같은 유산소운동의 기록을 결정하는 중요한 요소다. 젖산 역치 lactate threshold, 러닝 이코노미와 함께 마라톤의 기록을 결정하는 3요소로, 자동차의 엔진에 해당하는 것이 바로 최대산소섭취량이다. 그래서 세계 수준의 선수들은 최대산소섭취량도 당연히 뛰어나다. 2017년 나이키는 2시간이라는 마라톤 기록의 벽을 깨기 위한 프로젝트인 '브레이킹2 Breaking2'를 진행했다.**
이 프로젝트에 선발된 16명의 러너들은 모두 2시간에 근접한
마라톤 기록을 가지고 있었는데, 이들의 평균 최대산소섭취량이
71.0mL/kg/min이었다.

그렇다고 최대산소섭취량이 전문 운동선수의 전유물이라고
생각하면 큰 오산이다. 지난 100여 년 동안 수많은 연구를 통해,
최대산소섭취량은 우리 같은 일반인에게도 매우 중요하다는 사
실이 밝혀졌다. 최대산소섭취량, 즉 '심폐체력cardiorespiratory fitness'
이 이렇게 중요한 이유는 뭘까?

그 이유를 이해하기 위해서는 무엇이 최대산소섭취량을 결정
하는지부터 알아야 한다. 가장 먼저 폐가 공기를 충분히 흡입할
수 있으려면 폐활량이 좋아야 한다. 들이마신 공기 안에 있는
산소를 폐포가 효율적으로 흡수하도록 폐가 건강해야 한다. 피
는 산소를 충분히 태울 수 있도록 헤모글로빈이 많아야, 즉 빈
혈이 없어야 한다. 온몸으로 피를 잘 보내려면 심장의 짜는 힘
인 심박출량이 좋아야 한다. 근육 안에 미세혈관이 빽빽하게 자
리잡아 근육 구석구석으로 피가 잘 공급되어야 한다. 또 근육은
피에 있는 산소를 잘 끄집어낼 수 있어야 하고, 근육 안에 미토
콘드리아가 많고 건강해서 산소를 잘 써먹어야 한다.

결과적으로 최대산소섭취량이 높으려면 폐와 심장, 혈관, 피
그리고 근육이 모두 건강해야 한다. 심폐체력이라고 하니 자칫
심장과 폐만 생각하기 쉽지만, 최대산소섭취량이 좋으려면 몸의

구석구석이 제 역할을 잘 해야 한다. 그래서 이들 중 하나라도 기능이 떨어지면 최대산소섭취량도 떨어진다. 그러니 최대산소섭취량은 우리 몸의 구석구석이 모두 건강하다는 것을 입증하는 종합 지표인 셈이다.

심폐체력의 중요성은 너무나 명백하다. 한 사람의 심폐체력 즉 최대산소섭취량은 사망률과 심혈관계질환 사망률, 암 사망률을 결정한다. 흡연과 비만, 고혈압, 고콜레스테롤혈증, 제2형 당뇨병처럼 이미 우리에게 잘 알려진 그 어떤 위험요인보다도 심폐체력의 예측력이 더 정확했다. 심폐체력은 수술 전 위험 지표 중에서도 가장 강력하다. 심장이나 폐 수술뿐 아니라 모든 수술의 회복, 합병증, 사망률, 예후 같은 결과마저 심폐체력이 좌우한다. 큰 수술을 앞둔 사람에게 운동하라고 말하는 이유가 여기에 있다. 큰 병에 걸린 후 이렇다 할 후유증 없이 완벽히 회복할지, 돌이킬 수 없는 후유증이 남을지도 심폐체력이 좌우한다. 이뿐 아니다. 나이 든 뒤에도 혼자 생활이 가능한지, 노화 속도는 얼마나 될지도 심폐체력이 좌우한다. 결국 심폐체력을 잘 유지하는 것이 건강한 삶의 핵심인 것이다.

하지만 이 최대산소섭취량도 나이가 들면 줄어든다. 25세부터 남성은 10년마다 약 10%씩, 여성은 10년마다 약 7%씩 줄어든다. 폐, 심장, 혈관, 피, 근육이 얼마나 건강한지가 최대산소섭취량을 결정한다고 하였으니, 당연히 이런 요소들의 기능이 떨어져서 줄어드는 것이다.

하지만 평생 규칙적인 유산소운동을 한 사람은 최대산소섭취량이 동년배의 상위 5%보다 20~40%나 더 높다. 최대산소섭취량은 운동량이 많으면 많을수록 더 높아졌다. 실제로 한 연구에서 평균 나이 44세(18~100세) 55,137명을 평균 약 15년간 추적 관찰했다. 성별과 나이, 비만, 흡연과 음주 여부 등 모든 사망 위험 인자를 보정하니 달리기가 취미인 사람은 그렇지 않은 사람보다 전체 사망률은 30%, 심혈관계질환 사망률은 45%나 낮았다. 달리는 사람의 최대산소섭취량은 달리지 않는 사람보다 평균 30%가 높았고, 달린 시간이 길수록 더 높아졌다. 달리기가 취미인 사람의 사망률이 그렇지 않은 사람에 비해 낮은 이유는 최대산소섭취량, 즉 심폐체력에 있었다. 달리기를 비롯한 규칙적인 운동은 심폐체력을 기르는 데 가장 효과적인 전략이다. 그리고 나이가 아무리 많아도 이 전략은 계속 유효하다.

더욱 흥미로운 사실은 하루에 고작 5~10분 달리거나, 일주일에 총 10킬로미터 정도만 달려도 사망률이 뚜렷하게 낮아졌다는 점이다. WHO나 미국 보건복지부의 권고에도 한참 못 미치는 운동량이지만, 이 정도로도 이득은 뚜렷했다. 얼마를 하든 하는 것이 안 하는 것보다 훨씬, 무조건 낫다.

이를 바이털사인vital sign***에 넣자는 사람들도 꽤 많다. 개인적으로는 최대산소섭취량을 바이털사인에 넣지는 않더라도 건강검진 항목에는 넣었으면 한다. 물론 최대산소섭취량을 측정하는 검사는 무척 힘들다. 더 이상 달릴 수 없는 지경까지 달리거나, 더 이상 페달을 구를 수 없는 순간까지 자전거를 타야 하기 때문이다. 검사를 끝까지 해내기 어렵고, 여기저기 아픈 곳이 많은 어르신들은 더 그렇다. 그럼에도 불구하고 건강검진 항목에 넣었으면 하는 이유는 벼락치기로 만들 수 없는 수치인 점도 있다.

검진을 앞두고 식단이나 습관을 바짝 관리해서 조금이라도 나은 결과를 받을 수 있는 체중과 허리 둘레, 혈압과 혈당, 콜레스테롤 수치와는 달리, 최대산소섭취량은 검진 직전 잠시의 노력으로 바꿀 수가 없다. 최소 몇 달 이상 꾸준하게 중강도 이상으로 운동해야 올릴 수 있는 수치다. 오랜 운동 습관과 건강한 생활을 가장 종합적이고 정확하게 반영하는 지표이니 검진 항목으로 이것만큼 정확한 게 있을까 싶다. 특정 시점 나무의 건강 상태가 나이테에 오롯이 새겨지는 것처럼 매일의 생활이 내 몸에 새겨져 심폐체력이 된다. 심폐체력이야말로 생의 궤적이 드러나는 결정적 지표라 할 수 있다.

100여 년 전 가죽 포대를 메고 파이프를 물고 달렸던 H의 나이는 알려져 있지 않다. 하지만 요즘 마스터스 러너****를 건강 노화healthy aging의 패러다임, 즉 건강 노화의 표본 모델로 보자는 움직임이 활발하다. 마스터스 러너는 높은 수준의 유산소운동을 수행해내는 뛰어난 능력뿐 아니라 운동을 하지 않는 동년배에 비해 월등한 신체적, 생리학적 기능을 지녔기 때문이다.

그러니 마흔 넘은 러너들이여, 으쓱해도 좋다. 우리의 운동은 나이테로 새겨질 것이다. 100살 넘은 최대산소섭취량이 그러했듯 나이가 들수록 진가를 발휘하는 표본이 되어 보자. 그리고 답은 결과가 아니라 과정에 있음을 증명하는 표본도 되어 보자.

● 기욤 르 블랑, 『달리기: 형이하학적 성찰』, 인간사랑, 2020년

●● 실제로 2017년 이탈리아 밀라노 근교에서 개최된 나이키의 '브레이킹2' 프로젝트에서 케냐의 마라토너 엘리우드 킵초게Eliud Kipchoge는 2:00:25의 기록으로 2시간 벽 깨기에는 실패했다. 2019년 10월 오스트리아 빈에서 개최된 INEOS의 '1:59 챌린지' 프로젝트에서 1:59:40의 기록으로 2시간 벽을 깨는 데 성공했다. 하지만 이는 마라톤 공식 기록이 아니다. 2시간 벽은 아직까지 공식적으로는 깨지지 않았다.

●●● 바이털사인(활력 징후)은 혈압, 맥박, 호흡수, 체온의 네 가지로 이루어진 지표로, 건강 상태의 가장 기본 수치이며 사람의 생명과 직결된다. 바이털이 흔들린다면 의료진은 비상에 들어가지만 바이털이 괜찮다면 의료진은 일단 한 시름을 놓는다.

●●●● 우리나라에서는 선수가 아닌 일반인 러너를 마스터스라고 부르지만, 원래 마스터스 러너의 정의는 40세를 넘긴 러너를 뜻한다.

운동할 시간이 어디 있나요,
공부해야지

> 사실 모든 아이는 탐험으로 배운다.
> 나는 우리가 아이들을 꼼짝 못 하게 억압하는 건 아닌지 의문이 들었다.
> 약물만이 아니라 지나치게 조직되고 관리되는 교실과 스포츠팀을 통해서,
> 그리고 어슬렁거릴 자유를 빼앗고 화려한 실내의 미디어로 유혹하면서 말이다.
> 현대의 삶은 아이들뿐 아니라 우리 모두를 산만하고 당혹스럽게 만들었다.
> —플로렌스 윌리엄스, 『자연이 마음을 살린다』 ˙

　우리는 하루에 얼마나 운동해야 할까? WHO와 미국 보건복지부는 성인에게 매주 2시간 30분의 중·고강도 유산소운동을 권고한다. 하루 30분씩 운동한다고 치면 일주일에 5일은 운동해야 한다는 말이다. 아이들은 어떨까? 어른과 똑같이 하는 게 좋을까, 아니면 체구가 작고 어리니까 더 적게 해도 될까? WHO와 미국 보건복지부가 권고하는 소아청소년의 적정한 운동량은 놀랍게도 매일, 1시간씩의 중·고강도 유산소운동이다. 즉, 아이들은 어른보다 2배 이상 더 움직여야 한다는 뜻이다.

그런데 우리 아이들을 살펴보자. 공부하느라 바쁜 우리나라 학생들은 학교, 학원, 집, 스터디카페 등 장소만 바뀔 뿐 온종일 책상 앞에 앉아 시간을 보낸다. 공부하지 않는 시간조차 컴퓨터나 핸드폰을 하거나 TV를 보느라 앉아 있다. 어른보다 2배는 더 움직여야 하는 아이들이 더욱 운동을 안 하고 있는지도 모른다.

실제로 WHO가 2016년에 전 세계 11~17세 청소년 160만 명을 조사한 결과를 보면, 우리나라 청소년의 운동 부족 비율은 남학생 91.4%, 여학생 97.2%에 달한다. 이 비율은 해가 갈수록 계속 늘고 있어, 우리나라 청소년 중 운동하는 아이는 20명 중 한 명이 채 되지 않는다. 나라별로 등수를 매겨 봐도 우리나라 아이들의 운동 부족이 얼마나 심각한 수준인지 잘 알 수 있다. 전 세계 146개 국가 중 운동 안 하는 것으로 남학생은 2등, 여학생은 1등이다. 남녀를 합산하면 전 세계 1위라는 불명예를 차지하게 된다.

이게 코로나 팬데믹 전의 결과다. 하지만 모두가 알다시피 상황은 코로나 이후 훨씬 나빠졌다. 코로나 대유행 당시 아이들은 학교조차 가지 않았고, 하루 종일 집에 틀어박혀 책상 앞에서 온라인 수업을 받았다. 실제로 학교체육진흥회가 2021년 발표한 자료에 따르면 초등학생은 코로나 전에 비해 학교 밖 신체 활동은 약 26분, 교내 신체 활동은 약 21분이 줄었다. 중고등학생은 더 심해서 학교 밖 신체 활동은 약 84분, 교내 신체 활동은 약 71분이 줄었다.

신체 활동이 줄어들면 체력은 당연히 약해진다. '학생건강체력평가시스템 PAPS, physical activity promotion system'에서 가장 낮은 등급인 4, 5등급은 2019년 12.2%에서 2020년 17.6%, 2021년 17.7%로 코로나 이후 크게 늘었다. 심폐체력을 평가하는 왕복오래달리기 기록도 코로나 이후 현저히 느려졌다.

문제는 체력 저하만이 아니다. 소아 비만도 빠르게 늘고 있다. 소아청소년 비만률은 최근 10년 사이 남자 아이는 약 2.5배, 여자 아이는 약 1.4배 늘었다. 특히 고도비만이 유난히 빠르게 늘었다. 코로나 전후 아이들의 체중을 조사해 보니, 초등학생은 2019년에 비해 2021년에 평균 4.47킬로그램, 중고등학생은 평균 5.12킬로그램이 늘었다.

심각한 건 소아 비만은 절대 그것으로 그치지 않는다는 데 있다. 비만인 아동은 결국 비만한 성인으로 자란다. 비만 아동이 비만 성인이 될 위험은 정상 체중 아이보다 5배나 높아서, 비만 아동 중 84%가 2단계 이상의 비만(BMI가 $30kg/m^2$이상) 성인이 된다. 그리고 다들 알다시피 비만은 성인병의 근원이다. 대표적으로 당뇨병을 들 수 있다.

당뇨병은 1형과 2형으로 나뉜다. 인슐린의 분비가 절대적으로 부족해서 발생하는 1형 당뇨병과는 달리 2형 당뇨병은 인슐린 저항성과 상대적인 인슐린 부족으로 인해 생긴다. 2형 당뇨병은 대표적인 '성인병'이다. 아니 그렇다고들 했었다. 이렇게 과거형으로 이야기하는 이유는, 성인병이라고만 여겼던 2형 당뇨병이 요즘 아이들에게서 빠르게 늘고 있기 때문이다. 우리나라 2형 당뇨병 소아 환자는 15년 만에 4배가 넘게 늘었다. 소아 2형 당뇨병은 성인 2형 당뇨병이나 소아 1형 당뇨병보다 훨씬 더 빠르게 진행하고 합병증도 더 많이 발생한다. 그래서 어릴 때 걸리면 수명이 15년까지 짧아지고 발병이 빠를수록 사망률은 더 높아진다. 아이들에게서 2형 당뇨병이 폭발적으로 늘어난 이유는 바로 소아 비만의 급증이다.

심혈관계질환이나 암도 예외가 아니다. 1967년부터 이스라엘 청소년 230만 명을 40년 넘게 추적 관찰한 연구를 살펴보니, 청소년 때 체질량지수가 높으면 높을수록 성인이 되었을 때 심혈관계질환으로 사망할 위험도 함께 오르는 것을 확인할 수 있었다. 암도 마찬가지였다. 청소년기에 비만했던 사람이 성인이 되면 암에 걸릴 확률도 더 높았다.

2007년부터 2018년까지 우리나라 10~18세 소아청소년 약 만 명의 체질량지수를 측정해서 대사증후군의 위험을 분석해 보았다. 대사증후군 위험은 정상 체중 대비 과체중 아이는 54배, 경도비만 아이는 283배, 고도비만 아이는 950배나 되었다. 우리가 아이들의 비만을 '보기 좋다'며 그저 흐뭇하게 바라보고만 있는 동안 아이들의 인생에는 1,000배나 두꺼운 먹구름이 드리우고 있는 것이다. 아이가 좋아한다며 패스트푸드와 게임을 맘껏 허락하는 보호자는 어쩌면 아이에게 몹쓸 병을 주는 주범일지도 모른다.

그럼 우리 어른들은 어떻게 해야 할까? 그 해답을 대규모 연구들에서 찾아보자. '90년대의 아이들'이란 별명이 붙은 영국의 에이번 종단 연구 Avon Longitudinal Study of Pregnancy and Childhood가 있다. 영국 에이번이라는 지역에서 1991년과 1992년에 태어난 아이들과 그 가족들로 코호트를 구성한 연구였다. 11세가 된 아이들 약 6,000명을 모아 24세가 될 때까지 신체활동량과 체지방량을 계속 측정했다. 그 결과 체지방량은 아이들이 앉아서 지낸 시간이 길수록 늘었고, 운동 시간이 길수록 줄었다. 아이들의 비만 예방에 신체활동이 좋은 해결책이라는 사실을 알 수 있다. 운동의 효과는 비만 예방에만 그치지 않는다. 소아청소년기 운동에 대한 대표적인 연구 프로젝트인 핏 키즈 FIT Kids와 액티브 브레인즈 ActiveBrains를 보자.

핏 키즈는 7~9세 아이들의 방과 후 운동 프로그램의 효과를 연구했다. 방과 후 운동을 한 아이들은 하지 않은 아이들보다 최대산소섭취량, 즉 심폐체력이 좋았다. 최대산소섭취량과 함께 향상된 것은 아이들의 자기 조절 능력, 인지적 유연성, 주의력이었다. 뇌 MRI에서는 운동 프로그램에 참여한 아이들의 뇌량 corpus callosum에서 구조적인 변화가 관찰되었다. 뇌량은 뇌의 좌우 반구를 연결해서 인지, 운동, 감각 정보를 통합하고 처리하는 데 아주 중요하다. 운동 프로그램에 참여한 아이들에서는 인지 조절 능력과 관련된 뇌파의 변화도 관찰되었다.

액티브 브레인즈는 과체중 및 비만 아동에서 운동 프로그램의 효과를 연구한 프로젝트다. 8~11세 어린이들이 5개월에 걸쳐 90분씩 일주일에 3~5회 고강도 유산소운동과 근력운동을 했다. 운동한 아이들은 지능, 인지적 유연성, 학업 성적이 향상되었다. 작업기억과 자기 조절에 관련되는 뇌 활성도가 변했고 심폐체력과 근력이 향상된 만큼 자존감과 낙관적 태도도 향상되었다. 이 두 프로젝트에서 공통적으로 관찰된 사항은 심폐체력 향상이 뇌 발달과 인지 발달로 이어졌다는 사실이다.

반대로 심폐체력이 나쁘면 어떻게 될까? 18세 때 심폐체력이 낮으면 성인이 되었을 때 조기 치매의 발병 위험이 2.5배나 올랐고 18세 때 심폐체력과 인지 수준이 모두 낮으면 성인기에 조기 치매 위험은 47배나 올랐다. 18세 때 심폐체력이 낮고 비만하면 성인기에 장애가 생길 위험도 높아졌다. 이는 모두 110만 명의 스웨덴 아이들을 42년간 추적한 결과다.

우리나라 학부모들은 한 목소리로 공부할 시간도 모자란데 운동을 언제 하냐고 반문한다. 정말 그럴까? 운동은 공부에 방해만 되고 시간만 낭비하는 활동일까? 대만에서는 2009년부터 2013년까지 중학생 40만 명의 심폐체력을 측정했다. 그리고 그들의 중학교 졸업 성적을 조사했다. 심폐체력이 좋았던 아이들의 수학과 과학 성적이 더 높았다. 포르투갈에서는 11~14세 아이들 1,286명을 3년간 추적 관찰했다. 연구 기간 내내 심폐체력이 좋았던 아이들이 국어와 수학, 과학과 외국어 성적이 모두 더 좋았다. 또 연구 도중에 심폐체력 향상을 보였던 아이들은 기간 내내 심폐체력이 나빴던 아이들보다 성적이 더 높았다. 아이들의 심폐체력과 학업성적 간 연관성을 분석한 논문에서는, 6~18세 아이들의 심폐체력이 좋으면 좋을수록 학업성적도 더 우수하다는 사실을 밝혔다. 심폐체력을 건강하게 유지하거나 향상하면 성적도 향상되었다.

청소년기는 뇌가소성이 늘어나고 인지적 유연성이 확장되는 시기다. 이때는 뇌의 백질이 발달하고 신경네트워크의 구조도 크게 변한다. 이런 변화는 청소년기에는 물론, 성인기의 정신건강에도 매우 중요하다. 이 시기의 운동은 자기 조절과 관련된 신경네트워크의 구조를 더 단단하게 그리고 더 기능적으로 만들어 준다. 이런 변화는 건강한 자아개념 형성, 자기존중감의 향상, 문제 해결 능력의 향상으로 이어지고, 청소년의 회복탄력성도 높여줄 수 있다.

지금 청소년의 부모 세대인 중장년층은 어린 시절 신체활동이 훨씬 활발했다. 친구들과 밖에서 오랜 시간 뛰어놀며 컸기 때문이다. 그랬던 그들조차 성인이 되면 높은 비율로 대사질환자가 되고 만다. 그러나 요즘 아이들은 손끝 하나로 다 되는 세상, 맛난 고칼로리 음식을 언제든 먹을 수 있는 세상에서 나고 자랐다. 이런 세상이 당연한 아이들이 어른이 되었을 때 건강 상태가 어떨지 상상하는 것도 두려울 지경이다.

소아청소년기 운동은 비만 예방이나 심폐체력 향상에 그치지 않는다. 뇌 발달, 학업 성취도, 사회적 능력 함양에 모두 중요하다. 그리고 결국 일생 전반의 건강을 결정한다. 이때의 건강이란 심혈관계질환, 당뇨병 등 대사질환이나 암, 치매 같은 만성질환만을 말하는 것이 아니다. 정신심리적 건강까지도 결정한다.

부모들은 아이들이 차분히 오래 앉아 있으면 착실하다며 칭찬한다. 하지만 아이는 적어도 하루 한 시간 이상 과격하게 움직여야 하는 존재이다. 그래야 몸도 마음도 잘 자랄 수 있다. 아이들이 충분히 움직이도록 만드는 일은 부모와 나라가 해야 할 몫이다. 어른들의 노력이 무척 요구되는 일이다.

● 플로렌스 윌리엄스, 『자연이 마음을 살린다』, 더퀘스트, 2018년

운명 I

왜 사람의 눈은 두 개일까? 귀는 두 개인데 입은 하나인 이유는 뭘까? 피부색과 눈동자색은 왜 인종마다 다를까? 가끔 우리는 어쩌다 지금의 모습이 되었을까 궁금해질 때가 있다. 그 궁금증을 푸는 가장 좋은 방법은 진화의 과정을 살펴보는 것이다. 수많은 환경의 위협에 적응해 살아남은 것이 지금의 우리이기 때문이다. 그리고 그 적응 과정에서 선택된 유전형질이 지금 우리 몸을 이루고 있다. 생존에 유리한 형질은 선택되고, 불리한 형질은 도태되었다. 오랜 세월에 걸친 그 과정에서 살아남은 유전형질이 지금 우리 몸을 이루고 있다.

인류는 포유류에서 원숭이로 또 두 발 동물로, 다시 수렵채집인으로 진화했고 이 역사는 약 600만 년에 달한다. 그런데 인류 진화의 역사 중 물질적 풍요를 누린 시기는 아무리 길게 잡아도 300세대, 즉 만 년 정도밖에 되지 않는다. 이는 농경사회의 시작, 그러니까 신석기 혁명부터 지금까지인데, 비율로는 인류 역사의 0.25%에 불과하다. 인류 전체 역사를 놓고 보면 현대는 극히 이질적이고 극히 짧은 '찰나'에 지나지 않는다.

현대는 아직 우리 몸에 진화의 흔적을 남기지 않았다. 지금 우리 몸에 가장 많은 흔적을 남긴 것은, 당연히 인류 역사 중 비중이 가장 큰 시기이다. 가장 길었던 그 시기는 수렵채집시대로, 전체 인류 역사의 90%를 넘게 차지한다. 당시의 환경과 수렵채집인의 삶이 어떠했는지를 알면 우리 몸이 왜 이렇게 생겼는지 이해하기 쉽다.

수렵채집인이라는 이름에서 추정할 수 있듯, 고기를 사냥하고 식물을 채집하는 것이 당시의 식량 획득 방식이었다. 수렵채집인은 식물을 구하기 위해 매일 6킬로미터 이상 걸었다. 하지만 섬유소가 풍부한 식물은 소화가 어렵고 영양소 밀도도 낮다. 양질의 영양 보충을 위해서는 고기가 필요했다. 고기를 잡기 위한 사냥은 위험하기도 했지만, 수확을 기약할 수 없는 날도 무척 많았다.

야생 다큐멘터리를 보다 보면 어김없이 손에 땀을 쥐게 되는 장면이 있다. 아무 경계 없이 서 있는 사냥감을 향해 돌진하는 천적의 압도적인 모습을 비출 때다. 사냥감이 천적의 접근을 눈치 채고 무사히 도망가길 바라면서도, 먹고 살겠다는 야생 짐승을 탓할 수도 없는 순간이다. 그런데 그 장면에 야생 짐승 대신 사람을 투입한다면? 서스펜스는 바로 사라진다.

그 이유는 사람이 턱없이 느려서다. 지구상에서 가장 빠른 사람인 우사인 볼트 Usain Bolt도 2009년 세계 신기록을 세울 당시 속도는 시속 37.58킬로미터에 불과했고, 2011년에 레이저로 측정한 순간 최고 속도도 시속 44킬로미터에 미치지 못했다. 웬만한 동물은 이보다 두 배는 더 빠른 속도로 달릴 수 있다. 달리기만 느린가? 압도적인 무기도 없다. 날카로운 발톱도 이빨도 없고 그렇다고 힘이 센 것도 아니다. 수렵채집인의 무기는 바위나 나무막대기 따위가 전부였다. 이런 조건에서 무슨 수로 사냥을 했을까? 사냥감을 두고 다른 동물과는 어떻게 경쟁했으며 천적으로부터는 어떻게 살아남았을까?

인간의 무기는 다름아닌 '오래 달리기'였다. 비록 힘도 약하고 무기도 변변찮은 존재였지만, 대신 인간에게는 이동능력과 지구력이 있었다. 오래 달리기는 청소동물로도 또 사냥꾼으로도 꽤 쓸 만한 능력이었다. 죽은 동물이 있는 곳에 가장 먼저 도착해 누가 오기 전에 사체, 즉 식량을 챙겨 도망쳤다. 또 목표물이 지쳐 나가떨어질 때까지 집요하게 쫓아가 사냥에 성공하기도 했다. 잡아먹으려 쫓아오던 동물들은 하염없이 달려가는 사람을 포기했다. 우리의 조상이 오래 달리기를 잘 했던 덕분에 인류는 냉혹한 생태계의 틈새 시장에서 살아남았고 지구를 장악했다.

농경사회 전까지 사람이 배불리 먹는 날은 흔치 않았다. 사냥도 채집도 일정한 수확이 보장되지 않으니, 먹자마자 몸에 영양소로 쌓아두는 형질이 생존에 당연히 유리했다. 지방을 잘 축적하고 고칼로리 음식을 좋아하는 사람이 자연 선택되고 그 형질을 현대의 우리가 물려 받은 건 자연스러운 일이다. 우리의 다이어트가 매번 작심삼일로 처절히 실패하는 이유는 약한 정신력 탓이 아니다. 몇백만 년 전부터 물려받은 유전형질과 몇백만 년동안 새겨진 본능에 맞서 이겨야 하는 일이기 때문이다.

현대 사회는 과거보다 훨씬 편하고 안전해졌다. 우리는 먹을 것을 구하러 몇 시간씩 벌판을 헤매거나 스스로를 위험에 노출하지 않아도 된다. 오늘날 웬만한 나라에서는 끼니 걱정도 하지 않는다. 위생과 교육, 기술 그리고 의료의 발전 덕분에 평균 수명도 늘어나고 있다. 하지만 현대인만 오래 살고, 수렵채집인은 일찍 죽은 것은 아니다. 유년기를 무사히 넘기기만 하면 수렵채집인도 대부분 68~78세 사이에 사망했다. 수렵채집인과 현대인의 차이는, 수렵채집인은 노년기에도 비만, 2형 당뇨병, 동맥경화, 관상동맥질환, 고혈압, 뇌졸중, 암 같은 병에 거의 걸리지 않았다는 사실이다. 당시에는 의학이랄 것도 없었는데 말이다. 의사도 병원도 없던 시절에, 이들은 성인병 없이 살았다.

우리의 몸은 현대에 '짠' 하고 탄생한 것이 아니다. 수백만 년동안 진화를 거치며 물려받은 유전형질의 조합이 현재 우리 몸이다. 이 몸은 하루에 9~15킬로미터를 걷거나 뛰고 고칼로리 음식은 아주 가끔 먹어야 맞는 몸이다. 하지만 우리는 모니터나 핸드폰을 앞에 둔 채 단 몇 번의 터치로 문 앞에 놓인 고칼로리 음식을 받아 먹는다. 우리 몸은 이렇게 살아서는 건강을 유지할 수 없게 설계되었다. 아가미를 가진 물고기가 물 밖에서는 죽고 지느러미는 땅 위에서는 쓸모가 없듯이, 유전형질이 환경과 맞지 않으면 문제가 생긴다.

현대인들은 대부분 관상동맥질환, 뇌졸중, 암, 치매, 당뇨 같은 비전염성 질환noncommunicable diseases, NCD으로 죽는다. 비전염성 질환이란 세균이나 바이러스 등 병원체를 죽이면 깨끗이 해결되는 전염병communicable diseases과는 달리, 매우 복합적인 원인에 의해 오랜 시간에 걸쳐 발생하는 '생활습관병'을 말한다. 2019년 기준 전 세계 10대 사망 원인 중 7개가 NCD였고, 전체 사망의 74%를 차지했다. 그리고 이 비율은 해가 가면 갈수록 계속 높아지고 있다.

산업혁명 이후 지난 250년 동안 기술적, 경제적 진보는 인간의 삶을 완전히 바꿨다. 환경도, 살아가는 방식도 완전히 달라졌다. 자동차, 지하철, 기차, 비행기, 에스컬레이터, 엘리베이터 덕분에 우리는 두 발 까딱하지 않고도 빠르고 편하게 이동할 수 있다. 사람이 손수 했던 가사일은 세탁기와 냉장고, 청소기, 전자레인지, 건조기 그리고 식기세척기가 대신해 준다. 에어컨과 히터 덕분에 체온을 유지하는 데 에너지를 쓸 필요도 없다. 새로 짓는 아파트의 각종 편의시설은 몸을 최소한으로 쓰도록 설계되어 있다. 현대인들은 편의와 효율, 쾌락을 극대화하고 사람의 노력은 최소화한 제품이야말로 가장 혁신적이고 세련된 것이라 생각한다. 기업들이 영리를 목적으로 이런 점을 광고에서 부각시키니, 이런 마케팅은 더욱 잘 먹힌다. 현대인은 당장의 안락함과 즐거움에 합리적 판단과 의사 결정 능력을 내어 준다.

나이 들어서도 병에 걸리지 않고 활기차게 사는 것, 즉 '건강하게 나이들기'는 모두의 공통된 바람이다. 하지만 운동을 하지 않은 채 사는 삶은 건강 수명을 계속 단축시킨다. 의학이 발전하면 이런 고민은 알아서 해결되지 않겠느냐고 생각할 수도 있겠지만, 안타깝게도 편의 추구 경향은 기술과 산업 분야만의 이야기가 아니다. 의료도 마찬가지다. 현대 의학은 병과 증상을 더 빨리 손쉽게 치료하는 방향으로 발전했다. 환자들은 점점 더 빠른 증상 완화와 더 편한 치료를 기대한다. 병에 걸린 환자로서 편하고 쉽게 치료받을 권리(?)를 누리면 족하다고 생각한다. 하지만 병의 원인인 '문제적 생활'이 그대로 남아 있는 한, 치료에도 불구하고 병은 계속 악화된다.

우리는 지금과는 전혀 다른 환경에서 만들어진 몸을 가지고 180도 달라진 환경에서 살고 있다. 그 결과로 조상들과 똑같은 몸과 유전자를 지니고서 조상들은 걸리지 않았던 병에 걸리고 죽는다. 현대사회는 천적과 자연재해가 아니라 전혀 다른 모습의 위험이 지배하고 있다. 그것은 혁신과 발전이라는 세련된 가면을 쓰고 있는 위험이다. 우리의 몸에는 몇백만 년 동안 달렸던 역사가 고스란히 남아있다. 현대의 새로운 위험에 대해 어떻게 살아갈 것인지는 끊임없이 각성하고 노력해야 한다. 오래 달려 살아남았고 번성했던 인류는 지금도 여전히 '달릴 운명'인 것이다.

● 마르쿠스 아우렐리우스, 『명상록』, 현대지성, 2018년

운명 II

올림픽에서만 28개의 메달을 거머쥔 미국의 전 수영 선수 마이클 펠프스Michael Phelps는 팔이 무척 길다. 보통 사람은 양팔을 벌리면 자신의 키와 같은데, 펠프스는 193센티미터인 키보다 8센티미터 넘게 길다. 발도 355밀리미터나 되고 손도 크다. 허리도 길다. 대신 그의 다리는 81센티미터에 불과하다. 키나 팔길이에 비해 어색할 정도로 짧다. 이런 그의 체형적 특징은 수영에 절대적으로 유리하다. 체형만 놓고 보아도 그는 수영을 할 운명이었던 것이다. 만약 그가 수영을 하지 않았다면 개인적으로도 또 인류에게도 무척 아쉬운 일이었을 것이다.

사람은 달릴 운명을 타고 났다. 선뜻 동의하기 어려운 말일 수도 있다. 그래서 이번에는 우리 몸의 구석구석에서 달릴 운명의 힌트들을 찾아보려 한다. 혹시 아는가, 어쩌면 내가 몰랐던 운명의 비밀이 있을지. 이 이야기를 듣고 나서도 달릴 운명이란 표현이 많이 지나치다고 느낀다면 할 말은 없겠지만.

지구상에서 사람과 유전적으로 가장 가까운 동물은 유인원이다. 오랑우탄은 사람과 DNA가 97% 일치한다. 침팬지는 98.8%나 일치해 더욱 가깝다. 유인원은 도구도 사용할 줄 알고 정서적 반응과 상호작용도 한다. 목적을 위해 협력하고 정치적인 결정도 하며 심지어 중상모략도 한다. 하지만 외모로 침팬지와 사람을 구분하는 것은 너무 쉽다. 유전자 중 고작 1~2%만 다를 뿐인데도 말이다.

두 발로 뛰려면 일단 두 발로 서고 걸을 수 있어야 한다. 유인원과 사람은 외모뿐 아니라 선 자세나 걸음걸이도 다르다. 침팬지와 고릴라는 둘 다 엉거주춤 서고 손(앞발)의 너클 부분으로 땅을 짚고 걷는 '너클 보행knuckle-walking'을 한다. 네 발 보행이다.

물론 고릴라와 침팬지도 가끔 두 발로 직립 보행을 할 때가 있지만 사람하고는 다르게 두 다리를 옆으로 벌려 비척비척 걷고 걸을 때마다 몸통도 좌우로 많이 흔들린다. 골반이 좁고 다리가 골반 옆에 붙어 있기 때문이다. 사람은 걸을 때 몸통이 거의 흔들리지 않는다. 사람의 골반뼈는 장골ilium이 크고 부채처럼 옆으로 활짝 펼쳐져 있다. 이러면 한 다리로 섰을 때 골반뼈에 붙는 중둔근이 골반과 몸통이 반대쪽으로 기울지 않도록 꽉 잡아줄 수 있다.

걸을 때마다 몸통이 흔들리면 에너지가 분산되어 추진력을 내기 어렵다. 하지만 사람은 양 옆으로 벌어진 골반과 거기에 붙는 근육 덕분에, 몸통을 잡는 데 에너지를 낭비하지 않고 앞으로 이동에만 대부분의 에너지를 쓸 수 있다. 직립 보행하기에 구조적으로 적합한 신체다. 한 연구진은 실제로 침팬지를 트레드밀 위에서 걷게 한 다음 소모 에너지를 측정해 보았다. 그랬더니 걸을 때 침팬지는 사람보다 에너지가 4배나 더 필요했다. 다리가 짧은 데다 골반이 좁고, 어정쩡한 자세로 걷는 탓이다. 침팬지보다 다리가 긴 사람은 몸이 흔들리지 않고, 꼿꼿이 편 자세로 걷기 때문에 걸을 때 에너지를 거의 쓰지 않는다.

달릴 때는 걸을 때보다 중둔근이 5배 가까이 강하게 수축한다. 따라서 중둔근이 약하면 잘 달릴 수 없는 것은 당연하다. 중둔근이 살짝 약한 사람은 걸을 때에는 별로 표가 나지 않지만 달리기를 시켜보면 뚜렷하게 트렌델렌버그 사인_{Trendelenburg sign} ◦◦ 을 보인다. 이런 사람은 러닝 중 부상의 위험도 증가한다.

대둔근_{Gluteus maximus}은 고관절을 펴는 근육인데, 사람은 대둔근이 유난히 크다. 유인원보다도 훨씬 크고 두꺼워서 피로해지거나 찢어지는 일이 좀처럼 없다. 대둔근이 약하면 엉거주춤한 자세가 되고 몸통이 앞으로 고꾸라진다. 평지를 걸을 때에는 대둔근 근력의 십분의 일도 필요가 없지만, 같은 속도로 달리기 시작하면 50%가량 더 힘을 쓰고 더 빨리 달리면 두 배 더 강하게 수축한다. 걸을 때 그리고 달릴 때 엉덩이에 손을 대보면, 걸을 때에는 거의 쓰이지 않던 엉덩이 근육이 달리면 단단하게 수축하는 것을 바로 느낄 수 있다. 걸을 땐 이렇게 큰 대둔근이 필요 없다. 그런데도 사람이 큰 대둔근을 가지게 된 것은 사람은 걷는 존재가 아니라 달리는 존재였다는 증거다. 큰 대둔근은 직립보행이 아니라 오래 달리기 위한 진화적 적응이니 말이다.

펠프스처럼 짧은 다리는 수영에 유리하지만, 반대로 긴 다리는 걸을 때 에너지를 아낄 수 있다. 유인원은 앞다리가 뒷다리보다 길지만, 사람은 팔보다 다리가, 다리 중에서도 정강이가 길다. 좀처럼 마라톤계의 패권을 내려놓지 않는 케냐나 에티오피아 선수들은 이 부분이 유난히 가늘고 길다. 이런 다리는 달리기에 유리하다.

엉덩이관절, 무릎관절, 발목 관절은 달릴 때 체중의 4배 이상을 버텨내야 한다. 사람은 엉덩이관절, 무릎관절, 발목 관절이 모두 크다. 발꿈치뼈도 크고 평평하게 생겨서 발꿈치를 디딜 때 충격도 아주 잘 처리해낸다. 발의 모양도 마찬가지다.

유인원의 발을 떠올려 보면, 엄지발가락이 길고 바깥쪽으로 따로 떨어져 벌어져 있어서 마치 사람 손처럼 생겼다. 이런 발 모양은 사물을 잡거나 나무를 오르기에 좋다. 사람은 엄지발가락이 나머지 발가락들과 나란하게 붙어 있다. 엄지발가락이 옆으로 많이 벌려지지도 않는다. 나무를 오르는 것은 포기하고 땅에서 두 발로 이동하기를 선택한 결과다.

걸을 때에는 발가락 길이와 소모 에너지 사이에는 아무 상관이 없다. 하지만 사람처럼 발가락이 짧으면, 달릴 때 땅을 박차는 순간 지면반발력을 더 크게 낼 수 있다. 발가락이 20%만 길어져도 달릴 때 에너지가 2배로 필요하다. 우리의 발가락이 짧은 것은 잘 걷기 위해서가 아니라 잘 달리기 위해 선택된 형질임을 알 수 있다.

	발목뼈	중족골	발가락
호모사피엔스	51%	26%	23%
오스트랄로피테쿠스	38%	32%	30%
침팬지	35%	29%	36%

현생 인류의 발가락은 오스트랄로피테쿠스나 침팬지보다도 짧다. 이는 달리기에 유리한 특징이다.

사람에게는 아킬레스건이라는 스프링도 있다. 발이 땅에 닿는 순간부터 종아리근육과 아킬레스건이 늘어나는데 이때 탄성에너지가 저장된다. 뒤꿈치가 땅에 닿았다가 떨어질 때는 이들이 다시 짧아지면서 탄성 반동 때문에 발이 튀어 오른다. 침팬지와 고릴라의 아킬레스건은 1센티미터도 안 되지만, 사람은 10센티미터가 넘고 매우 두껍다. 그런 덕분에 사람은 달릴 때 에너지를 35% 가까이 아낄 수 있다. 만약 아킬레스건이 없었다면 이만큼의 에너지를 순전히 근육을 써서 내야만 했을 것이다.

오래 달리기와 걷기의 에너지 차이는 40%에 불과한데, 이 역시 아킬레스건 덕분이다. 달리기 속도를 높여도 에너지 소모가 별로 늘지 않는 이유도 아킬레스건에 있다. 길고 두꺼운 아킬레스건의 장점은 에너지 절감 말고도 또 있다. 근육을 덜 사용하니 근육의 피로와 손상 위험이 줄고, 열 생성이 줄어드니 체온을 조절하는 데 드는 노력까지 줄일 수 있다. 결과적으로 달리는 것이 덜 힘들어지기 때문에 더 편하게 오래 달릴 수 있는 것이다. 사람의 길고 두꺼운 아킬레스건은 오래 달린 흔적이자, 오래 달리기 위해 진화된 특징이다.

직립 보행의 결정적 단점은 속도다. 잘 알다시피, 두 발 동물은 네 발 동물에 비해 질주 능력이 현저히 떨어진다. 네 발 동물의 다리는 속근섬유의 비율이 높다. 그러니 단시간에 폭발적으로 가속―치타는 15초 만에 시속 110킬로미터까지 속력을 낸다―하고 빨리 달릴 수 있다. 하지만 사람의 다리에는 지근섬유가 더 많아서, 종아리근육에는 약 60%나 된다. 침팬지도 지근섬유가 15~20%에 불과한 데 말이다. 사람에게만 유난히 높은 지근섬유 비율 역시 느리더라도 오래 달릴 수 있는 비밀이다.

달리기를 위한 신체 비밀은 또 있다. 햇볕에 몸통 전체가 노출되는 네 발 동물과 달리 직립을 하는 사람은 체표면의 7%만 햇볕에 노출된다. 직사광선이 내리 쪼일 때 사람은 다른 동물에 비해 과열될 위험이 현저히 낮다. 키가 크고 다리가 길어지면서 체질량 대비 체표면적이 넓어져서 몸도 빨리 식힐 수 있다. 땀도 아주 중요한 냉각 전략인데, 더울 때 사람은 침팬지보다 4배에서 10배까지—시간당 1리터에서 4리터까지—땀을 흘린다. 어마어마하게 효율적인 냉각 시스템이다. 머리카락은 햇볕을 차단하고 피부는 털로 덮여 있지 않아 땀이 쉽게 증발하니, 털짐승보다 매우 효율적으로 체온을 떨어뜨릴 수 있다. 땀은 사람을 오래 달리기의 강자로, 험한 세상에서 살아남게 만들어 주었다.

사람은 유산소성 대사를 활용해서 오래 달린 덕분에 척박한 지구 환경과 생존 경쟁 속에서 살아남았다. 최소 100만 년 이상을 달렸던 기억이 우리 유전자와 우리 몸에 고스란히 남아 있다. 우리 몸은 그렇게 살도록 설계된 몸이다. 이 말은 곧 설계된 대로 살지 않으면 문제가 생긴다는 말이기도 하다.

세상에는 자신이 이런 특장점을 타고 났다는 사실조차 평생 모르고 사는 이들이 많다. 이들은 "내가 무슨 달리기를 해" "달리기는 튼튼한 청춘들이나 하라지"하고 선을 긋는다. 우리 몸 구석구석에 새겨진 달리는 존재로서의 흔적을 자랑스럽게, 또 기쁘게 받아들여도 좋을 것 같다. 우리는 잘 달릴 수밖에 없게 타고 났다. 고작 몇십 년 달리지 않았던 것은 몇백만 년에 대면 아무 것도 아니지 않은가. 물려 받은 재능을 즐겨 보길 바란다.

● 윌리엄 셰익스피어, 『셰익스피어 소네트』, 민음사, 2018년
●● 중둔근 힘이 약한 사람은 같은 쪽 다리 하나로 서면 골반이 반대쪽으로 기운다. 그러면 본능적으로 몸통을 약한 쪽으로 기울여 보상한다. 이렇게 한 다리로 서거나 걷거나 뛸 때 골반이나 상체가 기울어지는 것을 '트렌델렌버그 사인'이라 부른다.

운동하지 않는
의사

고대 그리스 철학자 엠페도클레스의 말처럼 사람은 자신이 경험한 것이 전부라 여기는 실수를 자주 범한다. 또한 본인이 해보지 않은 것에는 부정적인 태도를 보이기 쉽다. 여우가 눈앞에 있지만 닿을 순 없는 다디단 포도를 신 포도라 치부하듯, 하지 않는 것에 대해서는 그럴 듯한 이유를 대기도 한다.

의사들은 어떤 원인에서든 병, 부상, 통증 같은 부정적인 결과를 겪은 사람들을 주로 만난다. 그런데 같은 원인으로도 부정적 결과를 얻을 수 있지만 그렇지 않은, 심지어 긍정적 결과를 얻은 사람들도 있다. 이런 사람들은 진료실을 찾아오지 않기 때문에, 의사들이 이들을 만날 일은 없다.

이제 그 원인에 '운동'을 대입해 보자. 운동을 하다 다쳐 병원을 찾아온 사람들만 만나는 의사는, 본인의 풍부한 진료 경험을 바탕으로 '운동 = 사람을 다치거나 아프게 하는 것'이라는 결론에 이른다. 만약 그 의사가 운동을 하지 않거나 해 본 적도 없는 사람이라면 판단은 더욱 확고하다. 왜냐하면 그 의사는 그 운동을 아픈 환자를 통해 부정적으로만 접했기 때문이다.

퍼스널트레이닝이 지금처럼 보편화되기 전, 피티를 받다가 부상을 입고 병원을 찾은 사람들을 진료한 의사들은 환자들에게 "피티는 위험하니 절대 해서는 안 됩니다."란 조언을 자주 했다. 등산을 하다가 부상을 입은 사람들을 진료한 의사들은 "등산은 하지 마세요."라고 했고, 달리기를 하다가 무릎이 아파 온 사람들을 진료한 의사들은 "달리기는 무릎 망가뜨리는 지름길이니 건강한 무릎으로 살고 싶으면 달리기 같은 건 하지도 마세요."라 이야기했다.

의료의 여섯 가지 덕목 중 "Primum non nocere."라는 말이 있다. 영어로는 "First, do no harm."이다. 의사라면 가장 먼저 환자에게 절대 해를 끼치지 않아야 한다는 뜻이다. 이것이 의료의 덕목이라고 배웠으므로, 의사는 원치 않는 결과를 초래하는 것을 누구보다도 꺼리고 가급적이면 보수적인 입장을 취한다. 그래서 위험을 감수하기보다는, 조금이라도 환자가 위험하다 생각되면 만류한다. 자연히 운동을 위험하다고 보는 의사에게, 운동은 곧 '위험 요인'이고 운동을 말리지 않는 일은 환자에게 해를 끼치는 행위가 된다. 그래서 심지어 운동이 위험한 타당한(?) 의학적 근거를 들면서까지 환자를 만류한다.

그러나 운동의 긍정적 효과를 경험한 의사는 다르다. 운동을 직접 해본 의사는 운동의 긍정적인 효과가 위험을 상회하며, 현명하게 운동하면 부정적 결과는 대부분 예방 가능하다는 사실도 잘 안다. 운동 경험이 풍부한 의사는 환자에게 운동마다 기대되는 이득을 구분해서 알려줄 수 있고, 환자의 건강 목적에 맞는 운동 종류와 방식을 세밀하게 조언할 줄도 안다. 반대로 주의해야 할 운동과 그다지 효과적이지 않은 운동도 알고 있다. 부상이나 질병 상황에 맞는 운동을 처방해 줄 수도 있다. 환자가 운동과 관련해서 상세한 조언을 요청하면, 운동 경험이 풍부한 의사는 환자에 맞는 수준으로 구체적이고 정밀한 의학적 조언을 한다. 그뿐 아니다. 운동하는 의사는 운동하지 않는 삶의 질이 장기적으로 얼마나 나쁜지도 알고 있다. 따라서 이런 의사에게 운동은 절대 말릴 일이 아니다. 오히려 운동을 만류하는 것이야말로 진정한 '위험 요인'이라는 사실을 잘 안다.

우리나라뿐 아니라 많은 의사들이 운동을 하지 않거나 못한다. 의사가 운동하기 어려운 직업이라는 점은 사실이다. 하지만 나는 누구보다도 운동해야 하는 사람이 의사라고 생각한다. 시간이 없고 여건이 여의치 않더라도 의사가 운동을 챙겨야 하는 이유는 여러 가지다.

일단 환자를 잘 치료하기 위해서는 신체적으로든 정신적으로든 의사 본인부터 건강해야 한다. 기내 응급 상황 시에 어른부터 산소마스크를 착용한 후 아이에게 끼워주는 것과 같은 이치다. 본인의 건강을 위해서도 중요하지만 의사의 사명을 위해서도 마찬가지다. 본인은 담배를 피우면서 환자에게 금연하라는 의사의 말에 힘이 실릴 리 없다. 의사부터 운동을 해야 환자에게 운동하라는 말이 설득력을 가진다. 의사가 운동이 건강에 왜 중요한지, 운동이 건강에 대해 무슨 도움을 어떻게 주는지를 알아야, 환자에게 제대로 운동을 권할 수 있다.

운동을 해 본적은 없지만 운동이 몸에 좋다는 것을 아는 의사는 그저 "운동하세요!"라고 조언할 뿐이다. 심지어는 운동을 하지 않는다고 환자를 꾸짖기도 한다. 그런데 그 의사에게 "그럼 무슨 운동을 어떻게 해야 하나요?"라 질문해 보면, 아마 제대로 된 답을 듣지 못할 것이다. 잘해야 "많이 걸으세요." 수준의 답을 듣게 될 뿐이다. 다양한 운동을 해 본 의사는 환자를 갸우뚱하게 하는 "운동하세요."라는 유명무실한 말 대신, 어떤 운동이 적합하고 어떤 운동은 부적합한지 가려서 알려준다. 또 어떻게 운동해야 부상 없이 최대의 건강 이득을 얻는지에 대해서도 의학적 조언을 구체적으로 줄 수 있다.

질병이나 부상은 그저 우연히 오지 않는다. 반드시 이유가 있다. 그리고 그 이유는 대부분 생활에서 찾을 수 있다. 그렇다면 그 생활을 바르게 고치는 것까지가 치료이다. 그런데 여전히 병이나 통증 같은 당장의 상황적 문제만 치료 대상으로 여기는 경향이 지배적이다. 이런 경향은 부분적으로는 행위별 수가제fee-for-service, 약이나 검사 같은 행위에 대해서만 가격을 매기고 돈을 지급하는 제도라는 우리나라 건강보험의 기조 탓이고, 또 부분적으로는 손쉽고 편하고 빠른 해결을 원하는 환자들의 탓이다. 의대 교육과정에서 운동을 가르치지 않는 것도 원인이다. 하지만 제도적, 상황적 한계가 있다 하더라도 의사라면 문제의 근본 원인까지 접근해야 한다. 그리고 고쳐야 할 근본 원인은 대개 환자의 삶에 있다.

질병을 치료할 때 수면이나 영양, 위생과 같은 기본적인 건강 선결 조건들을 만족하는 것이 먼저다. 현대 사회에서 기본적인 건강 선결 조건이 문제가 되는 일은 별로 없다. 그렇다면 그 다음 조건이 중요할 것이다. 바로 몸과 뇌의 건강 상태를 회복하는 것이다. 운동은 이 단계에서 필요하다. 가장 중요한 건강 지표인 심폐체력과 근력이 나쁜데 뇌만 건강할 수는 없다. 몸이나 뇌가 건강하지도 않은데 약이나 치료가 잘 들을 리도 없다. 설사 단기적으로 효과를 보인다 해도 근본적인 문제가 그대로인 한 장기적 결과는 절대 좋을 수 없다. 뇌가소성도 뇌가 건강한 상태여야 극대화된다. 엉망인 삶은 그대로 둔 채 좋은 약만 먹는다고 뇌가 제대로 회복될 리도 없다.

현대 사회의 대부분의 질환은 신체활동 부족에서 기인한다. WHO는 만성질환의 가장 중요한 위험인자로 신체활동 부족을 꼽았다. 진정한 글로벌 팬데믹은 코로나가 아니라 운동 부족이라고도 한다. 몸을 움직일 기회를 상실한 현대인의 건강을 위해 운동은 기본이자 필수이다. 그러니 운동에 대한 적절한 의학 정보와 구체적인 조언을 주는 일은, 의사의 의무 중 하나다. 실제로 운동하는 의사가 환자에게 적절한 운동 조언을 준다는 사실은 여러 연구를 통해서 알려져 있다. 의사들에게 운동 프로그램을 시작하게 했더니, 의사들이 환자들에게 적절한 운동 롤모델이 되더라는 연구도 있다. 한 논문은 대놓고 이렇게 말하기도 한다. "Practice it and preach it." 의사라면 운동하고, 환자가 운동하도록 만들라는 말이다.

의료의 여섯 가지 덕목 중에는 "Salus aegroti suprema lex."라는 것도 있다. "환자의 건강이 최고의 덕목"이란 뜻이다. 운동 부족 팬데믹인 현대 사회에서 최고의 덕목인 환자의 건강을 제대로 지킬 수 있는 의사는 운동하는 의사다.

꽃길만
걸으세요

외할아버지는 첫 손주의 이름으로 '유진'과 '세희'라는 이름 두 개를 받아 오셨다. 하나는 굴곡 없이 편안하고 윤택하게 살기를 바라는 이름, 다른 하나는 힘들어도 의미 있는 삶을 살라는 이름이라 했다. 외할아버지의 설명을 들은 부모님이 갓난아기 이름으로 망설이지도 않고 '세희'를 골랐을 때, 내 인생의 틀은 어느 정도 정해졌는지도 모르겠다. 가끔 내 이름이 '유진'이 되었다면 어땠을까, 하고 생각할 때가 있다. 사는 게 너무 팍팍하다 못해 내 인생은 왜 이 모양인가 싶을 때 주로 그렇다. '유진'의 삶이 부럽고 궁금하기도 하지만, 여유로움은 권태와도 가

302

까운 법. 내 성격에 권태로운 삶은 견디기 어려울 것 같으니 '세희'로서 잘 살기로 해 본다.

'꽃길만 걸으세요'는 요사이 자주 듣는 덕담이다. 하지만 이 말을 들을 때마다 나는, 이 말이 과연 덕담인가 싶다. 꽃길만 걸으라는 축원은, 스트레스 받을 일 없고 애쓰지 않아도 되는 삶을 기원한다. 내가 편안하게 느끼는 익숙하고 안전한 상황을 '컴포트존comfort zone'이라 한다. 컴포트존 밖은 힘들고 낯설고 불편하다. 경험해 본 적 없어 두려우며 예측이 어렵고 위험도 감수해야 한다. 꽃길만 걸으라는 말은, 인생 내내 컴포트존을 벗어나지 말라는 말이기도 하다.

사람마다 저마다의 컴포트존이 있다. 어떤 상황을 편하게 느낀다는 것은 이미 충분히 익숙해서일 수도 있고, 그런 상황을 자주 접했기 때문일 수도 있다. 나의 잠재력이 큰 덕분일 수도 있다. 컴포트존이 좁은 사람은 조금만 벗어나도 불안하고 괴롭다. 반면 넓은 사람은 웬만해서는 힘들어하지 않는다. 평생을 걷기만 한 사람의 컴포트존 경계는 걷기다. 계단 몇 개 혹은 짧은 오르막만 올라도, 짧은 거리를 가볍게 뛰기만 해도 그 사람은 힘들고 고통스럽게 느낀다. 그런 활동이 컴포트존 바깥이기 때문이다. 평생을 무거운 것 한번 들지 않은 사람은, 본인 신체의 일부를 들어올리는 것만으로도 괴로울 것이다. 머리만 감아도 팔이 무겁고 팔굽혀펴기만 해도 손목을 다치며, 달리기만 하면 무릎과 발목부터 아프다. 근력이 버틸 수 있는 컴포트존이 매우 좁기 때문이다.

모든 사람은 예외 없이 시간의 지배를 받는다. 심폐체력, 근력, 인지기능을 포함한 우리의 모든 신체 기능은 시간의 함수로 점점 쇠퇴한다. 애쓰지 않아도 되는 삶을 살면 당장은 편하고 좋겠지만, 결국 몸도 마음도 점점 힘을 잃는다. 나의 컴포트존은 시간이 지날수록 점점 좁아지기만 할 뿐 알아서 넓어지지 않기 때문이다. 그대로 살다 보면 어느새 발 하나 딛기 어려워진다.

1966년에 기념비적인 연구 하나가 진행된다. 연구의 책임자는 스웨덴의 벵트 살틴Bengt Saltin 교수. 연구의 이름은 '침상안정 연구Bed Rest Study'였다. 장장 78페이지짜리 아주 긴 논문으로 출간된 이 연구에는 스무 살 청년 5명이 참여했다. 이들이 할 일은 3주 동안 철저히 침대에 누워만 있는 것. 피 끓는 스무 살짜리에게는 고문이었을지 모르겠지만, 온종일 침대에서 뒹굴기가 소원인 지친 현대인들에게는 요즘말로 '개꿀'인 연구가 아닌가 싶다. 연구진은 3주간 누워 있으면 우리 몸에 어떤 변화가 생기는지 알아내려고 했다.

3주 사이에 최대산소섭취량은 43.0mL/kg/min 에서 31.8mL/kg/min로 27%가 줄었다. 심박출량은 26%가, 1회 심박출량은 31%나 줄었다. 3주를 누워서 지내면 심장이 피를 짜내는 힘이 약해져 최대산소섭취량이 크게 낮아지는 것이었다. 후대의 다른 연구에서 밝혀진 바에 따르면, 심장 수축력이 약해지는 이유는 누워 지내는 사이 심장 근육이 얇아지기 때문이다.

그런데 첫 연구로부터 정확히 30년 후 이들은 연구를 위해 다시 모였다. 그리고 그 대상자는 바로 1966년 연구의 5명이었다. 스무 살 청년들은 이제 50세의 중년이 되었다.

이번에는 3주간 누워있게 하진 않는 대신 이들의 평소 신체 기능을 분석하였다. 50세가 된 이들의 평균 최대산소섭취량은 31.0mL/kg/min이었다. 잠시 앞으로 가서 3주간 누워만 있었던 스무 살 청년들의 최대산소섭취량을 확인해 보면, 31.8mL/kg/min였다. 누워만 지내면, 30년 나이 드는 동안 줄어드는 심폐기능 변화를 단 3주만에 달성할 수 있는 것이다. 30년 세월의 풍파를 한꺼번에 맞고 싶다면 이렇게 살면 된다. 눕거나 앉아서만 지내면 나빠지는 것은 심장뿐일까? 그렇지 않다. 근육도 뼈도, 대사 시스템도 모두 급격히 늙는다.

논문에는 당연히 피부에 대한 언급은 없지만, 3주 동안 햇빛도 보지 않고 침대에서 누워만 지냈으니 청년들의 피부는 뽀얗고 윤이 나지 않았을까 싶다. 겉모습만으로는 '스트레스 없이 충분히 쉬니 역시 몸이 좋아진다'며 흐뭇하게 생각했을지도 모른다. 우리는 피부 같은 외적인 노화에는 매우 민감하다. 하지만 진정한 노화는 보이지 않는 내부 장기에서 일어난다. 우리가 인식하지 못하는 사이 혹은 외적인 노화에만 신경 쓰고 있는 사이, 침상안정 연구처럼 주요 장기와 기능은 매우 빠르게 망가지고 있을지 모른다.

컴포트존은 힘들고 불편하고 어려운 것을 해낼 때에만 넓어진다. 침상안정 연구에서 보듯 건강한 젊은이들도 누워 지내면 신체기능이 급격히 나빠지는데, 노년의 사람들이 침대에 누워 생활하면 결과는 불 보듯 뻔하다. 그건 바로 매우 빠른 건강 악화와 극심한 의존성이다. 병원에서 일하다 보면 집으로 충분히 갈 수 있는데도 퇴원 대신 다른 병원으로 옮기겠다는 환자를 매우 자주 본다. 그렇게 병원만 바꿔가며 입원 생활을 몇 달이고 몇 년이고 이어간다. 거기에는 돌봐줄 사람이 없거나 치료가 용이하다거나 하는 여러 이유가 있겠지만, 입원해 있으면 양질의 재활치료를 더 오래 받아 회복을 더 잘할 것이라는 기대 때문인 경우가 많다. 하지만 이것은 큰 착각이다.

입원해 있는다는 것은 침상 생활의 연장을 의미한다. 병원에서는 치료 시간을 제외하고는 나에게 할당된 좁은 침대에 온종일 누워 관리와 요양을 받는다. 가정에서의 상황과는 상당히 다르다. 집에서는 자신의 몸을 스스로 건사해야 하고 여러 일을 직접 할 수밖에 없다. 하다 못해 화장실을 가거나 밥을 먹으러 식탁에 앉을 때도 스스로 해야 한다. 그 모든 과정이 재활이다. 건강도 기능도, 독립성도 스스로 해내는 와중에 점점 회복된다. 하지만 병원에서는 그저 침대 안에서만 허락된 활동, 즉 줄곧 누워 지내게 된다. 다른 사람의 간병을 받으니 기본적인 신체활동조차 하지 않는다. 안락하고 안전하며 치료받기도 편한 병원이 '컴포트존'인 것이다. 하지만 기본적인 신체활동과 기능 수준이 보장되지 못하므로 기대와는 반대로 신체는 약해지고 회복은 지연된다. 게다가 몸의 문제만이 아니다. 신체가 병원 침대에 갇혀 있는 동안, 정신은 '나는 환자'라는 틀에 갇힌다. 사회에서 격리되는 것은 말할 것도 없다.

지나가는 사람 아무나 붙잡고 "요즘 스트레스 받으시나요?" 하고 물으면 열에 아홉은 그렇다고 대답할 것이다. 실제로 병에 걸리면, 많은 사람들이 최근에 받았던 스트레스를 떠올리며 그 일 혹은 그 사람 때문에 병에 걸렸다고 생각한다. 셰익스피어 비극의 주인공 햄릿의 말처럼 인생에는 '격노한 운명의 화살과 물맷돌' 투성이다. 아무도 없는 곳에서 밥벌이를 신경쓰지 않고 살아도 세상 천지가 스트레스다. 계절의 변화도, 갑자기 퍼붓는 비도 피할 수 없는 스트레스다.

스트레스라고 하면 다들 부정적으로 여기지만, 그렇다고 스트레스 진공 상태에서 지내는 것이 몸과 마음에 좋기만 한 것도 아니다. 중요한 것은 내가 그 스트레스를 충분히 처리하고 대처할 수 있는가다. '좋은 스트레스'는 힘들고 도전적이지만 긍정적인 결과를 얻게 하는 스트레스다. 결과가 좋지 않았어도 좋은 스트레스가 될 수 있는데, 성장하는 경험이 되었을 때다. '견딜 만한 스트레스'는 결과는 부정적일지라도 이를 잘 처리할 수 있는 스트레스다. '나쁜 스트레스'는 신체, 행동, 생각에 부정적인 영향을 미치는 스트레스다. 결국 좋은 스트레스, 나쁜 스트레스를 결정하는 것은 스트레스 그 자체가 아니라 스트레스를 처리하는 나의 능력치에 달렸다.

우리 몸은 스트레스 요인에 대해 내부 시스템을 변화하고 조절함으로써 항상성을 유지한다. 이 다이나믹한 과정을 '알로스타시스allostasis'라고 한다.

　　알로스타시스의 예를 하나 들어 보자. 누워 있다가 일어날 때 아무 조치가 없으면 혈액은 다리로 쏠려 뇌로 가는 혈액양이 줄어든다. 우리 몸에서는 이를 감지, 예측하여 교감신경계를 활성화시켜 혈류량을 조절한다. 그 결과 뇌로 가는 혈액양이 유지되고 우리는 갑자기 일어나도 의식을 잃지 않는다. 이러한 알로스타시스의 중추는 뇌다. 뇌 중에서도 특히 전두엽, 해마, 편도체가 중요하다. 이들 부위는 스트레스를 자각하고 경험에 근거한 예측을 통해 뇌 신경망을 조절한다. 그러면 우리 몸은 적절하게 반응하여 스트레스를 처리할 수 있다. 알로스타시스가 스트레스에 잘 대처하면 회복탄력성resilience이 높아진다.

　　한편 만성적인 스트레스도 분명 우리에게 영향을 미친다. 이를 알로스타시스 부하allostatic load라 부른다. 그리고 그 영향의 크기를 ALI allostatic load index라는 수치로 나타낼 수 있다. 나쁜 스트레스는 ALI가 높고, 좋은 스트레스는 ALI가 낮다. 침상안정 연구처럼 틈만 나면 눕거나 앉아 지내는 생활sedentarism은 ALI를 높이고, 운동은 반대로 ALI를 낮춘다. 그러니 운동은 '좋은 스트레스'인 셈이다. 실제로 운동은 내 몸의 조절능력을 향상시켜 웬만한 스트레스는 잘 처리하게 해 준다. 운동하는 상황을 자주 경험할수록 몸은 항상성을 더 잘 유지할 수 있게 된다.

운동은 나의 컴포트존을 넓히는 과정이다. 심폐체력, 근력, 자율신경계 조절, 대사 기능, 면역 기능 등 신체건강 관점에서도 그렇지만 힘듦을 참고 견디는 정신력, 어려워도 포기하지 않는 의지, 불편과 고통에도 굴하지 않는 근성도 운동을 통해 키울 수 있다. 웬만한 스트레스는 잘 버틸 힘을 지닌 사람이 되고 싶은가, 아니면 조금만 힘들거나 불편해도 바로 포기하는 사람이 되고 싶은가. 전자를 바란다면 운동, 그것도 내 컴포트존을 넓혀 줄 운동을 해야 한다. 쉬운 운동만 하면 컴포트존과 회복탄력성은 결코 확장되지 않는다.

병을 계기로 삶과 건강을 관리하는 법을 배운 환자들은 병이 의미 없는 고통이었다 말하지 않았다. 대신 가치로운 경험이었다고 말한다. 그들에게 병은 어떤 의미에서는 좋은 스트레스였던 것이다. 우리는 꽃길이 아닌 길을 더 많이 걸을 것이다. 어차피 거친 길에서 만날 운명의 화살과 물맷돌들. 그게 나쁜 스트레스일지 좋은 스트레스일지를 결정하는 것은 나의 몫이다. 꽃길이 깔리기를 바라지 말고 몸과 마음의 힘을 만들어 보자.

● 마틴 슐레스케, 『가문비나무의 노래』, 니케북스, 2014년

과한 운동은
독일까

용기가 없는 사람들이 항상 그것을 정당화할 철학을 찾는다.

— 알베르 카뮈[*]

기원전 490년 그리스의 한 전령이 아테네 아크로폴리스에 도착했다. 25마일을 달려온 그는 도착하자마자 "기뻐하라, 우리가 이겼다!"라고 외치고는 바로 쓰러져 숨졌다. 마라톤의 기원으로 잘 알려진 이 이야기의 실제는 다음과 같다.

아테네로부터 북동쪽으로 약 35킬로미터 떨어진 곳에 그리스의 해안 도시, 마라톤Marathon이 있다. 기원전 490년, 페르시아군이 마라톤에 상륙한다. 규모 면에서 절대적 약세였던 그리스는 스파르타에 지원군을 요청하기 위해 40살의 전령 페이디피데스Pheidippides를 파견한다. 페이디피데스는 들판과 산과 바위를 넘고 넘어 아테네에서 스파르타까지 장장 246킬로미터(150마일)를

36시간 동안 달렸다.

페이디피데스는 그리스 땅 전부가 함락될 위험에 빠졌으니 지원군을 보내달라고 간청했다. 스파르타 시장은 달이 차기 전까지는 참전할 수 없는 종교법 때문에 엿새 더 기다리라고 했다. 군사 지원이 지연된다는 소식 또한 재빨리 전달해야 했던 페이디피데스는 간식도 먹는 둥 마는 둥 쪽잠만 자고 해가 뜨기도 전에 일어나 아테네까지 다시 달렸다. 페이디피데스가 총 300마일을 달려 알린 덕분에 그리스군은 전술을 제대로 쓸 수 있었고, 만 명의 군사로 6만의 페르시아군을 상대로 승리했다. 플루타르크Plutarch의 기록에 따르면 이 승전보를 전하기 위해 아테네로 25마일을 달려온 자는 페이디피데스가 아니라 유클레스Eucles라는 전령이었다고 한다. 알려진 대로 그는 아테네에 도착해 승전보를 외친 직후 숨을 거뒀다.

1896년에 열린 제1회 아테네 하계올림픽에서 최초의 마라톤이 열렸을 때, 선수들이 달린 거리는 40킬로미터(24.8마일)였다. 아테네올림픽 마라톤 경기에 영감을 받아, 다음 해 4월 19일에 세계 첫 마라톤 대회인 보스턴마라톤이 열렸고, 마라톤 거리는 그 뒤로도 계속 조금씩 바뀌다가 1924년이 되어서야 오늘날의 42.195킬로미터를 세계 표준으로 정했다.

이것이 마라톤의 탄생 스토리다. 달린 사람 한 명에 사망자 한 명. 그래서 치사율 100%인 스포츠였다. 죽음으로부터 탄생한 역사 탓인지, 많은 이들이 마라톤은 '위험하고 과한 운동'이라고 생각한다. 그리고 "운동도 과하면 몸에 해로워, 적당히 해."라는 조언이 예외 없이 그 뒤를 따른다.

내가 이미 20년 넘게 달리고 있는 것을 잘 아는 사람들은 내게 그만 달리라는 말은 하지 않는다. 이제 그런 말은 씨도 안 먹힐 것을 아는 것이다. 그리고 다행히 그 사이에 세상도 조금 바뀌었다. 내가 달리기를 시작했을 때, 그리고 불과 몇 년 전까지만 해도 '달리기가 취미'라고 하면 별 이상하고 신기한 사람을 다 보겠다는 시선이 대부분이었다. "그럼, 마라톤도 나가고 그래요?"라는 질문이 늘 그 뒤를 따랐다. 그렇다는 나의 대답에 상대방은 더욱 이해할 수 없다는 표정이 되었다. 일반인이든 의사든 마찬가지였다. 동료 의사들은 '과학적 근거'를 대면서 뜯어 말렸다. 무릎을 보는 의사들은 더했다. "나중에 후회해. 적당히 해." 의사들의 충고였다.

어제도 들었다, 너무 무리하지 말라는 조언을. 그런데 이런 이야기를 하는 사람은 운동을 하지 않거나 하더라도 걷기나 골프, 필라테스 같은 운동을 하는 사람들이다. 어렸을 때 이후로는 숨차게 운동해 본 적이 없는 사람들은 뻘뻘 땀 흘리며 운동하는 사람들을 보며 고개를 절레절레 흔들거나 저러다 몸 상한다며 혀를 찬다. 마치 땀을 뻘뻘 흘리며 테니스 치는 선교사들을 보면서 "그리 힘든 건 머슴에게나 시키지, 뭐하러 직접 하느냐?"고 했던 고종황제처럼 말이다.

그들의 우려대로 과한 운동은 독일까? 그렇다면 과한 운동의 기준은 무엇인가? 운동은 얼마를 해야 최선인 걸까?

운동을 통해 얻을 수 있는 건강 이득은 다양하다. 범위를 한정할 수 없을 정도로 연구를 하면 할수록 새로운 건강 이득이 계속 밝혀지고 있다. 이제는 운동이 건강에 이롭다는 사실에 이견을 다는 사람은 없다. 그런데 운동을 많이 하는 것, 혹은 힘든 운동을 하는 게 과연 이로운지에 대해 회의적인 이들은 여전히 많다. 심지어 히포크라테스도 이렇게 말했다. "만약 우리가 한 사람 한 사람에게 너무 적지도, 너무 많지도 않게 딱 맞는 영양과 딱 맞는 운동을 알려줄 수 있다면 건강에 이르는 가장 안전한 방법을 알게 될 텐데." 이 답을 안다면 딱 그만큼만 운동하는 사람도 분명 나올 것이다.

실제로 마라톤 당일 대회장 근처에서는 완주 메달을 목에 건 채 끙끙대며 계단을 내려가는 러너들을 어렵지 않게 볼 수 있다. 불과 몇 시간 전까지 최고의 몸 상태였던 사람들이다. 그런데 마라톤 완주자를 대상으로 피검사를 해 보면 근육 손상 지표가 완주 24시간 후에 10배 이상으로 가장 높게 올랐다가 6일 만에 정상 수준으로 회복된다. 심장 근육 손상 지표 역시 완주 직후 10배 가까이 상승했다가 4일 만에 회복된다. 이러한 급성 신체 손상의 근거까지 있으니 마라톤은 급성 신체적 부담을 주는 운동임에는 틀림없다. 마라톤이나 울트라마라톤 같은 격렬한 유산소운동을 반복하는 것은 관절, 근육, 심장 등에 '과사용 손상overuse injury'을 유발하여 몸을 상하게 한다고들 말한다.

1986년 하버드대학의 랄프 파펜바거 Ralph Paffenbarger 교수는 남성 졸업생 16,936명을 대상으로 16년간 추적 관찰한 연구에서, 운동으로 소모한 열량이 주당 500칼로리 미만에서 3,500칼로리로 증가하면 사망률이 감소하지만 주당 3,500칼로리를 넘는 열량을 소모한 사람들은 주당 3,000~3,500칼로리를 소모한 사람보다 사망률이 오히려 조금 더 증가한다는 사실을 보고했다. 이 연구 이후로 다수의 관찰 연구에서, 운동량과 건강 이득의 관계는 '뒤집힌 J자' 모양—운동은 많이 할수록 오히려 이득이 점점 줄어드는—또는 'U자' 모양—운동을 많이 하면 운동을 안 하는 것만큼 위험한—을 보인다는 견해가 일반적이었다. 운동량에는 분명 적정선이 있고 그 선을 넘는 과한 운동은 건강을 해친다는 생각이었다.

그런데 최근의 체계적 리뷰나 메타분석 연구 결과는 예전과 상반된다. 2015년에 미국 국립암센터의 여섯 개 코호트 연구를 모아 총 66만여 명을 분석했다. 중·고강도 운동을 가이드라인의 3~5배 정도로 했던 사람은 아예 하지 않은 사람보다 사망 위험이 0.61배로 줄어들었고 10배 이상 했던 사람의 사망 위험도 0.69배로 여전히 낮았다. 힘든 운동을 많이 하면 이득이 준다거나 오히려 위험하다는 일각의 우려는 전혀 사실이 아님이 이 연구에서 입증되었다. 196건의 연구, 총 3천만 명이 넘는 사람들의 결과를 분석한 2023년 메타분석 연구에서도 전체 사망률, 심혈관계질환 발생률, 암 발생률 모두 운동을 많이 하면 할수록 계속 더 낮아진다는 사실이 보고되었다.

건강한 사람이든, 위험인자를 가진 사람이든, 이미 병을 진단받은 사람이든, 예외 없이 운동량을 늘릴수록 운동을 통해 얻는 건강 이득은 더 커진다는 사실은 이렇듯 명백히 입증되고 있다. 운동도 딱 적당한 강도와 양으로 정도만 해야 몸에 좋고 그것보다 과한 운동은 독이라는 일설은 현대의 과학적 준거를 통해서 전혀 뒷받침되지 않는, 잘못된 상식이다.

그렇다면 무릎은? 러닝에서 가장 흔한 이야깃거리는 당연히 무릎이다. 연골은 재생이 불가능하니 아껴야 하며 러닝처럼 무릎 연골에 하중을 계속 가하는 운동은 분명 과사용 손상을 초래할 것이라는 '반 예언, 반 저주'를 못 들어본 러너는 없을 것이다.

2017년 17개의 연구, 총 11만여 명을 대상으로 한 메타분석 연구 결과, 무릎과 고관절 관절염 발생 비율은 아마추어 러너에서는 3.5%, 운동하지 않는 사람에서는 10.2% 였다. 운동을 하지 않는 이들보다 달리기를 취미로 하는 이들의 관절염 발생 비율이 유의미하게 낮다는 사실을 알 수 있다. 달리지 않는 사람들에게 '무릎 나간다'는 조언을 들을 때가 아니라 오히려 반대로 이런 사람들에게 어서 달리기를 시작해서 퇴행성 관절염을 예방하라고 일러주어야 할 판이다.

관절염 증상이 없는 사람의 무릎에 달리기는 해롭지 않다. 또 무릎 관절염이 있는 50세 이상 성인마저도 달리기로 인해 무릎 퇴행성 관절염이 더 빠르게 진행되진 않는다. 증상이 잘 조절되는 러너에게 달리기를 그만두라는 것은 좋은 조언이 아니지만, 이미 무릎 관절염이 있다면 달리기 사이 사이에 무릎 연골이 회복될 수 있는 시간을 충분히 가져야 한다.

모든 과사용 손상은 신체가 견딜 수 있는 범위를 넘어서 부하가 반복될 때 발생한다. 건강 효과는 적당한 부하가 신체에 일정 수준의 스트레스를 가할 때 발생하며 이때 스트레스는 부정적 요인이 아니라 긍정적으로 작용한다. 스트레스 없는 삶을 다들 꿈꾸지만 사실 스트레스가 철저히 제거된 상태가 신체 건강이나 정신 건강에 오히려 해로운 것과 마찬가지다. 적정한 수준의 부하를 가하고, 신체나 정신이 부하를 견디는 과정에서 건강 이득이 발생한다.

성실하고 꾸준한 러너들의 신체를 자세히 볼 기회가 있다면, 지방은 사라져 앙상하게 보일지라도 단단하게 자리잡은 대퇴부와 하퇴부의 근육이 눈에 들어올 것이다. 하체에 누적되는 부하를 견디는 시간 동안 근육과 인대, 뼈, 건tendon 등 다양한 조직이 단련되고 관절염도 예방할 수 있다. 다른 장기의 건강 이득은 말할 것도 없다.

과한 운동이 독이라는 말은 "술 조금 마시는 것은 몸에 좋아."라는 말과 같다. 술을 '약주'라 칭하며, 적당한 음주를 옹호했던 시절이 있었다. 하지만 적정 음주량은 '0'이며 극소량의 술조차 건강에 악영향을 미친다는 사실이 숱한 연구를 통해 입증되었다. 이처럼 운동에 대한 오해도 이제는 풀어야 한다.

2,500년 전 첫 마라톤은 죽음으로 끝났다. 비록 현대 마라톤이 그렇게 죽음으로 시작되었다 해도, 운동은 독이 아니다. 과한 운동의 기준은 운동량이나 운동강도로 따질 것이 아니라 오히려 직업이나 학업 같은 본분, 인간관계, 일상생활에 지장을 주는가로 판단해야 할 것이다. 나의 운동이 일상에 지장을 주지 않는다면 체력이 허락하는 한 원하는 만큼, 즐겁게 운동하는 것은 바람직한 일이다.

● 알베르 카뮈, 『작가수첩 2』, 책세상, 2002년

정말 백세까지
살고 싶은가

지금도 마찬가지지만, 전공의 시절의 목표는 무조건 환자를 살리는 것이었다. 나와 선배들 모두 환자의 생명을 연장하기 위해서는 무슨 수든 다 썼다. 의사라면 당연히 그렇게 해야 한다고 생각했다. 아무도 거기에 의문을 품거나 이의를 제기하지 않았다. 환자를 살리기 위한 치료라면 무엇이든 해서 죽음을 최대한 미루는 것이 의사의 본분이라고 생각한 것이다. 의과대학에서는 모두 그렇게 배운다. 의사는 사람을 살리는 직업이다. 그것은 당위였다.

하지만 생명을 연장하는 노력이 늘 옳은 것인지, 반드시 그래야 하는 것인지, 고민이 될 때가 있다. 의식이 없는 환자, 초점 잃은 눈으로 몇 년째 누워만 있는 환자, 본인이 지금 어디 있는지조차 모르는 환자, 차라리 죽고 싶다는 환자들을 볼 때마다 과연 물리적인 생명만 연장하는 게 최선인지, 그것이 유일한 정답인지 궁금했다.

자식의 삶을 담보로 한 노년을 볼 때도 그랬다. 뇌졸중에 걸린 60대 후반의 아버지. 그 아버지는 알코올 중독이었다. 당연 본인의 몸을 잘 돌보지 않았다. 조절되지 않은 당뇨와 고혈압은 뇌졸중을 가져왔고, 한쪽 몸은 완전 마비가 되어 보호자 없이는 꿈쩍도 할 수 없다. 그런 아버지를 위해 40대 초반의 아들이 입원한 날부터 줄곧 병원에서 산다. 24시간, 일주일 내내 병원에서 산다. 병원은 그와 그의 아버지의 집이었다. 침대를 빙 둘러 웬만한 세간살이가 다 있었다. 결혼도 했다던데, 나는 아들의 가족은 한 번도 본 적이 없다. 그들은 지금 어떻게 지내고 있는 걸까. 생계는 이어가고 있는 걸까. 한창 일하면서 어린 자녀를 키우고, 가족과 함께 해야 할 한 사람의 '아버지'가 본인의 '아버지'를 위해 모든 것을 내려놓고 병원에서 산다. 요즘 세상에 보기 힘든 지극한 효자다. 하지만 그 아들의 삶은 어디에 있는가?

아버지가 성공적으로 재활치료를 마쳐 혼자 거동할 수 있게 된다고 해도, 그 아버지는 잘해야 동네 마실을 다니는 정도일 것이다. 돈이 생기면 또 다시 혼자 혹은 친구들과 술잔을 기울일 수도 있다. 하지만 그 아들은? 아버지의 간병을 위해 직장도 그만 두었다. 가족과도 사이가 멀어졌다. 이제는 원래 직장으로도 돌아갈 수 없고, 가족과 벌어진 틈도 메우기가 어렵다. 큰 빚을 졌을 수도 있다. 결국 그 아버지는 처음 입원했을 때와 별반 다르지 않은 모습으로 퇴원했다. 혼자서는 꿈쩍도 하지 못하는 그 모습으로 말이다. 이제 아들은 휠체어에 아버지를 태워 착실하게 외래 진료를 온다.

속으로는 의문과 고민을 가지고 있었지만 행동으로는 나도 의사의 본분을 따랐다. 회복을 바라며 재활치료를 제공했고, 약을 처방하며 식사를 못하면 경관영양식도 처방했다. 환자의 건강과 생명 유지를 위해 최선을 다했다. 하지만 다른 방식의 노력도 나름 했다. 그 노력이란 보호자에게 환자의 예후와 앞으로 남을 장애를 알리는 것이었다. 그리고 환자의 남은 삶이 어떠하리란 것도 함께. 환자의 삶이 중요하듯 보호자의 삶도 중요하다는 말도 덧붙였다. 결정은 전적으로 보호자의 몫이었다. 효심과 양심의 가책, 세상의 눈초리나 기대, 이런 것들 때문에 본인의 삶을 뒷전으로 미루는 것은 안타까운 일이었다. 시간이 흐른 뒤에 왜 그때 아무도 내게 알려주지 않았냐고 원망하고 후회할 수도 있는 일이기 때문이다.

사람은 태어나면서부터 죽을 때까지 철저히 다른 이의 도움을 받으며 살아간다. 가족과 이웃의 도움 없이는 태어날 수도, 살 수도 없는 사회적 동물이다. 내 몸이 아무리 온전히 내 것이라고 해서, 내 멋대로 살아서는 안 되는 이유는 내 인생만큼은 온전히 내 것이 아니기 때문이다.

나이 들고 죽는 것은 모든 인간의 숙명이지만 그 모습은 다양하다. 부지불식간에 찾아오는 사고가 아니라면, 어떻게 나이 들고 어떻게 죽음에 다가갈지는 내가 어떻게 사느냐에 따라 상당 부분 결정된다. 내 노화를 그냥 방치하면 아픈 채 보내는 시간이 늘어나고, 그 시간의 무게는 다른 이가 짊어진다. 그리고 그 사람은 배우자이거나 자녀다. 일생동안 고락을 함께하기로 맹세한 배우자야 어쩔 수 없다 하더라도, 부모가 방치하여 생긴 질병의 무게를 대신 짊어져야 하는 자녀는 무슨 잘못이란 말인가. 나만 살아갈 곳이 아니니 지구를 받은 모습 그대로 다음 세대에 물려주어야 하듯, 내 것만이 아닌 내 인생을 성실히 관리하며 사는 것 또한 다음 세대를 위한 소명인 것이다.

2024년 통계청 발표에 다르면 우리나라 남자는 평균 79.9년, 여자는 평균 85.6년을 산다. 평균 수명은 그 해에 태어난 아이들의 기대 수명을 말하니, 2022년에 태어난 남자 아이는 79.9세, 여자 아이는 85.6세까지 산다는 뜻이다. 세계에서 가장 오래 사는 축에 속하는 우리나라를 자랑스러워하는 이도 많다. 하지만 절대적 수명보다 훨씬 더 중요한 것이 있으니 그것은 '건강 수명'이다. 건강 수명이란 '아프지 않고 건강하게 살아가는 기간'을 말한다. 2022년 기준 한국인의 평균 건강 수명은 남성 65.1세, 여성 66.6세이다. 평균 수명에서 건강 수명을 빼면, 남성은 14.8년, 여성은 19.1년을 병상에서 보낸다는 것을 알 수 있다. 우리나라 사람들은 인생의 80%만 건강한 채로 살고 나머지는 아픈 몸으로 보낸다. 여성이 남성보다 오래 살지만, 또 그만큼 아픈 상태로 오래 산다.

　중요한 건 10년 전과 비교했을 때 건강 수명은 늘지 않았다는 사실이다. 유병기간만 늘어났다. 평균 수명의 연장은 아픈 채로 죽지 않고 오래 버티게 만들어 얻은 셈이다. 의사들이 아무런 의심 없이 환자들의 생명 연장을 위해 최선을 다했던 것과 같은 맥락이다. 더 오래 살게 되었다고 좋아할 일이 아니다. 결국 우리는 그만큼 더 오래 아픈 채 살아가게 되었기 때문이다. 백세 시대를 축복이라고 말할 수 없는 이유는 여기에 있다.

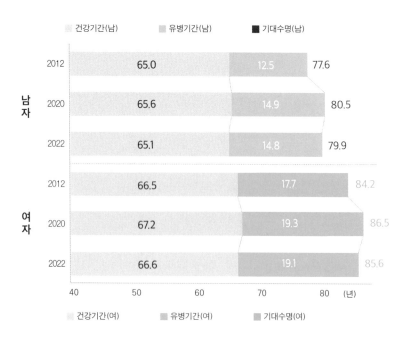

현대인은 대부분 비전염성 질환Noncommunicable diseases,NCD으로 죽는다. 관상동맥질환, 뇌졸중, 암, 치매, 당뇨, 우울증이 모두 비전염성 질환이다. 이 병들은 건강하지 않은 생활 습관에서 비롯되거나 진행한다. 아무리 의학이 발달해도, 결국 내가 생활에서 노력하지 않으면 이 병들은 잘 낫지 않고 결국 장애를 유발한다.

1962년 미국의 제임스 프라이스James F.Fries 교수는 한 연구를 진행했다. 대상은 1939~1940년에 펜실베이니아대학을 다닌 동문 1,741명으로 평균 나이는 43세였다. 이들을 흡연과 비만 그리고 운동이라는 세 가지를 기준에 따라 저위험군, 중위험군, 고위험군으로 나눴다. 그후 24년 동안 매년 사망과 장애 발생을 조사했다. 중년기에 고위험군이던 이들의 사망률은 저위험군의 2배, 장애 발생은 2배가 넘었다. 중년기 저위험군은 고위험군보다 5년 이상 늦게 병상에 누웠다. 중년을 어떻게 보내느냐가 노년기 건강 수명과 유병기간을 결정한다는 것을 보여주는 결과다.

이 논문으로부터 10년 후, 프라이스교수는 러너에 대한 연구논문도 발표한다. 1984년부터 데이터를 모으기 시작해 21년간 추적 관찰한 연구였다. 연구의 대상은 50세 이상의 아마추어 러너 284명과 역시 50세 이상의 일반인 156명이었다. 추적 관찰 19년째가 되었을 때 러너는 15%, 러너가 아닌 일반인은 34%가 사망했다.

추적 관찰을 시작할 때만 해도 러너와 일반인 사이에 장애율 차이는 없었지만, 매년 조사할 때마다 두 그룹 간 장애율은 점점 벌어졌다. 러너들은 매년 0.007점씩 증가한 데 반해, 일반인은 매년 0.016점씩 증가해서 두 그룹의 장애율 그래프의 간격은 가면 갈수록 점점 벌어졌다. 결국 연구 종료 시점에 러너의 장애 위험은 일반인의 0.62배에 불과했다. 중년기 이후 달리기 같은 고강도 운동을 유지하는 것이 노년기의 장애와 사망을 유의미하게 줄인다는 사실이 입증된 것이다.

프라이스 교수는 1980년에 '유병기간 압축compression of morbidity' 가설을 내세운 바 있다. '유병기간 압축'은 건강 수명은 최대한 길게 유지하고 병으로 고생하는 기간은 사망 직전 최대한 짧게 만들면 질병 부담을 경감할 수 있다는 가설이다. 그리고 그는 교육, 의료, 기술의 발전으로 '유병기간 압축'을 기대할 수 있다고 했다. 하지만 앞에서 살펴본 우리나라 통계청 데이터만 보아도 21세기에 들어 유병기간은 그다지 줄어들지 않고 있다. 그 이유는 신체활동 부족으로 각종 만성질환이 계속 늘어서다. 앞선 두 논문, 그리고 유병기간 압축 실패 현상을 통해서 확인할 수 있는 사실은 바로, 평생에 걸쳐 자주적이고 주체적으로 건강 관리를 하는 것이 교육, 의료, 기술의 발전보다 어쩌면 더 중요하다는 점이다.

많은 이들이 나이가 들면서 삶의 목표를 잊는다, 아니 버린다. '이 나이에 무슨'이라며 목표 없는 삶을 나이 탓으로 돌린다. 자연의 섭리라도 되는 양 당연하고 당당하다. 목표가 없으니 노력도 없다. 아이러니한 것은 나이를 이유로 욕심, 편의, 힘은 놓지 않고 소리 높여 다툴 때에는 나이부터 내세운다.

나는 오래 전부터 '평생 건강하게 달리기'를 소망해 왔다. 여전히 내 달리기의 궁극적인 목표다. 욕심이 앞설 때나 반대로 느슨해질 때나 이 모토는 등대의 역할을 해 주었다. 그리고 아직까지는 20년 넘게 이 목표를 잘 지키고 있다.

그 목표를 먼저 실천하면서 여전히 건강하게 달리고 있는 선배 러너들을 본다. 그들은 나이를 이유로 삶의 목표를 버리지 않는다. 꾸준하게 밀고 나갈 에너지가 있고, 목표를 위해 일상의 실천을 반복한다. 나이와 세월을 원망할 수는 있지만 그렇다고 그것을 핑계로 삼진 않는다. 젊었을 때보다 못하다고 관두지 않는다. 젊었을 적에 그러했던 것처럼 요란하지 않게 실천하고 있을 뿐이다. 나이가 무색하게 달리는 어른을 볼 때마다 내가 달렸던 시간의, 또 달릴 시간의 의미는 새롭게 다가온다.

절대적 수명보다 사는 동안 몸과 마음의 건강을 유지하는 것. 이것은 나만의 소망은 아닐 것이다. 이 소망의 답은 우리가 사는 매일에 있음을 잊지 않아야 한다. 나이가 들어서도 건강하게 달린다면, 노년기의 나의 삶은 다른 이에게 무게로 다가가지 않을 것이다.

● 김진영, 『아침의 피아노』, 한겨레출판, 2018년

2장 달리기의 맛

나만 하긴 미안하여

• Woolley, K., & Fishbach, A. (2016). For the fun of it: Harnessing immediate rewards to increase persistence in long-term goals. Journal of Consumer Research, 42(6), 952-966.

모차르트와 달리기

• 오희숙, 『음악과 천재: 음악적 천재미학의 역사와 담론』, 서울대학교출판문화원, 2012년
• 알렉상드르 타로, 『이제 당신의 손을 보여줘요』, 풍월당, 2019년
• https://www.salzburgerfestspiele.at/en/blog/reflections-on-mozart

3장 나, 그리고 가족의 뇌를 지키려면

어른 환자, 아이 환자

• World Health Organization. (2001). Life course perspectives on coronary heart disease, stroke and diabetes: key issues and implications for policy and research: summary report of a meeting of experts, 2-4 May 2001 (No. WHO/NMH/NPH/01.4). World Health Organization.

뇌는 살찌지 않는다

• Livingston, G., Sommerlad, A., Orgeta, V., Costafreda, S. G., Huntley, J., Ames, D., ... & Mukadam, N. (2017). Dementia prevention, intervention, and care. The lancet, 390(10113), 2673-2734.

• Livingston, G., Huntley, J., Sommerlad, A., Ames, D., Ballard, C., Banerjee, S., ... & Mukadam, N. (2020). Dementia prevention, intervention, and care: 2020 report of the Lancet Commission. The lancet, 396(10248), 413-446.

• Livingston, G., Huntley, J., Liu, K. Y., Costafreda, S. G., Selbæk, G., Alladi, S., ... & Mukadam, N. (2024). Dementia prevention, intervention, and care: 2024 report of the Lancet standing Commission. The Lancet, 404(10452), 572-628.

• MoTrPAC Study Group Primary authors, Amar, D., Gay, N. R., Jean-Beltran, P. M., Manuscript Writing Group Leads, Co-corresponding Authors, ... & NIH Williams John P. 38 Xia Ashley 39. (2024). Temporal dynamics of the multi-omic response to endurance exercise training. Nature, 629(8010), 174-183.

• Najjar, S., Pearlman, D. M., Devinsky, O., Najjar, A., & Zagzag, D. (2013). Neurovascular unit dysfunction with blood-brain barrier hyperpermeability contributes to major depressive disorder: a review of clinical and experimental evidence. Journal of neuroinflammation, 10, 1-16.

• Rajkumar, R. P. (2024). Revisiting a hypothesis: the neurovascular unit as a link between major depression and neurodegenerative disorders. Frontiers in Cellular Neuroscience, 18, 1455606.

• Su, S., Zhao, J., Dai, Y., Lin, L., Zhou, Q., Yan, Z., ... & Chen, Y. (2024). Altered neurovascular coupling in the children with attention-deficit/ hyperactivity disorder: a comprehensive fMRI analysis. European Child & Adolescent Psychiatry, 33(4), 1081-1091.

만약 내게 치매 유전자가 있다면

• Husain, M. A., Laurent, B., & Plourde, M. (2021). APOE and Alzheimer's disease: from lipid transport to physiopathology and therapeutics. Frontiers in neuroscience, 15, 630502.

• Jeon, S. Y., Byun, M. S., Yi, D., Lee, J. H., Ko, K., Sohn, B. K., ... & Lee, D. Y. (2020). Midlife lifestyle activities moderate APOE Ɖ4 effect on in vivo Alzheimer's disease pathologies. Frontiers in Aging Neuroscience, 12, 42.

• Kivipelto, M., Rovio, S., Ngandu, T., Kåreholt, I., Eskelinen, M., Winblad, B., ... & Nissinen, A. (2008). Apolipoprotein E ɛ4 magnifies lifestyle risks for dementia: a population-based study. Journal of cellular and molecular medicine, 12(6b), 2762-2771.

• Lourida, I., Hannon, E., Littlejohns, T. J., Langa, K. M., Hyppönen, E., Kuźma, E., & Llewellyn, D. J. (2019). Association of lifestyle and genetic risk with incidence of dementia. Jama, 322(5), 430-437.

• Raichlen, D. A., & Alexander, G. E. (2014). Exercise, APOE genotype, and the evolution of the human lifespan. Trends in neurosciences, 37(5), 247-255.

- Reiman, E. M., Arboleda-Velasquez, J. F., Quiroz, Y. T., Huentelman, M. J., Beach, T. G., Caselli, R. J., ... & Jun, G. R. (2020). Exceptionally low likelihood of Alzheimer's dementia in APOE2 homozygotes from a 5,000-person neuropathological study. Nature communications, 11(1), 667.

- Shinohara, M., Kanekiyo, T., Tachibana, M., Kurti, A., Shinohara, M., Fu, Y., ... & Bu, G. (2020). APOE2 is associated with longevity independent of Alzheimer's disease. Elife, 9, e62199.

발달지연이 걱정인 부모 옆, 스마트폰 하는 아이

- Abrams, Z. (2022). What neuroscience tells us about the teenage brain. The American Psychological Association Monitor.

- American Psychological Association. (2023). Health advisory on social media use in adolescence: American Psychological Association.

- Gallese, V. (2024). Digital visions: the experience of self and others in the age of the digital revolution. International Review of Psychiatry, 1-11.

- Haidt, J. (2024). The anxious generation: How the great rewiring of childhood is causing an epidemic of mental illness. Penguin Press.

- Keshavan, M. S., Vinogradov, S., Rumsey, J., Sherrill, J., & Wagner, A. (2014). Cognitive training in mental disorders: update and future directions. American Journal of Psychiatry, 171(5), 510-522.

- Odgers, C. L. (2024). The great rewiring: is social media really behind an epidemic of teenage mental illness?. Nature, 628(8006), 29-30.

- 이정원, 박원순, & 엄지원. (2021). 영유아의 미디어 이용 적정화를 위한 정책 방안 연구

• 이정원. (2022). 가정에서의 영유아 미디어 이용 실태와 정책 과제

아무 운동이나 하면 뇌에 좋을까

• Bernick, C., Shan, G., Zetterberg, H., Banks, S., Mishra, V. R., Bekris, L., ... & Blennow, K. (2020). Longitudinal change in regional brain volumes with exposure to repetitive head impacts. Neurology, 94(3), e232-e240.

• Martland, H. S. (1928). Punch drunk. Journal of the American Medical Association, 91(15), 1103-1107.

• McKee, A. C., Stein, T. D., Nowinski, C. J., Stern, R. A., Daneshvar, D. H., Alvarez, V. E., ... & Cantu, R. C. (2013). The spectrum of disease in chronic traumatic encephalopathy. Brain, 136(1), 43-64.

• McKee, A. C., Alosco, M. L., & Huber, B. R. (2016). Repetitive head impacts and chronic traumatic encephalopathy. Neurosurgery Clinics of North America, 27(4), 529-535.

• McKee, A. C., Mez, J., Abdolmohammadi, B., Butler, M., Huber, B. R., Uretsky, M., ... & Alosco, M. L. (2023). Neuropathologic and clinical findings in young contact sport athletes exposed to repetitive head impacts. JAMA neurology, 80(10), 1037-1050.

• Montenigro, P. H., Baugh, C. M., Daneshvar, D. H., Mez, J., Budson, A. E., Au, R., ... & Stern, R. A. (2014). Clinical subtypes of chronic traumatic encephalopathy: literature review and proposed research diagnostic criteria for traumatic encephalopathy syndrome. Alzheimer's research & therapy, 6, 1-17.

• Montenigro, P. H., Corp, D. T., Stein, T. D., Cantu, R. C., & Stern, R. A. (2015). Chronic traumatic encephalopathy: historical origins and current perspective. Annual review of clinical psychology, 11(1), 309-330.

• Stamm, J. M., Bourlas, A. P., Baugh, C. M., Fritts, N. G., Daneshvar, D. H.,

Martin, B. M., ... & Stern, R. A. (2015). Age of first exposure to football and later-life cognitive impairment in former NFL players. Neurology, 84(11), 1114-1120.

- cdc.gov/HEADSUP, Answering questions about chronic traumatic encephalopathy (CTE) information for healthcare providers (https://www.cdc.gov/traumaticbraininjury/pdf/CDC-CTE-ProvidersFactSheet-508.pdf)

- https://www.brainfacts.org/diseases-and-disorders/injury/2019/untangling-the-link-between-head-injuries-and-cte-0916169

- The DIAGNOSE-CTE Research Project (DIAGNOSE-CTE). https://clinicaltrials.gov/dt2/show/NCT02798185.

글러브, 헤드기어, 꿀밤에 대한 데이터

- Fife, G. P., O'Sullivan, D., & Pieter, W. (2013). Biomechanics of head injury in Olympic taekwondo and boxing. Biology of sport, 30(4), 263-268.

- Kamitani, T., Nimura, Y., Nagahiro, S., Miyazaki, S., & Tomatsu, T. (2013). Catastrophic head and neck injuries in judo players in Japan from 2003 to 2010. The American journal of sports medicine, 41(8), 1915-1921.

- Koshida, S., Ishii, T., Matsuda, T., & Hashimoto, T. (2017). Kinematics of judo breakfall for osoto-gari: Considerations for head injury prevention. Journal of sports sciences, 35(11), 1059-1065.

- Lystad, R. P. (2014). Concussion injury in Olympic-style Taekwondo: a systematic review. J Int Assoc Taekwondo Res, 1(2), 1-11.

- Tjønndal, A., Haudenhuyse, R., de Geus, B., & Buyse, L. (2022). Concussions, cuts and cracked bones: a systematic literature review on protective headgear and head injury prevention in Olympic boxing. European journal of sport science, 22(3), 447-459.

양 팔에 타투가 빼곡한 사람

- Benjamin, S., MacGillivray, L., Schildkrout, B., Cohen-Oram, A., Lauterbach, M. D., & Levin, L. L. (2018). Six landmark case reports essential for neuropsychiatric literacy. The Journal of Neuropsychiatry and Clinical Neurosciences, 30(4), 279-290.

- Berry, J. A., Phan, A., & Davis, R. L. (2018). Dopamine neurons mediate learning and forgetting through bidirectional modulation of a memory trace. Cell Reports, 25(3), 651-662.

- Díaz, F. C., Caffino, L., & Fumagalli, F. (2021). Bidirectional role of dopamine in learning and memory-active forgetting. Neuroscience & Biobehavioral Reviews, 131, 953-963.

- Ebbinghaus H (1880) Urmanuskript "Ueber das Gedächtniß". Passau: Passavia Universitätsverlag, 1880.

- Heller O, Mack W, Seitz J (1991) Replikation der Ebbinghaus'schen Vergessenskurve mit der Ersparnis-methode: "Das Behalten und Vergessen als Function der Zeit". Zeitschrift für Psychologie 199(1), 3-18.

- Murre, Jaap M. J.; Dros, Joeri (2015). "Replication and Analysis of Ebbinghaus' Forgetting Curve". PLOS ONE. 10 (7): e0120644. Bibcode:2015PLoSO.1020644M.

- Nørby, S. (2018). Forgetting and emotion regulation in mental health, anxiety and depression. Memory, 26(3), 342-363.

꼭 미드풋으로 뛰어야 하나요

- Anderson, L. M., Bonanno, D. R., Hart, H. F., & Barton, C. J. (2020). What are the benefits and risks associated with changing foot strike pattern during running? A systematic review and meta-analysis of injury, running economy, and biomechanics. Sports Medicine, 50, 885-917.

· Daoud, A. I., Geissler, G. J., Wang, F., Saretsky, J., Daoud, Y. A., & Lieberman, D. E. (2012). Foot strike and injury rates in endurance runners: a retrospective study. Med Sci Sports Exerc, 44(7), 1325-1334.

· Gruber, A. H., Umberger, B. R., Braun, B., & Hamill, J. (2013). Economy and rate of carbohydrate oxidation during running with rearfoot and forefoot strike patterns. Journal of Applied Physiology.

· Hamill, J., Gruber, A. H., & Derrick, T. R. (2014). Lower extremity joint stiffness characteristics during running with different footfall patterns. European journal of sport science, 14(2), 130-136.

· Hanley, B., Bissas, A., & Merlino, S. (2020). Men's and women's world championship marathon performances and changes with fatigue are not explained by kinematic differences between footstrike patterns. Frontiers in sports and active living, 2, 102.

· Hatala, K. G., Dingwall, H. L., Wunderlich, R. E., & Richmond, B. G. (2013). Variation in foot strike patterns during running among habitually barefoot populations. PloS one, 8(1), e52548.

· Hollander, K., Johnson, C. D., Outerleys, J., & Davis, I. S. (2021). Multifactorial Determinants of Running Injury Locations in 550 Injured Recreational Runners. Medicine and Science in Sports and Exercise, 53(1), 102-107.

· Kulmala, J. P., Avela, J. A. N. N. E., Pasanen, K. A. T. I., & Parkkari, J. A. R. I. (2013). Forefoot strikers exhibit lower running-induced knee loading than rearfoot strikers. Medicine & Science in Sports & Exercise, 45(12), 2306-2313.

- Moore, I. S., Jones, A. M., & Dixon, S. J. (2012). Mechanisms for improved running economy in beginner runners. Med Sci Sports Exerc, 44(9), 1756-1763.

- Ogueta-Alday, A. N. A., Rodríguez-Marroyo, J. A., & García-López, J. (2014). Rearfoot striking runners are more economical than midfoot strikers. Medicine & science in sports & exercise, 46(3), 580-585.

- Roper, J. L., Doerfler, D., Kravitz, L., Dufek, J. S., & Mermier, C. (2017). Gait retraining from rearfoot strike to forefoot strike does not change running economy. International Journal of Sports Medicine, 38(14), 1076-1082.

- Selinger, J. C., Hicks, J. L., Jackson, R. W., Wall-Scheffler, C. M., Chang, D., & Delp, S. L. (2022). Running in the wild: Energetics explain ecological running speeds. Current Biology, 32(10), 2309-2315.

- Stearne, S. M., Alderson, J. A., Green, B. A., Donnelly, C. J., & Rubenson, J. (2014). Joint kinetics in rearfoot versus forefoot running: implications of switching technique. Medicine & Science in Sports & Exercise,46(8), 1578-1587.

- Vannatta, C. N., & Kernozek, T. W. (2015). Patellofemoral joint stress during running with alterations in foot strike pattern. Medicine and science in sports and exercise, 47(5), 1001-1008.

- Yong, J. R., Dembia, C. L., Silder, A., Jackson, R. W., Fredericson, M., & Delp, S. L. (2020). Foot strike pattern during running alters muscletendon dynamics of the gastrocnemius and the soleus. Scientific Reports,10(1), 5872.

나도 모르는 사이에 낡는 나의 몸 점검하기

- Becker, M. H. (1974). The health belief model and sick role behavior.

Health education monographs, 2(4), 409-419.

• Diehl, M. K., & Wahl, H. W. (2010). Awareness of age-related change: Examination of a (mostly) unexplored concept. Journals of Gerontology Series B: Psychological Sciences and Social Sciences, 65(3), 340-350.

• Loprinzi, P. D. (2015). Factors influencing the disconnect between self-perceived health status and actual health profile: implications for improving self-awareness of health status. Preventive medicine, 73, 37-39.

• Stephan, Y., Sutin, A. R., & Terracciano, A. (2018). Subjective age and mortality in three longitudinal samples. Psychosomatic medicine, 80(7), 659-664.

• Turner, S. G., Brooker, H., Ballard, C., Corbett, A., Hampshire, A., & Sabatini, S. (2023). The Role of Awareness of Age-Related Change in the Longitudinal Association between Pain and Physical Activity. The International Journal of Aging and Human Development, 00914150231208686.

때론 부상도 좋은 재료가 된다

• Coburn, S. L., Crossley, K. M., Kemp, J. L., Warden, S. J., West, T. J., Bruder, A. M., ... & Culvenor, A. G. (2023). Is running good or bad for your knees? A systematic review and meta-analysis of cartilage morphology and composition changes in the tibiofemoral and patellofemoral joints. Osteoarthritis and Cartilage, 31(2), 144-157.

• Kakouris, N., Yener, N., & Fong, D. T. (2021). A systematic review of running-related musculoskeletal injuries in runners. Journal of sport and health science, 10(5), 513-522.

운동은 정답이다, 그러나 운동엔 정답이 없다

- Barnes, K. R., & Kilding, A. E. (2015). Strategies to improve running economy. Sports medicine, 45, 37-56.
- Cochrum, R. G., Conners, R. T., Caputo, J. L., Coons, J. M., Fuller, D. K., Frame, M. C., & Morgan, D. W. (2021). Visual classification of running economy by distance running coaches. European Journal of Sport Science, 21(8), 1111-1118.
- Moore, I. S. (2016). Is there an economical running technique? A review of modifiable biomechanical factors affecting running economy. Sports medicine, 46(6), 793-807.
- Barnes, K. R., & Kilding, A. E. (2015). Strategies to improve running economy. Sports medicine, 45, 37-56.
- Van Hooren, B., Jukic, I., Cox, M., Frenken, K. G., Bautista, I., & Moore, I. S. (2024). The relationship between running biomechanics and running economy: a systematic review and meta-analysis of observational studies. Sports Medicine, 1-48.

토끼를 이긴 거북이

- 유설화, 『슈퍼 거북』, 책읽는곰, 2014년
- 유설화, 『슈퍼 토끼』, 책읽는곰, 2020년

5장 운동 저축

선생님, 전 매일 만 보씩 걸어요!

- Kozma, E. E., Webb, N. M., Harcourt-Smith, W. E., Raichlen, D. A., D'Août, K., Brown, M. H., ... & Pontzer, H. (2018). Hip extensor mechanics and the evolution of walking and climbing capabilities in humans, apes, and fossil hominins. Proceedings of the National Academy of Sciences, 115(16), 4134-4139.

• Ross, R., John, E., McGlory, C., Davidson, L. E., & Stotz, P. J. (2024). Does Aerobic Exercise Increase Skeletal Muscle Mass in Female and Male Adults?. Medicine and Science in Sports and Exercise.

• Wen, C. P., Wai, J. P. M., Tsai, M. K., Yang, Y. C., Cheng, T. Y. D., Lee, M. C., ... & Wu, X. (2011). Minimum amount of physical activity for reduced mortality and extended life expectancy: a prospective cohort study. The lancet, 378(9798), 1244-1253.

더 이상 쓸 약이 없습니다

• American College of Sports Medicine and Parkinson's Foundation. Exercise Recommendations for Parkinson's Disease. https://www.parkinson.org/library/fact-sheets/exercise-recommendations

• Tsukita, K., Sakamaki-Tsukita, H., & Takahashi, R. (2022). Long-term effect of regular physical activity and exercise habits in patients with early Parkinson disease. Neurology, 98(8), e859-e871.

가죽 포대를 메고 달린 사나이

• Fiuza-Luces, C., Santos-Lozano, A., Joyner, M., Carrera-Bastos, P., Picazo, O., Zugaza, J. L., ... & Lucia, A. (2018). Exercise benefits in cardiovascular disease: beyond attenuation of traditional risk factors. Nature Reviews Cardiology, 15(12), 731-743.

• Hill AV, Lupton H. Muscular exercise, lactic acid, and the supply and utilization of oxygen. Q J Med. 1923;16:135-171.

• Laukkanen, J. A., Zaccardi, F., Khan, H., Kurl, S., Jae, S. Y., & Rauramaa, R.

(2016, September). Long-term change in cardiorespiratory fitness and all-cause mortality: a population-based follow-up study. In Mayo Clinic Proceedings (Vol. 91, No. 9, pp. 1183-1188). Elsevier.

Lee, D. C., Sui, X., Artero, E. G., Lee, I. M., Church, T. S., McAuley, P. A., ... & Blair, S. N. (2011). Long-term effects of changes in cardiorespiratory fitness and body mass index on all-cause and cardiovascular disease mortality in men: the Aerobics Center Longitudinal Study. Circulation, 124(23), 2483-2490.

Lee, D. C., Pate, R. R., Lavie, C. J., Sui, X., Church, T. S., & Blair, S. N. (2014). Leisure-time running reduces all-cause and cardiovascular mortality risk. Journal of the American College of Cardiology, 64(5), 472-481.

Pedisic, Z., Shrestha, N., Kovalchik, S., Stamatakis, E., Liangruenrom, N., Grgic, J., ... & Oja, P. (2020). Is running associated with a lower risk of all-cause, cardiovascular and cancer mortality, and is the more the better? A systematic review and meta-analysis. British journal of sports medicine, 54(15), 898-905.

Ross, R., Blair, S. N., Arena, R., Church, T. S., Després, J. P., Franklin, B. A., ... & Wisløff, U. (2016). Importance of assessing cardiorespiratory fitness in clinical practice: a case for fitness as a clinical vital sign: a scientific statement from the American Heart Association. Circulation, 134(24), e653-e699.

Valenzuela, P. L., Maffiuletti, N. A., Joyner, M. J., Lucia, A., & Lepers, R. (2020). Lifelong endurance exercise as a countermeasure against age-related V O 2 max decline: Physiological overview and insights from masters athletes. Sports Medicine, 50(4), 703-716.

운동할 시간이 어디 있나요, 공부해야지

- Furer, A., Afek, A., Sommer, A., Keinan-Boker, L., Derazne, E., Levi, Z., ... & Twig, G. (2020). Adolescent obesity and midlife cancer risk: a population-based cohort study of 2·3 million adolescents in Israel. The lancet Diabetes & endocrinology, 8(3), 216-225.

- Guthold, R., Stevens, G. A., Riley, L. M., & Bull, F. C. (2020). Global trends in insufficient physical activity among adolescents: a pooled analysis of 298 population-based surveys with 1· 6 million participants. The lancet child & adolescent health, 4(1), 23-35.

- Henriksson, P., Henriksson, H., Tynelius, P., Berglind, D., Löf, M., Lee, I. M., ... & Ortega, F. B. (2019). Fitness and body mass index during adolescence and disability later in life: a cohort study. Annals of internal medicine, 170(4), 230-239.

- Hsieh SS, Tsai JR, Chang SH, Ho JY, Chen JF, Chen PH, Sung YT, Hung TM. The subject-dependent, cumulative, and recency association of aerobic fitness with academic performance in Taiwanese junior high school students. BMC Pediatr. 2019;19:25.

- Kim, M., & Kim, J. (2022). Cardiometabolic risk factors and metabolic syndrome based on severity of obesity in Korean children and adolescents: data from the Korea National Health and Nutrition Examination Survey 2007-2018. Annals of Pediatric Endocrinology & Metabolism, 27(4), 289.

- Marques, A., Santos, D. A., Hillman, C. H., & Sardinha, L. B. (2018). How does academic achievement relate to cardiorespiratory fitness, self-reported physical activity and objectively reported physical activity: a systematic review in children and adolescents aged 6-18 years. British Journal of Sports Medicine, 52(16), 1039-1039.

- Nyberg, J., Åberg, M. A., Schiöler, L., Nilsson, M., Wallin, A., Torén, K., & Kuhn, H. G. (2014). Cardiovascular and cognitive fitness at age 18 and risk of early-onset dementia. Brain, 137(5), 1514-1523.
- Sardinha, L. B., Marques, A., Minderico, C., Palmeira, A., Martins, S., Santos, D., & Ekelund, U. (2016). Longitudinal relationship between cardiorespiratory fitness and academic achievement. Medicine and science in sports and exercise, 48(5), 839.
- Twig, G., Yaniv, G., Levine, H., Leiba, A., Goldberger, N., Derazne, E., ... & Kark, J. D. (2016). Body-mass index in 2.3 million adolescents and cardiovascular death in adulthood. New England journal of medicine, 374(25), 2430-2440.
- 제18차(2022) 청소년건강행태조사 결과, 질병관리청
- 대한비만학회 Obesity Fact Sheet (2023.12)
- World Obesity Atlas 2023. https://data.worldobesity.org/publications/WOF-Obesity-Atlas-V5.pdf

달릴 운명 I

- Gurven, M., & Kaplan, H. (2007). Longevity among hunter-gatherers: a cross-cultural examination. Population and Development review, 33(2), 321-365.
- Holowka, N. B., & Lieberman, D. E. (2018). Rethinking the evolution of the human foot: insights from experimental research. Journal of experimental biology, 221(17), jeb174425
- Štuhec, S., Planjšek, P., Čoh, M., & Mackala, K. (2023). Multicomponent Velocity Measurement for Linear Sprinting: Usain Bolt's 100 m World-Record Analysis. Bioengineering, 10(11), 1254.
- World Health Organization. (2021). The Global Health Observatory: World

Health Organization; 2021.

- 대니얼 리버먼, 『우리 몸 연대기』, 웅진 지식하우스
- 바이바 크레건리드, 『의자의 배신』, 아르테

달릴 운명 II

- Aldea, D., Atsuta, Y., Kokalari, B., Schaffner, S. F., Prasasya, R. D., Aharoni, A., ... & Kamberov, Y. G. (2021). Repeated mutation of a developmental enhancer contributed to human thermoregulatory evolution. Proceedings of the National Academy of Sciences, 118(16), e2021722118.
- Blazevich, A. J., & Fletcher, J. R. (2023). More than energy cost: multiple benefits of the long Achilles tendon in human walking and running. Biological Reviews, 98(6), 2210-2225.
- Bramble, D. M., & Lieberman, D. E. (2004). Endurance running and the evolution of Homo. nature, 432(7015), 345-352.
- Fletcher, J. R., & MacIntosh, B. R. (2015). Achilles tendon strain energy in distance running: consider the muscle energy cost. Journal of Applied Physiology, 118(2), 193-199.
- Hageman, E. R., Hall, M., Sterner, E. G., & Mirka, G. A. (2011). Medial longitudinal arch deformation during walking and stair navigation while carrying loads. Foot & ankle international, 32(6), 623-629.
- Holowka, N. B., & Lieberman, D. E. (2018). Rethinking the evolution of the human foot: insights from experimental research. Journal of experimental biology, 221(17), jeb174425.
- Lieberman, D. E., Raichlen, D. A., Pontzer, H., Bramble, D. M., & Cutright-Smith, E. (2006). The human gluteus maximus and its role in running. Journal of Experimental Biology, 209(11), 2143-2155.
- Meldrum, J., & Hilton, C. E. (Eds.). (2004). From biped to strider: the

emergence of modern human walking, running, and resource transport. Springer Science & Business Media.

- Nunes, G. S., Pizzari, T., Neate, R., Barton, C. J., & Semciw, A. (2020). Gluteal muscle activity during running in asymptomatic people. Gait & Posture, 80, 268-273.
- Rolian, C., Lieberman, D. E., Hamill, J., Scott, J. W., & Werbel, W. (2009). Walking, running and the evolution of short toes in humans. Journal of Experimental Biology, 212(5), 713-721.
- Sockol, M. D., Raichlen, D. A., & Pontzer, H. (2007). Chimpanzee locomotor energetics and the origin of human bipedalism. Proceedings of the national academy of sciences, 104(30), 12265-12269.
- Wheeler, P. E. (1991). The thermoregulatory advantages of hominid bipedalism in open equatorial environments: the contribution of increased convective heat loss and cutaneous evaporative cooling. Journal of Human Evolution, 21(2), 107-115.
- 사이먼 레일보, 『동물의 운동능력에 관한 거의 모든 것』, 이케이북
- 대니얼 리버먼, 『우리 몸 연대기』, 웅진지식하우스

운동하지 않는 의사

- Cardinal, B. J., Park, E. A., Kim, M., & Cardinal, M. K. (2015). If exercise is medicine, where is exercise in medicine? Review of US medical education curricula for physical activity-related content. Journal of Physical Activity and Health, 12(9), 1336-1343.
- Fie, S., Norman, I. J., & While, A. E. (2013). The relationship between physicians' and nurses' personal physical activity habits and their health-promotion practice: A systematic review. Health Education Journal, 72(1), 102-119.

· Gupta, K., & Fan, L. (2009). Doctors: fighting fit or couch potatoes?. British journal of sports medicine, 43(2), 153-154.

· Lobelo, F., Duperly, J., & Frank, E. (2009). Physical activity habits of doctors and medical students influence their counselling practices. British journal of sports medicine, 43(2), 89-92.

· O'Keeffe, A., Hayes, B., & Prihodova, L. (2019). "Do as we say, not as we do?" the lifestyle behaviours of hospital doctors working in Ireland: a national cross-sectional study. BMC public health, 19, 1-15.

· Patra, L., Mini, G. K., Mathews, E., & Thankappan, K. R. (2015). Doctors' self-reported physical activity, their counselling practices and their correlates in urban Trivandrum, South India: should a full-service doctor be a physically active doctor?. British Journal of Sports Medicine, 49(6), 413-416.

· Rogers, L. Q., Gutin, B., Humphries, M. C., Lemmon, C. R., Waller, J. L., Baranowski, T., & Saunders, R. (2005). A physician fitness program: enhancing the physician as an" exercise" role model for patients. Teaching and learning in medicine, 17(1), 27-35.

· Selvaraj, C. S., & Abdullah, N. (2022). Physically active primary care doctors are more likely to offer exercise counselling to patients with cardiovascular diseases: A cross-sectional study. BMC primary care, 23(1), 59.

· Stanford, F. C., Durkin, M. W., Stallworth, J. R., Powell, C. K., Poston, M. B., & Blair, S. N. (2014). Factors that influence physicians' and medical students' confidence in counseling patients about physical activity. The journal of primary prevention, 35, 193-201.

· Tangjitgamol, S., Bunsiricomchai, P., Kaewwanna, W., Ativanichayapong, N., & Manusirivithaya, S. (2023). Exercise and associated features with low-level exercise among doctors. Clinics, 78, 100282.

Weiler, R., Chew, S., Coombs, N., Hamer, M., & Stamatakis, E. (2012). Physical activity education in the undergraduate curricula of all UK medical schools. Are tomorrow's doctors equipped to follow clinical guidelines?. British Journal of Sports Medicine, 46(14), 1024-1026.

꽃길만 걸으세요

Bu, S., & Li, Y. (2023). Physical activity is associated with allostatic load: evidence from the National Health and Nutrition Examination Survey. Psychoneuroendocrinology, 154, 106294.

McEwen, B. S. (1998). Protective and damaging effects of stress mediators. New England journal of medicine, 338(3), 171-179.

McEwen, B. S., & Wingfield, J. C. (2003). The concept of allostasis in biology and biomedicine. Hormones and behavior, 43(1), 2-15.

McEwen, B. S. (2016). In pursuit of resilience: stress, epigenetics, and brain plasticity. Annals of the New York Academy of Sciences, 1373(1), 56-64.

McGuire, D. K., Levine, B. D., Williamson, J. W., Snell, P. G., Blomqvist, C. G., Saltin, B., & Mitchell, J. H. (2001). A 30-year follow-up of the Dallas Bed Rest and Training Study: II. Effect of age on cardiovascular adaptation to exercise training. Circulation, 104(12), 1358-1366.

Perhonen, M. A., Franco, F., Lane, L. D., Buckey, J. C., Blomqvist, C. G., Zerwekh, J. E., ... & Levine, B. D. (2001). Cardiac atrophy after bed rest and spaceflight. Journal of applied physiology, 91(2), 645-653.

Saltin, B., Blomqvist, G., Mitchell, J. H., Johnson, R. L. Jr., Wildenthal, K., & Chapman, C. B. (1968). Response to exercise after bed rest and after training: a longitudinal study of adaptive changes in oxygen transport and body composition. Circulation. 38 (suppl): VII-1-78.

과한 운동은 독일까

· Alentorn-Geli, E., Samuelsson, K., Musahl, V., Green, C. L., Bhandari, M., & Karlsson, J. (2017). The association of recreational and competitive running with hip and knee osteoarthritis: a systematic review and meta-analysis. Journal of Orthopaedic & Sports Physical Therapy, 47(6), 373-390.

· Arem, H., Moore, S. C., Patel, A., Hartge, P., De Gonzalez, A. B., Visvanathan, K., ... & Matthews, C. E. (2015). Leisure time physical activity and mortality: a detailed pooled analysis of the dose-response relationship. JAMA internal medicine, 175(6), 959-967.

· Bakker, E. A., Lee, D. C., Hopman, M. T., Oymans, E. J., Watson, P. M., Thompson, P. D., ... & Eijsvogels, T. M. (2021). Dose-response association between moderate to vigorous physical activity and incident morbidity and mortality for individuals with a different cardiovascular health status: A cohort study among 142,493 adults from the Netherlands. PLoS medicine, 18(12), e1003845.

· Bernat-Adell et al. (2021). Recovery of inflammation, cardiac, and muscle damage biomarkers after running a marathon. Journal of Strength and Conditioning Research. 35(3):626-632.

· Blond, K., Brinkløv, C. F., Ried-Larsen, M., Crippa, A., & Grøntved, A. (2020). Association of high amounts of physical activity with mortality risk: a systematic review and meta-analysis. British journal of sports medicine, 54(20), 1195-1201.

· Garcia, L., Pearce, M., Abbas, A., Mok, A., Strain, T., Ali, S., ... & Brage, S. (2023). Non-occupational physical activity and risk of cardiovascular disease, cancer and mortality outcomes: a dose-response meta-analysis of large prospective studies. British Journal of Sports Medicine,

57(15), 979-989.

- Paffenbarger Jr, R. S., Hyde, R., Wing, A. L., & Hsieh, C. C. (1986). Physical activity, all-cause mortality, and longevity of college alumni. New England journal of medicine, 314(10), 605-613.

정말 백세까지 살고 싶은가

- Chakravarty, E. F., Hubert, H. B., Lingala, V. B., & Fries, J. F. (2008). Reduced disability and mortality among aging runners: a 21-year longitudinal study. Archives of internal medicine, 168(15), 1638-1646.
- Fries, J. F. (2002). Aging, natural death, and the compression of morbidity. Bulletin of the World Health Organization, 80(3), 245-250.
- Vita, A. J., Terry, R. B., Hubert, H. B., & Fries, J. F. (1998). Aging, health risks, and cumulative disability. New England Journal of Medicine, 338(15), 1035-1041.

길 위의 뇌

1판 1쇄 인쇄 | 2024년 10월 8일
1판 6쇄 발행 | 2025년 5월 15일

지은이 정세희
펴낸이 김기옥

경제경영사업본부장 모민원
경제경영팀 박지선, 양영선
마케팅 박진모
경영지원 고광현
제작 김형식

본문 디자인 푸른나무디자인
표지 디자인 블루노머스
인쇄·제본 민언프린텍

펴낸곳 한스미디어(한즈미디어㈜)
주소 04037 서울특별시 마포구 양화로11길 13(서교동, 강원빌딩 5층)
전화 02-707-0337 | **팩스** 02-707-0198 | **홈페이지** www.hansmedia.com
출판신고번호 제 313-2003-227호 | 신고일자 2003년 6월 25일

ISBN 979-11-93712-55-9 (03190)